생명을 살리는 밥상

생명을 살리는
밥상

생명밥상위원회 지음 | 한국교회환경연구소 엮음

동연

　몸과 마음, 지구를 살리는 생명밥상운동으로, 이 땅에 생명 탑을 놓아온 지 어느덧 10년이 흘렀습니다. 때때로 지난 구제역 사태와 같이 극도로 심각한 위기에 몰린 밥상을 대하게 될 땐 마음이 많이 아팠지만, 아직은 우리 몸과 마음, 영혼을 풍성히 채워주는 흙과 나무, 물과 식물 등 생명의 먹을거리가 있어 안도의 숨을 내쉽니다. 그리고 '생명밥상'을 통해, 나와 우리가 지속적으로 행복한 세상을 이뤄갈 수 있다고 믿기에 행복합니다. 그것이 생명밥상운동을 전개하고 있는 이유이니까요.

　그동안 운동은 여러 모양으로 전개되어왔습니다. 그 가운데 가장 기억에 남는 건 직접 찾아가 손수 지은 따끈한 밥을 나눈 것입니다. 비록 소찬(小饌)이었지만 함께 밥을 대할 땐 하나님의 은혜와 세상의 정성에 흠뻑 젖게 되었지요. 이제 '생명밥상'은 여러 교단과 지역의 교회들로까지 이어져 '생명밥상'의 이야기꽃을 피우고 다양하게 밥상의 전환을 시도하게 하고 있습니다. 아름다운 동행 길에 서 있는 이들이 있어 '참 좋다' 하셨던 하나님의 마음을 어렴풋이 느낍니다.

　물론 아직 가야 할 길은 끝이 보이지 않습니다. 히지만 앞선 경험을 바탕으로 2012년부터 생명밥상운동 협약 체결을 통해 한 길 가게 된 한국기독교교회협의회 생명윤리위원회와 9개 교단 그리고 생명의 쌀 나눔 기독교운동본부와 함께 더욱 힘차게 나아갈 것입니다. '농업 살림과 함께 가는', '생태정의에 입각한', '지구에 희망을 주는' 생명밥상이 이 땅의 모든 그리스도인의 가정과 교회에 차려질 때까지 운동은 계속될 것입니다. 그리스도인 한 사람 한 사람이 밥을 먹음이 이 땅에 생명을 되살리는 '생명살림의 기적'으로 날마다 나타나길 소망합니다.

이 책에 실린 '생명밥상운동 10년'간의 자료와 경험이, 밥을 먹음이 신앙과 별개라거나 바쁘다는 이유로 아무거나 먹고 있는 그리스도인들의 생각을 바꾸어내고 생명의 먹을거리를 온전히 선택하도록 거듭나게 하는 데 다소나마 도움이 되어주리라 믿습니다.

이 운동의 밑바탕엔 기독교환경운동연대가 1998년부터 전개한 '녹색교회' 운동과 '생태적 삶'을 추구하는 영성운동이 커다란 힘이 되었음을 고백합니다. 이 길을 걸어오게 해준 것에 감사하기에, '생명밥상'을 통한 '녹색교회', '녹색세상'을 만드는 일에 더욱 열심을 내겠습니다.

끝으로 짧지 않은 기간 동안 함께해온 문선경, 민경숙, 안상님, 유미호, 이경자, 이숭리, 이승원, 정명자, 조옥향, 주미덕, 한현실 등 여러 생명밥상 위원님들과, 생명의 먹을거리를 생산하는 일에 힘써온 이들의 수고가 발표되고 지면을 통해 소개되게 해준 한국기독교교회협의회 생명윤리위원회와 '농촌과 목회'지 그리고 녹색신앙정론지 '새하늘 새땅'에 깊은 감사의 마음을 전합니다.

2012년 7월

기독교환경운동연대 생명밥상위원회

cafe.daum.net/lifetable

5

차례

1부
성서와 생명밥상

우리의 밥상을
위협하는 것들*

민영진

"진지 잡수셨습니까?"

"밥 먹었니?"

1940년에 태어나 1950년대까지 기초교육을 받은 필자는 학교 다니는 내내 이런 인사를 주고받았다. 선생님이나 어른들께는 "진지 잡수셨습니까?"가 인사였고, 아이들끼리는 "밥 먹었니?"가 만날 때 하는 인사였다. 아침마다 부엌문 쪽에서 들려오는 대화.

"밥 한술 주세요!"

"니 얻어먹고 다닐라카문 새벽같이 좀 일찍일찍 다니거래이. 남들 일

---

* '2010년 생명밥상 지도자 교육' 강의안입니다.

하는 시간에 늘어지게 늦잠이나 자고 이렇게 해가 중천에 뜬 다음에 와서 무슨 밥을 달라카노? 다 치웠다. 없다 없어."

늘 되풀이 되던 걸인과 어머니의 아침 대화다. 나의 어머니는 언제나 걸인들을 위한 밥이나 반찬은 따로 준비해두었지만 늦게 오는 아이들은 나의 어머니에게 늘 게을러 빠져서 빌어먹고 다닌다고 욕을 바가지로 함께 먹어야 했다.

동무가 집에 놀러오면, 나는 눈치를 보아야 했다. 애가 저녁을 먹고 갈 것인지, 저녁 전에 갈 것인지를 알아야 했다. 교인들이 제집 드나들 듯 하는 시골 목회자의 부엌은 누구에게나 늘 열려 있지만, 동무가 밥을 먹고 갈지 아니면 저녁을 먹고 잠까지 자고 내일 아침까지 먹고 갈지는 알아야 어머니에게 귀띔을 할 것이 아닌가. 나도 동무 집에 가면 그 집안 눈치를 살펴가며 우리 집과는 다른 밥과 반찬을 맛볼 수 있었거나, 아쉬움을 뒤로 하고 집으로 돌아와서 늘 모자란 듯한 밥상에 앉아야만 했다. 모든 것이 불확실하던 시절에 어물쩍 어물쩍 살면서 두 아들을 둔 나는 우리 집 가훈을 "제때 먹고 굶고 다니지 않기"로 정했었다. 초근목피(草根木皮)로 살아가던 시절이었다. 그 시절 우리는 쌀 한 톨의 무게를 짐작했었다. 요즘에는 전혀 잊고 살지만, 홍순관의 "쌀 한 톨의 무게"라는 노래가 먹을거리 중 쌀의 중요성을 일깨워준다.

쌀 한 톨의 무게_ 홍순관

쌀 한 톨의 무게는 얼마나 될까
내 손바닥에 올려놓고 무게를 잰다
바람과 천둥과 비와 햇살과

외로운 별빛도 그 안에 스몄네

농부의 새벽도 그 안에 숨었네

나락 한 알 속에 우주가 들었네

버려진 쌀 한 톨 우주의 무게를

쌀 한 톨의 무게를 재어본다

세상의 노래가 그 안에 울리네

쌀 한 톨의 무게는 생명의 무게

쌀 한 톨의 무게는 평화의 무게

쌀 한 톨의 무게는 농부의 무게

쌀 한 톨의 무게는 세월의 무게

쌀 한 톨의 무게는 우주의 무게

지금 우리는 배 터져 죽을 지경으로 먹고 마신다. 살과의 전쟁, 목숨을 내건 다이어트! 너무나도 달라졌다. 그러나 전 세계적으로 보면 지금도 10억 인구가 굶주리고 있다. 가까이 북한에서도 먹을거리가 넉넉하지 못하다. 유엔은 최근에 북한이 홍수·가뭄·국제적 지원 중단 탓으로 새로운 만성적 식량위기를 맞고 있다는 리포트를 내어 놓았다.

"국제원조단체들에 따르면, 최근 북한은 수십만 명이 숨졌던 지난 1990년 대와 비슷한 기근을 겪고 있으며, 겨울철이 다가오면서 상황은 더 나빠질 전망이다. 유엔은 올해 북한의 곡물 수확량이 지난 해(2009)보다 20%나 줄어들 것으로 내다봤다. …… 유엔은 북한의 연간 식량 수요 350만t 중 110만t은 수입이나 원조에 의존해야 하는 것으로 보고 있다."[01]

굶주림에서 벗어난 지가 얼마나 되었다고 우리는 식량 생산을 점점 줄여가고 있다. 1994년 우루과이 라운드 이후 우리 사회에서도 농업을 바라보는 시각이 많이 달라졌다. 우리가 흔히 듣는 말 중에 "쌀 생산 8조, 그거 삼성전자 매출의 1/10에도 못 미친다", "농산물, 꼭 우리가 생산해야 하나? 돈만 있으면 수입할 수 있는 세상이다"[02]라는 말이 있다.

누가 했던 말인가, '농자천하지대본(農者天下之大本)'[03]이라고, 농업(農業)이 천하(天下) 사람들 살아가는 큰 근본(根本)이라는 말이다. 농업을 장려(獎勵)하는 말이다. 그러나 언제부터인가 우리 역대 정부들은 농업을 경시해왔다.

"이들이 수행하는 '이데올로기 전쟁'의 목표는 헌법상의 경자유전(耕者有田)[04] 폐지와 농업보조금의 삭감, 그리고 가족농의 조기 퇴출이다. 그렇게 해서 값싼 농지를 손쉽게 공장 터로 바꾸자는 것이다. 기업농의 규모와 경작으로 수출경쟁력을 높이자는 것이다. 농촌의 다수를 차지하는 소농(小農)과 고령농(高齡農)은 이들에겐 '산업구조조정'의 대상일 뿐이다."[05]

"통계청에 따르면 2009년 농가 수는 138만 2000가구로 전년보다 22% 감

---

01 조일준 기자, "유엔 '북 새로운 만성적 식량위기'", 〈한겨레〉 2010년 10월 23일자 3면 기사.
02 김현대(한겨레 지역부문 선임기자), "1년짜리 농식품장관", 〈한겨레〉 2010년 10월 18일 30쪽 "한겨레 프리즘".
03 農者天下之大本, Agriculture is the prop of the country or Agriculture forms the basis of national existence.
04 경자유전(耕者有田): "밭을 가는 사람이 밭을 소유해야 한다", "실지로 농사를 짓는 사람이 그 농토를 소유하고 있어야 한다"는 의미. 고대부터 현대까지 항상 토지 개혁의 이상적 목표로 설정되어온 가치의 원칙.
05 김현대, 같은 글.

소했고, 1년간 무려 19만 명이 농촌을 떠나면서 농가 인구도 4.35 줄어든 421만 명에 불과하다. …… 농촌 고령화는 거론할 필요도 없다. 2009년 농민 고령화 율이 34.2%를 기록해 농촌 인구 3명 중 1명이 65세 이상인 노인으로 나타나는 등 고령화 추세가 멈출 줄 모르고 있다. …… 농지도 빠른 속도로 줄고 있다. …… 농경지 면적은 매년 서울 여의도의 17배인 1만 5,000ha씩 도로건설 등으로 전용되다 보니 1990년까지만 해도 210만 9,000ha에서 2006년 말 180만ha로 줄어들었다.”[06]

영농 후계자가 줄어들고 있는 상황에서 농민의 소리를 들어보자.

“농부의 자녀들조차 농사짓는 부모를 함부로 여깁니다. 팔 논밭이라도 있는 부모는 그나마 자녀들에게 ‘사람대접’을 받지만, 팔 논밭조차 제대로 없는 부모는 자녀들에게 그저 ‘무거운 짐’입니다. 부모한테 물려받을 유산이 없으니 명절 때에도 고향에 찾아오지 않습니다. 남 보기 부끄러워 어쩔 수 없이 찾아왔다가도, 얼굴만 내밀고 쏜살같이 떠나기 바쁩니다. …… 밥 먹고 사는 게 큰일인 줄 알면서, 아무도 농사는 짓지 않으려고 합니다. 늙고 병든 농부들이 지어놓은 곡식…… 이제 몇 안 남은 농부들 세상 뜨고 나면 어찌 살려고 그러는지 가슴이 답답합니다.”[07]

---

06 〈노년시대신문〉 2010년 10월 22일 2면, “쉽게 읽는 이슈 이슈” 기사.
07 서정홍 안젤로, “가난했기 때문에”, 〈성서와 함께〉 통권 407호 (2010/02), 61. 서정홍 님은 황매산 기슭 작은 산골 마을에서 ‘열매지기 공동체’를 만들어 젊은이들과 어울려 농사를 지으며 산다.

배추 파동

금년(2010년) 가을의 배추 공급 대란은 농업 경시가 가져온 파국을 예언하는 구실을 했다.

"배추파동은 농정의 난맥상을 여실히 드러냈다. 정부는 1만 5천원 배추 값을 어쩌지 못하고 한동안 손을 놓고 있을 수밖에 없었다. 산지수입상의 밭떼기 수급 기능을 거의 전적으로 맡겨둔 업보였다."[08]

이런 파동은 "기상 이변으로 생산량이 감소한 것이 계기가 되었겠지만, 그렇더라도 가격이 천정부지로 폭등한 것은 산지 수집상의 매점매석(買占賣惜), 높은 유통비용 등 농산물 유통 체계에 문제가 많기 때문이라는 지적이다."[09]

"배추 값 폭등으로 농가가 큰 이익을 보았다면 과거 손실에 대한 보상은 되었으리라 위안이라도 하련만 현실은 그렇지 않은 것 같다. 농가는 파종 후 거의 밭떼기 거래하는 포전매매(圃田賣買)[10]로 판매하여 가격이 올라도 이익을 보지 못하고 있다."[11]

---

08 김현대, 같은 글.
09 황의식(농촌경제연구원 연구위원), "배추파동과 농협개혁"(기고 원고), 〈한겨레〉 2010년 10월 19일 31면.
10 농작물 포전매매(圃田賣買) : 농작물이 완전히 성숙하기 이전에 밭에 식재(植栽)된 상태에서 일괄하여 매도하는 거래의 유형으로 농작물이 성숙할 때까지 매도인(농업인)이 농작물을 관리하다가 약정된 기일에 매수인(수집상)에게 양도하는 매매를 일컫는다.
11 황의식, 같은 글.

배추 파동 원인에 대한 전문가의 또 다른 지적이 있다. 4대강 공사로 인해 채소 경작지가 심각한 축소를 강요당했다는 것이다.

"하천둔치를 포함한 4대강 주변 농지는 강의 흐름에 의해 오랫동안 형성된 옥토 중의 옥토일 뿐만 아니라 …… 전국 채소 재배 면적의 13.5%라는 막대한 비중을 차지했다. 이렇게 아까운 농지가 도대체 합리성이라고는 전혀 없는 토목공사 때문에 돌이킬 수 없이 희생되고 있는 것이다."[12]

먹을거리 자급률

우리나라의 경우, 먹을거리 자급률이 지난 10년 사이에 많이 뒷걸음치고 있다. 1990년 70.5%였던 자급률이 1995년 55.7%, 2000년 55.6%, 2005년 54%로 내려갔다. 2009년 통계는 51.4%이다.

"특히 보리 44.3%, 콩 32.5%, 옥수수 4%, 밀 0.9% 등의 자급률은 형편없는 것이어서 쌀 자급률 98%를 제외하면 우리 식탁을 외국 농산물이 차지하는 '식량 빈국'인 셈이다. …… 국제 곡물 시장의 작은 변화에도 쉽게 흔들리는 허약한 체질이라는 문제점을 드러내고 있는 것이다. 이 같은 형편없는 식량·곡물 자급률은 농업기반 붕괴 수준을 보여주는 것으로, 세계 각국이 식량난에 대비해 수출을 통제하는 등 식량민족주의로 나가는 상황에서 언제라도 식량 안보에 위기를 맞을 수 있다는 점을 경고하고 있다."[13]

---

12 김종철(《녹색평론》 발행인), "농사 경시의 귀결", 〈한겨레〉 2010년 10월 5일 30면 "오피니언: 세상 읽기".

우리의 밥상이 온전하려면 농정의 핵심 목표가 뚜렷하게 세워지고 실천되어야 한다.

"농정의 핵심 목표는 무엇인가? 복잡할 것 없이 농가 소득 지지와 농산물 수급 안정, 그 두 가지이다. 유럽 쪽은 말할 것도 없고, 가장 시장 친화적이라는 미국 또한 마찬가지이다. 미국은 각 농산물의 목표 가격에 못 미치는 만큼 현금으로 농가 소득을 보전하는 데에, 농업 예산의 무려 25%를 지불하고 있다. 한두 가지 작물이 아니라 밀 · 옥수수 · 쌀 · 우유 · 소 등 무려 26개 품목 농가의 최저 소득을 정부가 안정적으로 지지하고 있다."[14]

많이 벌어도 남지 않고, 적게 벌어도 모자라지 않는 세상

우리의 먹을거리를 위협하는 요소는 1) 유해식품, 2) 환경 파괴,[15] 3) 농사 경시, 4) 독점,[16] 이상 네 가지로 집약된다. 먹을거리 분배를 방해하는 독점의 문제를 집중적으로 조명해보자.

솔로몬이 이스라엘을 다스릴 무렵 인구가 바다의 모래알처럼 불어났지만 먹고 마시는 일에는 아쉬움이 없었다고 기록되어 있다(왕상 4:20). 메추라기나 만나로 연명하던 광야 시절(출 16장)과는 대조적으로 역사가는 솔로몬의 엄청난 하루 분 식단을 소개하고 있다. 솔로몬 궁의 하루 양곡은, 고운 밀가루 30석(1석 대두 10말), 거친 밀가루 60석, 합해서 90석

<hr>

13 〈노년시대신문〉 2010년 10월 22일 2면 "쉽게 읽는 이슈 이슈" 기사.
14 김현대, 같은 글.
15 민영진, 강의록 "창조와 생태계의 파괴"(미발표).
16 민영진, "해방된 이스라엘의 평등주의 경제 질서", 『기독교사상』 296 (1983. 2), 36-43.

이다. 기름진 소 10마리, 목장 소 20마리, 합해서 소가 30마리이다. 양이 100마리, 기타(수사슴, 수노루, 산양, 날짐승)가 있었다고 한다(왕상 4:22-23).

그 무렵 솔로몬은 유프라테스 강에서부터 블레셋 땅을 지나 이집트 국경에 이르는 지역 안의 모든 왕국을 지배했다고 한다. 이스라엘 주변의 모든 나라 왕들은 솔로몬이 살아 있는 동안 솔로몬 왕에게 조공(朝貢)을 바치며 섬겼다고 한다. 궁중 역사는 이런 사실들을 기록하면서 다음과 같이 말하고 있다.

24 솔로몬은 유프라테스 강 이쪽에 있는 모든 지역 곧 딥사에서부터 가사에 이르기까지, 유프라테스 강 서쪽의 모든 왕을 다스리며, 주위의 모든 민족과 평화를 유지하였다.
25 그래서 솔로몬의 일생 동안에 단에서부터 브엘세바에 이르기까지, 유다와 이스라엘의 모든 사람은 저마다 자기의 포도나무와 무화과나무 아래에서 평화를 누리며 살았다. (새번역, 왕상 4:24-25)

솔로몬도 자신의 입으로 두로 왕 히람에게 다음과 같이 말한다.

3 임금님께서 아시다시피, 나의 아버지 다윗 임금은 주 하나님을 섬기면서도, 주님께서 원수들을 그의 발바닥으로 짓밟을 수 있게 하여 주실 때까지 전쟁(戰爭)17을 해야 했으므로, 자기의 하나님이신 주님의 이름을 찬양할 성전을 짓지 못하였습니다.

17 개역, "사방(四方)의 전쟁(戰爭, '밀카마')".

⁴ 그런데 이제는 주 나의 하나님께서 내가 다스리는 지역 온 사방에 안정(安靜)[18]을 주셔서, 아무런 적대자도 없고, 불상사가 일어날 일도 없습니다.(새번역, 왕상 5:3-4)

역사가는 여기서 우리 독자들에게는 믿겨지지 않는 "중동(中東)의 평화(平和)"를 말하고 있다. 정복자(다윗)가 정복을 끝냈고 통치자(솔로몬)가 피정복 국가로부터 조공을 받아 들여 풍요를 누릴 수 있었을 때 정복자와 통치자와 그들의 행위를 합법화시키는 역사가는 그 상태를 "평화"라고 했다. 솔로몬 왕 자신은 "사방(四方)의 안정(安靜)"(새번역), "사방(四方)의 태평(泰平)"(개역)이라고 했다.

그러나 당시 역사를 살아간 백성들은 같은 시기의 역사를 다른 내용으로 경험하였다. 솔로몬이 죽었을 때 백성들은 "좋은 시절"의 종언(終焉)을 슬퍼하지 않았다. 오히려 해방과 자유의 새 역사를 창조하려는 기쁨과 희망으로 부풀어 있었다. 솔로몬의 아들 르호보암이 아버지의 뒤를 이어 왕이 되었을 때 이스라엘의 "온 회중"이 새 임금에게 가서 담판을 벌였다.

⁴ 임금님의 아버지께서는 우리에게 무거운 멍에를 메우셨습니다. 이제 임금님께서는, 임금님의 아버지께서 우리에게 지워 주신 중노동과 그가 우리에게 메워 주신 이 무거운 멍에를 가볍게 해주십시오. 그러면 우리가 임금님을 섬기겠습니다.(새번역, 왕상 12:4)

---

18 개역, "사방(四方)의 태평(泰平 '헤니악흐')"

솔로몬이 죽자 이제야말로 백성들은 다리를 쭉 뻗고 잘 수 있으려니 기대하고 있다. 그러나 르호보암이 백성의 이런 요구를 무시하고 솔로몬보다 더 강한 억압정책을 쓰겠다고 하자, 나라가 남북으로 갈라져버린, 일련의 사건을 우리는 열왕기상 12장에서 본다.

솔로몬의 풍요와 솔로몬의 평화는 백성을 혹사시키는 강제노동과 피정복 국가로부터 받아들이는 조공을 딛고 서 있었다. 솔로몬의 풍요경제와 대조되는 것이 바로 출애굽 탈출 공동체가 내다본 평등경제다. 평등경제에 대한 그들의 이상은 출애굽기 16장의 만나 이야기에 잘 반영되어 있다. 이집트를 탈출한 지 한 달이 되었을 무렵 이스라엘 자손들은 신 광야에 와 있었다. 드디어 그들에게는 식량이 뚝 떨어졌다.

이스라엘 백성의 온 회중은 모세를 원망했다. 차라리 이집트 땅에서 여호와의 손에 맞아 죽었더라면 더 나았을 것이라고, 거기 고마 곁에 앉아 빵을 배불리 먹던 백성을 어쩌자고 이 광야로 끌고나와 굶겨 죽일 작정이냐고 아우성치는 것이었다(출 16:1-3).

그러자 야훼는 이스라엘 자손들을 위하여 양식을 준비하셨다. 그것이 바로 메추라기와 만나였다. 여기서 놀라운 것은 '만나'가 지닌 분량(分量) 자체의 신비스런 신축성(伸縮性)이다. 아침마다 진 둘레에 자욱하였고, 안개가 걷힌 뒤에는 마치 흰 서리가 땅을 덮듯이, 가는 싸라기 같은 것이 덮였다는 것이다. 사람들은 그것을 보고 그것이 무엇인지 몰라 그것이 "무엇"('만나' manna)이냐고 서로 물었다. 사람들은 결국 이 신비스러운 먹이를 '만나'('무엇')라고 불렀다고 한다.

야훼는 만나를 주시면서 "각자 먹을 만큼씩만" 거두어들이라고 하셨다.

"주님께서 당신들에게 명하시기를,
당신들은 각자 먹을 만큼씩만 거두라고 하셨습니다.

당신들 각 사람은, 자기 장막 안에 있는 식구 수대로,

식구 한 명에 한 오멜씩 거두라고 하셨습니다."(새번역, 출 16:16)

그런데 어떤 이들은 욕심을 부려 많이 거두어들이는가 하면, 또 어떤 이들은 자기들에게 알맞게 거두어들이는 이들도 있었다. 그런데 만나를 거두어 가지고 진으로 가서 오멜로 되어 보면 많이 거둔 사람도 남지 않고 적게 거둔 사람도 모자라지 않았다.

¹⁷ 이스라엘 자손이 그대로 하니, 많이 거두는 사람도 있고, 적게 거두는 사람도 있었으나,

¹⁸ 오멜로 되어 보면, 많이 거둔 사람도 남지 않고, 적게 거둔 사람도 모자라지 않았다. 그들은 제각기 먹을 만큼씩 거두어들인 것이다.(새번역, 출 16:17-18)

모세는 또한 백성에게 먹고 남은 것은 그 다음 날을 위해 "남겨두지 말라"고 당부하였다. 그런데 모세의 말을 듣지 않고 남겨둔 것에서는 이튿날이 되니까 "벌레가 생기고 악취가 풍겼다." 모세는 그들에게 몹시 화를 냈다고 한다(이상 출 16:1-21).

여기서 우리는 모세가 지향한 이상적인 평등경제의 질서를 본다. 먹을거리에 관한 한 잉여 물자의 개인적, 사적(私的) 비축이 허용되지 않는다. 다른 이들보다 필요 이상의 것을 더 많이 갖는 것이 허용되지 않는다.

밥 _ 김지하

밥은 하늘입니다
하늘을 혼자 못 가지듯이
밥은 서로 나눠 먹는 것
밥은 하늘입니다

하늘의 별을 함께 보듯이
밥은 여럿이 같이 먹는 것

밥이 입으로 들어갈 때에
하늘을 봄속에 모시는 것
밥은 하늘입니다

아아 밥은 서로 나눠 먹는 것

솔로몬의 경제는 문자 그대로 포만(飽滿)의 경제이며 풍요(豊饒)경제
다. 그러한 풍요경제를 솔로몬과 그의 궁중 역사가는 '평화'라고, '태
평', '안정(安靜)'이라고 말했지만 그러나 그것은 통치자 쪽의 환상에
불과했다. 솔로몬의 풍요경제를 지탱한 것은 패전국으로부터의 조공과
백성들의 강제노동 덕분이었기 때문이다. 백성은 포만의 행복보다는 자
유의 기쁨을 원하고 있었고, 그러한 요청을 우리는 열왕기상 12장의 세
겜 담판에서 본다.

솔로몬의 풍요경제는 그의 억압정치와 직결되어 있었다. '솔로몬의
영화'는 피정복 국가는 물론 이스라엘 백성을 솔로몬의 억압 밑에서 시

달리게 하였다. 솔로몬을 이어 그의 아들 르호보암이 왕이 되었을 때 백성들은 르호보암에게 가서 솔로몬이 그들에게 무거운 멍에를 메웠던 것을 상기시키면서 억압정책을 중단해줄 것을 요청한 바 있었다(왕상 12:4).

억압정책에 뿌리를 둔 풍요경제는 이스라엘이 대항했던 출애굽 이전의 이집트의 경제 질서나 다를 바 없었다. 그러기에 모세적 전통은 끝내 솔로몬의 복지와 풍요의 경제정책에 평등경제로 맞섰고, 억압정책에는 정의의 정치로 맞섰고, 하나님을 왕의 포로로 삼아버리는 어용종교에 하나님의 절대자유와 절대주권의 신앙으로 맞섰다. 모세에게서 비롯된 출애굽 해방 전승과 다윗-솔로몬에게서 확립된 제왕 전승 중에서 정통성을 지닌 것은 전자이다.

하늘과 땅과 피조물과 먹을거리

21 그 날에 내가 응답할 것이다.
나 주의 말이다.
나는 하늘에 응답하고,
하늘은 땅에 응답하고,
22 땅은 곡식과 포도주와 올리브기름에 응답하고,
이 먹을거리들은 이스르엘에 응답할 것이다. (새번역, 호 2:21-22)

이 본문에서 우리는 두 가지를 착안할 수 있다. 하나는 가축과 땅과 하늘이, 먹을거리와 입을거리와 쓸거리 곧 의식주(衣食住)를 생산해내는 농민을 위하여 하나님께 간청한다는 예언자적 상상력이다.

낙타, 말, 소, 양, 염소와 같은 가축이, 땅과 하늘과 더불어, 먹을거리와 입을거리와 쓸거리를 만들어내는 농민을 위하여 하나님께 간청한다는 상상이다. 농민 자신이 먹을거리나 쓸거리를 달라고 하나님에게 직접적으로 간구하지 않는다. 먹을거리라든가 입을거리라든가 쓸거리를 주시는 하나님과 그러한 것들을 생산해내야 하는 농민 사이에 중간 매체로서 하늘과 땅과 농축산물이 있다. 하나님께서는 이들 중간 매체를 거쳐 최종적인 생산자인 농민과 교제하신다. 하나님께서는 짐승이 포함된 자연(自然) 혹은 창조된 세계라고 하는 중간 매체를 통하여 사람과 친교를 나누신다. 중간 매체인 하늘과 땅과 농축산물이 모두 먹을거리와 입을거리와 쓸거리를 생산해내는 농민을 위해 단계적으로 간청을 한다는 것이다.

사람은 먹을 고기와 낙농제품, 추위를 막을 옷과 이불, 수송과 운송 수난이 필요하다. 사람들은 농민이 생산한 것으로 의식주의 문제를 해결하기 때문에 농민에게서 좋은 생산품이 나오기를 빈다. 그런데 이 모든 필수품을 고대 사회에서는 가축(家畜)이 제공해준다. 가축이야말로 하나님께서 주시는 복을 사람에게 전달하는 복의 매개체 구실을 한다. 그러기에 농민은 가축이 잘 자라주기를 가축을 향해 빈다.

가축은 가축대로, 살이 찌고, 털을 많이 내고, 새끼를 많이 낳고, 젖을 많이 내기를 원한다. 가축은 땅을 딛고 서 있고, 땅만 보고, 땅에서 먹이를 얻고, 땅에서 쉴 곳을 찾기에, 필요한 것은 땅을 향해 요청한다.

땅은 땅대로, 생명을 가꾸는 비옥한 땅이 되고자 한다. 땅은 가축과 들짐승과 온갖 생물이 자기〔땅〕 위에서 아쉬움 없이 흡족하게 먹고 쉬고 생명을 누릴 터전이라고 생각한다. 땅은 하늘에서 내리는 적절한 비와 눈이 없다면, 메마른 죽음의 땅이 되고 만다. 그래서 땅은 하늘을 향해 적절한 비와 눈을 내려주기를 요청한다.

하늘은 하늘대로 비도 내리고, 눈도 내리고, 이슬도 내리고, 서리도 내려, 만물이 하늘 밑에서 생명을 누리며 살아가는 것을 보기를 원한다. 그래서 하늘은 하나님께 생명의 젖줄이 되는 비와 눈을 적절히 주실 것을 간구한다.

호세아서에서 보여주는 구원의 날은, 하나님과 자연이 특히 사람과 함께 사는 가축인 집짐승이 농민의 요청을 들어주고, 그리하여 살아 있는 모든 사람이 굶지 않게 된다는 특징을 갖는다. 이것이 호세아가 보는 구원의 날이 가지는 중요한 특징이다. 그리고 또 농민들은, 결국 먹을거리와 쓸거리가 없이는 살 수 없는 전체 백성들에게 먹을거리와 쓸거리를 제공해줌으로써 전체 백성의 요청에 응하는 것이다. 그리하여 모든 백성이 배부르게 먹고 추위를 막으며 살아가는 것이다.

호세아 예언자에게서 확인할 수 있는 또 한 가지는 굶주린 백성들의 절규, 먹을거리를 달라는 아우성이 하나님을 향하여 외친 것이 아니었는데도 그것이 하나님께 들렸고, 하나님께서 그 요청을 들어주셨다는 것이다. 이것은 새 계약시대(신약시대!)가 가지고 있는 또 하나의 특징이다.

새 계약시대에 하나님께서 당신의 백성에게 베푸시기로 약속하신 도움을 주심에 있어서 그 전제되는 조건으로 종교성(宗敎性)이 고려되지 않는다는 점에 착안할 수 있는가?

"예수 그리스도와 함께 여명이 밝아 오는 구원의 날은 탄식하는 모든 간구가 응답되는 날이지, 종교적인 기도들만이 응답되는 날이 아니다."[19]

여기에 오해가 없기를 바란다. 교회에서 하는 예배 때의 기도만이 응

---

19 Hans Walter Wolff, *Die Hochzeit der Hüre* (München: Chr. Kaiser Verlag, 1979), 이양구 역, 『호세아 연구: 창녀의 결혼』(서울: 대한기독교출판사, 1981), 93.

답될 수 있는 것이라면, 물론 다행히 교회는 이러한 특권을 부여받지도 않았지만, 만일 그랬다면 너무나도 많은 신음(呻吟)과 절규(絶叫)와 탄식(歎息)과 울부짖음이 하나님께 들리지 못하고 말았을 것이다. 우리가 자신을 위해서 하는 기도는 물론이려니와, 우리가 남을 위해서 하는 중보의 기도마저도 사람들의 다양한 처지(處地)와 간구(懇求)를 다 반영하지는 못한다.

인간의 요청과 탄식이 하나님께 들려진다는 것, 더욱이 전혀 하나님을 향해 외친 것도 아닌데도 그 비명이 인간의 이웃인 동물과 땅과 하늘과 같은 자연을 통해서 하나님께 들리고, 또 하나님께서 들어주신다는 것은, 성서적 신앙이 우리들에게 보여주는 또 하나의 통찰이다. 이 사실을 강조하는 것은 교회 안에서 경건하게 드리는 기도의 무용(無用)을 말하려는 것이 아니라, 우리가 드리는 기도의 한계(限界)를 겸허하게 인정하고자 함이다. 이 사실을 강조하는 것은 사람의 울부짖음과 비명은 농민과 함께 사는 가축이나 유목민이 밟고 돌아다니는 땅이나 그들이 이고 사는 하늘을 통해서 반드시 하나님께 전달되고 그리고 응답된다는 희망을 밝히고자 함이다. 이것은 농민과 유목민의 희망이자 우리 모든 사람들의 희망이기도 하다.

차마 저 미물(微物)인 짐승의 본능적인 욕구가 우리 사람을 위한 기도가 된다고 생각해보신 일이 있는가? 땅과 하늘의 간구, 곧 땅과 하늘이 주고받는 우주적 대화가 결과적으로는 사람을 위한 기도라는 것을 생각해보신 적이 있는가? 팔레스타인 땅에서 사람, 곧 농민과 함께 사는 '동물'이 '땅'에게 간구하고 땅은 '하늘'에게 간구하고 하늘은 '하나님'께 간구하여 그 덕택으로 '사람'이 복을 받고 산다! 사람을 위해 기도하는 사람의 이웃으로서의 자연(自然)의 실재를 다시 발견한다.

밥 _ 민영진

나는 기껏 몇 달 만에 한 번, 재수가 좋을 때는 열흘에 한 번, 기적 같은 일이 일어나면 한 주일에도 한 번, 작품이랍시고, 읽어도 그만 안 읽어도 그만인 에세이나 설교나 칼럼이나 시를 쓴다. 그러나 아내는 날마다 안 먹고는 살 수 없는 밥상을 차린다.

해와 달과 별과 바람이 하늘과 땅과 바다와 더불어 만든 날 것과 익은 것과 묵은 것과 증류된 것과 발효된 것들을 아내는 부르고 골라 댕그라니 식구라곤 혼자 남은 나 하나뿐인데 상 차려놓고 부른다, 여보, 밥!

읽을 이도 별로 없는 글 밤늦게까지 쓰느라 새벽녘에야 겨우 잠든 남편 부엌에서 깨운다. 여보, 일어나. 밥 다 됐는데. 아침 한다고 밤새우지 않고, 저녁 한다 종일 수선 떤 일도 없는데 그래도 생명이 깃든 밥상 끼니때마다 차려 지금껏 해로(偕老)하는데.

나는 바쁘기는 세계에서 혼자 제일 바쁜 것처럼 살아 아내가 그렇게 좋아하는 사랑한단 말에도 인색하고 그렇게 바라는 포옹도 제대로 한 번 근사하게 못 하면서 그러고도 기껏 만드는 것이 밥에 비하면 모두 다 쓸 데도 없는 것들이어서 이 입에 밥 처넣기 죄송하다.

밥을 먹으며 _ 이향아

어머니, 그간 별고 없으신지요
진지는 탈 없이 드시는지요
저는 꼭두새벽 눈뜨면
밥을 먹고 나갔다가
저녁마다 돌아와서 밥을 다시 먹습니다

한 끼라도 굶으면

큰일이 나나 정신을 차리고 삽니다

밥에 인이 박였나

걸신이 들었나

엊저녁 허리 풀고 포식을 했는데도

날 새면 멀쩡하게 배가 비어 있습니다

하루 세 끼 밥 때문에 도둑질도 하고

법이 원수야 원수라면서

가는 개비 슬픈 목을 매달기도 하지만

비워야 맑아진다

떠나야만 그립다

어머니, 저는 지금 공부하고 있습니다

배고파도 비굴하게 엎드리지 않으려고

배불러도 짐승처럼 타락하지 않으려고

어머니 저는 지금 수양하고 있습니다.

배가 고플까 봐

그러다가 나 모르게 배가 부를까 봐

저는 지금 조심조심 훈련하고 있습니다

신앙과
교회 음식 문화[*]

노영상

"오늘날 우리에게 일용할 양식을 주옵시고"(마 6장 11절)

주기도문에 나타난 위의 문장 중 '일용할'(헬라어 "에피우시오스")이라는 형용사의 번역은 단순하지가 않다. 주석들은 그 단어가 몇 가지의 서로 다른 의미로 번역될 수 있음을 말하고 있다.[01] 이에 있어 보프 (Leonardo Boff)는 그의 책 『주의 기도』에서 이 단어의 번역의 가능성을 세 가지로 정리하였다. 첫째는 "필수적인"(necessary)이라는 번역이다.

---

[01] Ulich Luz, *Matthew 1-7: A Commentary*, trans. by Wihelm C. Linss (Minneapolis: Augusburg, 1989), 381ff. 또한 William Barclay, *The Plain Man Looks at the Lord's Prayer* (London: Collins, 1981), 89ff. 및 최갑종, 『1세기 무맥에서 본 주기도문 연구』 (서울: 성광문화사), 283-293 등을 참조함.

* '2002년 생명밥상 자료집'에 게재한 글입니다.

"에피우시오스"라는 단어는 epi(concerning, 뜻 없는 접두사)와 ousia(sub-stance, existence)라는 말들의 합성어로서, "본질적인 / 생존에 필요한 / 필수적인"이라는 뜻을 함축하고 있다. 둘째로는 "오늘을 위한"(for today)이라는 번역이 가능하다. 그것은 "에피우시오스"를 'epi ten ousan'이라는 말로 이해하는 것으로써, 여러 번역 성경들에 의해 그 번역이 채용되어왔다.[02] 세 번째로는 "내일을 위한"(for the coming day)이라는 번역이 있다. 'epiousios'를 'epi'와 'ienai(도래하다)'의 합성어로서 보는 견해로, 그 번역은 현대 신학자들에 의해 빈번히 채용되었다. 이렇게 보프는 이 "에피우시오스"라는 단어가 "필수적인", "매일의", "내일을 위한"이라는 세 가지로 번역될 수 있다고 정리하였다.[03]

이에 의거 각 번역 성경들은 그들 나름의 입장에서 위의 번역 중의 하나를 각기 채택하고 있다. 영어 성경인 TEV는 "필수적인"이라는 번역을 선택하였다.[04] 다음으로 KJV는 "매일의"라는 번역을 채택하고 있다.[05] 또한 셈족어로 쓰인 외경 중의 하나인 『히브리인의 복음』은 그 단어를 히브리어 마하르(내일)를 써서 번역하였다.[06] 아울러 영어성경 RV와 the New English Bible은 세 번째의 번역을 취하고 있다.[07] 최근에 번역된 한국어판 표준새번역 성경에는 이 부분이 다음과 같이 번역되었다: "오

---

02 예레미아스(Jeremias), 로마이어(Lohmeyer), 하아너(Harner), 브라운(Brown) 등은 이 세 번째 번역을 따르고 있다. 〔나채운, 『주기도 사도신경 축도』(서울: 장로회신학대학 교출판부, 1992), 55.〕

03 레오나르도 보프, 『주의 기도』, 이정희 역 (서울: 한국신학연구소, 1986), 141. "미래를 위한"이라는 번역과 "내일을 위한"이라는 번역을 서로 다른 번역으로 분리하는 학자들도 많다.

04 Give us today the food we need.

05 Give us this day our daily bread.

06 보프, 『주의 기도』, 138; Joachim Jeremias, *The Prayers of Jesus* (Philadelphia: Fortress Press, 1984), 100.

늘 우리에게 필요한 양식을 주시옵고……." 또한 개역성경은 이 부분을 두 번째의 번역을 선택하여, "오늘날 우리에게 일용할 양식을 주옵시고"라고 쓰고 있다. 이상과 같이 "에피우시오스"라는 단어의 번역은 쉽지 않은 것으로, 위 세 개의 번역 중 하나를 채택하기보다는, 위 세 가지의 의미를 통합하여 위의 구절을 해석하고자 한다. 오늘의 환경오염 시대에 즈음하여 우리의 먹을거리 문화가 순탄하지 않을 것이라는 생각을 하고 있다. 차제에 어떠한 음식문화가 이상적인 것인가를 검토하며, 오늘의 식생활 위기를 대처하고자 한다.

필수적인 양식

먼저 첫 번째의 번역으로서의 필수적인 양식에 대하여 검토하고자 한다. 요한복음 6장 55절은 다음과 같이 말하고 있다:

"내 삶은 참된 양식이요 내 피는 참된 음료로다."

이 본문은 필수적이고 본질적인 양식이라는 말을 "참된" 양식이란 말로 표현한다. 이 세상에는 필요한 양식이 있는 반면, 그렇지 않은 비본질적인 양식도 있다. 꼭 먹어야 하는 양식이 있고 먹지 않아야 하는, 먹으면 해가 되는 양식도 있다. 요즈음 우리는 오염된 물로 고생하고 있다. 그러한 물은 참된 음료이기보다는 참되지 못한 음료라고 할 수 있다. 수입 농산물에서 과량의 농약이 검출된다고 한다. 이런 먹을거리는 참된

07 RV : "our bread for coming day."
The New English Bible : "our bread for the morrow."

양식에서는 거리가 멀다. 먹을 수 있다고 다 우리 존재에 필요한 양식은 아니다. 독주는 참된 음료이기보다는 먹지 말아야 하는 음료이다. 어떤 사람은 마약 먹기를 즐겨하기도 한다. 그러한 것도 올바른 양식이라고 할 수 없다.

다음으로 요한복음 6장 27절은 이 참된 음식을 좀 더 길게 설명하고 있다.

"썩는 양식을 위해 일하지 말고 영생하도록 있는 양식을 위해서 하라."

이 본문은 참된 양식과 반대되는 썩는 양식에 대해 설명한다. 이사야 55장 2절은 다음과 같이 말씀한다.

"너희가 어찌하여 양식 아닌 것을 위하여 은을 달아 주며 배부르게 못할 것을 위하여 수고하느냐."

값이 나간다고 하여 좋은 양식이 아니라고 본문은 말한다. 비싸지는 않지만 얼마든지 좋은 양식이 있을 수 있으며, 정부는 이 같은 양식들을 대중들을 위해 싼값에 공급할 수 있어야 한다. 비싼 것이 좋은 양식이라고 생각하기 쉽다. 그러나 본질적인 양식은 평범한 데에 있는 것이다. 요한복음은 참된 양식과 반대되는 개념에 있는 양식으로 썩는 양식에 대해 말하였다. 이 세상에는 참된 양식만 있는 것이 아니라는 것이다. 또한 위 본문은 썩는 양식을 말하면서, 그에 반대되는 참된 양식을 설명한다. 참된 양식이란 영생하도록 하는 양식이다. 영생을 주는 양식이 좋은 양식이다. 영생이란 우리가 체험해보지 못한 말이다. 우리가 알 수 있는 가시적인 말로 그 말을 표현하면 다음과 같이 된다. 생명을 주는 양식,

삶에 에너지를 불어넣는 양식, 삶에 활력을 주는 양식, 삶에 창조성을 공급해주는 양식, 건강을 주는 양식이 참된 필수적인 양식이라는 것이다. 비싼 값을 주고 샀지만 양식이 안 되는 것이 많다. 비싸게 사먹어도 생명력을 주지 않는 양식이 있다.

일용할 양식

우리는 주기도문 중, "오늘날 우리에게 일용할 양식을 주옵시고"라고 기도한다. 매일의, 매번의 양식을 우리에게 달라는 기도다. 하나님께서 매번의 양식을 주셔야 하겠다는 것이다. 그 기도는 하나님이 주시는 양식이 아니면 먹지 않겠다는 결단을 의미한다. 긍정문으로 고치면, 하나님이 주시는 양식만을 먹겠다는 결단이 된다. 하나님께서 주시는 양식만이 참된 양식이라는 것이다. 인간의 손에서 나오는 양식이 아니라 하나님의 손에서 나오는 양식을 우리는 볼 수 있어야 한다. 우리는 회사의 사장이, 나라님이 우리에게 양식을 주는 것으로 잘못 알 때가 많다. 인간이 양식을 주는 것이 아니다. 모든 진정한 양식은 오직 하나님께로부터만 오는 것이다(시 104:14-15, 27-28). 윗사람이 양식을 주지 않아도 하나님은 주신다.

요한복음 6장 31절은 이러한 하나님이 주시는 양식을 하늘양식이란 용어로 표현하고 있다. 하늘에서 내려온 떡이 있다는 것이다. 성경은 구약과 신약에 걸쳐 그 하늘에서 내려오는 떡의 실재를 우리에게 보여주신 바 있다. 구약시대에 이스라엘 백성들은 출애굽의 여정에서 하늘에서의 떡인 만나를 경험하였다. 또한 신약시대에 예수 그리스도께서는 오병이어를 통해 많은 백성을 먹이심으로, 하나님께서 주시는 하늘양식의 위력을 보여주셨다. 하늘의 양식만이 진정 우리를 살릴 수 있는 양식이다.

내가 벌어서 내가 먹는 것이 아니라, 하나님께서 주시므로 내가 먹는 것이다. 우리는 하늘의 양식을 구하는 이 땅의 백성이 되어야 한다. 인간이 보통 알고 있는 모든 양식은 다 땅으로부터 올라오는 양식이다. 그러나 성경은 하늘로부터 내려오는 양식이 있음을 말하고 있다. 보통의 인간은 땅으로부터 올라오는 양식들을 잘라먹고 산다. 그러나 기독교인은 하늘로부터 내려오는 양식을 덧입고 사는 것이다. 입으로 들어가는 것에 의해서만 나의 생명이 지탱된다고 생각해서는 안 된다. 인간의 생명은 하늘의 기운에 의해 지탱된다. 내가 가지고 있으면 그것은 빵이지만, 하나님께 바치면 주님의 오병이어가 되고, 거룩함을 입은 하늘의 양식이 된다. 내가 먹는 것은 빵이지만, 그 빵을 남에게 줄 때, 그 빵은 하나님의 빵이 된다.

우리는 하나님이 주시는 하늘의 양식을 기대하여야 한다. 하나님께서 주시는 양식은 참된 양식이다. 그 하나님은 거룩히 여김을 받으실 대상으로서, 그 하나님의 양식은 또한 거룩한 양식이다. 하나님의 이름은 특수한 어떤 것을 통해 거룩히 되지 않는다. 가장 평상적인 일상의 밥을 통해 하나님은 거룩히 여김을 받으시기를 원하신다. 물질적인 빵과 떡이 이 세상에서 하나의 거룩한 성만찬으로 변화할 때, 하나님은 그 안에서 자신의 거룩함을 드러내신다. 거룩한 양식이란 더럽지 않은 양식을 말한다. 더럽지 않은 양식은 정의로운 양식이다. 무엇이 거룩하고 정의로운 양식인가? 그것은 부정의한 수단으로 벌지 않은 양식을 말한다. 직공들의 노동력을 착취하여 얻은 양식은 거룩한 양식이 아니다. 부동산 투기를 통해 얻은 양식은 하늘의 양식은 아니다. 남을 속여 벌은 양식은 참된 양식일 리 없다. 오히려 정의로운 양식이란 진정한 노동 곧 땀의 대가로 얻은 양식을 말한다. 그러므로 하나님이 주시는 양식을 구한다는 것은 참 노동에의 결단을 의미한다. "오늘날 우리에게 일용할 양식을 주옵시고"의 기도는 먹을 양식을 구하는 기도가 아니고, 먹을 가치를 구하는 기도다. 마태복음 6장 31절은 인간이 무엇을 먹을까, 무엇을 마실까를 염려하지 말라고 하였다. 우리가 구해야 할 것은 먹을 양식이 아니다. 우리가 구해야 할 것은 먹을 가치이다. 데살로니가후서 3장 8절은 다음과 같이 말한다.

"양식을 값없이 먹지 말고 수고하고 애써 주야로 일함으로 먹어라."

이 본문은 먹을 가치에 대한 말을 하면서, 그 가치가 노동을 통하여 얻어지는 것임을 진술하고 있다. 일하고 먹어야 한다. 성경은 일하기 싫으면 먹지 말라고 충고하고 있다(살후 3:10). 일하지 않고는 먹지 않는 것이 오히려 낫다. 그러므로 하늘의 양식을 구한다는 것은 먹을 가치를 추구함을 의미한다. 그 먹을 가치는 참다운 노동에서 나오는 것으로, 우리는 일함을 통하여 먹어야 하는 것이다.

이제 우리는 참된 양식을 설명하기 위해 참다운 노동이 무엇인지를 살펴보아야 한다. 무엇이 참다운 노동인가? 그 노동의 질에 의해 우리의 양식의 질은 결정되는 것이다. 수입이 많은 노동이 무조건 가치 있는 노동이라고 말할 수는 없다. 그것은 우리의 노동 현실을 모르고 하는 말이다. 남에게 해를 주고도 많이 버는 사람들이 얼마든지 있다. 진정한 노동이란 수입의 많고 적음에 있지 않다. 진정한 노동이란 남에게 유익을 주는 노동을 말한다. 우리는 남에게 유익을 준 대가로 보수를 받는다. 남에게 물질적이며 정신적으로 유익을 준 대가로 우리는 양식을 얻어야 한다. 반대로 말해, 우리가 더 많이 벌고자 한다면, 남에게 더 많은 유익을 줄 일들을 생각해야 하는 것이다. 노동의 본질은 사람들을 위한 맛있는 빵을 만들어내는 데 있다. 먹지 못할 빵을 만들어놓고 노동을 하였노라고 자위하는 자들이 이 세상에는 얼마든지 있다. 또한 아무리 맛있는 빵을 만들었다 할지라도, 그것이 나만을 위한 빵으로 남아 있을 때, 그러한 빵은 땅에 버려질 수밖에 없게 된다. 참다운 노동은 나만의 빵을 위해 하는 노동이 아니라, 우리 전체의 빵을 위한 노동이어야 한다. 그리하여 주기도문은 오늘날 "우리에게"(hemon) 일용할 양식을 주옵시고의 간구를 가르치고 있다. 그 빵은 "우리"라는 공동체를 위한 공동체적 빵인 것이다.[08]

　그러나 성경은 이 정도로 노동의 본질에 대한 이야기를 끝내고 있지 않다. 요한복음 4장 34절은 "나의 양식은 나의 보내신 이의 뜻을 행하여 그의 일을 온전히 이루는 이것이니라"라고 한다. 이 본문은 양식을 곧 일이라고 강조한다. 진정한 양식은 진정한 노동을 통하여 취득된다는 것이다. 진정한 노동은 진정한 벽을 가지를 일구어내며, 진정한 먹을 가치가 있는 자들에게만 진정한 양식이 주어지는 것이다. 그러나 본문은 또 하나의 말을 우리에게 하고 있다. 하나님의 뜻을 이루는 것이 참다운 일이라는 것이다. 남에게 유익을 주는 정도로 우리의 일이 마쳐져서는 안 된다. 그 일은 하나님의 일로까지 승화되어야 한다. 마태복음 16장 23절은 하나님의 일과 사람의 일을 대비시키고 있다. 무엇이 하나님의 일인가? 사람의 일이 아닌 것이 하나님의 일인 것이다. 우리는 모든 하루를 나의 일만 생각하고 지낸다. 아침에 일어나 나의 일에 대한 계획을 세운다. 오늘 하루 하나님을 기쁘시게 할 일이 무엇인지를 그 아침에 생각하는 사람들이 거의 없다. 모두 나의 일만 걱정하고 나의 일만을 하며 살고 있다. 그러나 하나님의 일만이 진정한 노동이다. 우리의 노동은 인간의

---

08 Tissa Balasuriya, *The Eucharist and Human Liberation* (New York: Orbis Books, 1979), 168f.

뜻을 성취하는 노동이어서는 안 된다. 하나님이 원하시는 일, 하나님께서 이 역사 가운데에서 하시고자 하는 일을 우리는 이루어야 한다. 요한복음 6장 29절은 이 문제를 더욱 근원적으로 고찰하고 있다.

"하나님의 보내신 자를 믿는 것이 하나님의 일이니라."

하나님의 보내신 자 곧 예수 그리스도를 믿는 것이 하나님의 일이라고 하고 있다. 그리스도에 대한 믿음 없이는 하나님을 기쁘시게 할 수 없으며, 하나님의 일을 할 수도 없다. 믿음이 기초다. 믿음이 노동이며 일이다. 믿음이 곧 행함이다. 기도와 노동은 분리되어서는 안 된다. 영성(spirituality)과 해방(liberation)은 하나이다. 관상(contemplation)과 투신(commitment)은 서로 떨어져 있는 것이 아니다. 하나님에 대한 사랑과 이웃에 대한 사랑은 서로 나뉠 수 없다.

"내가 진실로 진실로 너희에게 이르노니 나를 믿는 자는 나의 하는 일을 저도 할 것이요 또한 이보다 큰 것도 하리니 이는 내가 아버지께로 감이니라."(요 14:12)

다시 정리하면 다음과 같다. 영생을 가져다주는 것이 참된 양식이다. 참된 양식은 참된 노동을 통해 주어진다. 참된 노동은 하나님의 일을 하는 것이다. 하나님의 일이란 그가 보내신 이를 믿는 것이다. 가운데의 것을 다 요약하면 요한복음 3장 16절의 결론을 얻게 된다.

"저를 믿는 자는 멸망치 않고 영생을 얻게 하려 하심이니라."

믿음이 곧 영생이다. 우리는 삶의 에너지가 떨어졌을 때, 몇 가지의 정비를 하곤 한다. 어떤 이는 운동을 시작함을 통해 새 에너지를 충전하려 한다. 다른 사람은 음식 정비를 통하여 새 힘을 얻으려고 한다. 그러나 성경은 우리가 우선적으로 정비하여야 할 두 가지를 말하고 있다. 그것은 노동의 정비와 믿음의 정비이다. 생명력 있게 살기 위해서는 일단 일을 추슬러야 한다. 일을 바로 세워야 한다. 그 일은 하나님의 일이요, 하나님의 주시는 힘으로 감당할 수 있는 일이며, 하나님이 직접 하시는 일인 것이다. 우리 안에서 하나님이 일하시게 해야 한다. 내가 죽고 내 속에서 그리스도가 사시게 해야 한다. 그것은 믿음의 길을 통해서 가능하다.

내일의 양식, 성만찬적 양식

필자는 위에서 가치 있는 일을 하는 자에게만이 참된 양식이 주어짐을 말하였다. 가치 있는 삶과 인격을 가진 자에게 진정한 양식이 주어지는 것이다. 그러나 우리는 여기에서 우리 자신에게 질문해보아야 한다. 나는 과연 가치 있는 사람인가? 나는 먹고 살 가치가 있는 자인가? 나는 진정 남을 위한 일을 하고 있는가? 살피면 살필수록 우리는 우리 자신을 무가치한 자로 고백할 수밖에 없다. 누구도 밥 먹을 가치가 있는 사람은 없다. 로마서 3장 10절은 이르기를, 의인은 없나니 하나도 없다고 하였다. 모두가 살 가치가 없는 사람들이다. 모두가 먹을 가치가 없는 자들이다. 우리는 타락으로 모두 살 가치를 상실하였다.

그러한 무가치한 인간에게 양식이 주어졌다면 그것은 은총의 양식일 수밖에 없다. 우리의 밥상 받음은 나 자신의 노동과 공적의 대가라 할 수 없다. 그것은 하나님의 그저 주시는 은총에 의한 것이다. 그것은 감사함으로 받아야 할 밥상이며, 믿음으로만 받을 수 있는 밥상이다. 모든 양식은 다 하나님께서 주시는 것이다. 그것은 은총의 양식으로써 값없이 우리에게 주어진 것이다. 이사야 55장 1절은 다음의 말을 하고 있다.

"너희 목마른 자들아 물로 나아오라 돈 없는 자도 오라 너희는 와서 사 먹되 돈 없이 값없이 와서 포도주와 젖을 사라."

이 본문은 값없이 먹을 수 있는 양식에 대해 말한다. 필자는 앞에서 양식을 먹을 가치를 구비하고 먹을 것을 말한 바 있다. 그러나 성경은 그와 함께 먹을 가치가 없는 자들에게 주어지는 양식에 대해서 말하는 것이다.

그 은총의 밥상은 예수 그리스도께서 우리에게 차려주신 성만찬의 밥상을 의미한다. 최후의 만찬을 베푸시면 예수 그리스도께서는 그 음료가 죄 사함을 위해 자신이 흘리는 대속의 피임을 말씀하셨다(마 26:28). 그 피는 죄인을 의인으로 인정하시는 피다. 그 피로 말미암아 무가치한 죄인이 가치 있는, 곧 밥을 먹을 가치가 있는 의인으로 변화한다. 그러면 우리는 그 성만찬의 은총의 밥상을 어떻게 받을 수 있게 되는 것일까? 나는 훌륭한 일을 했으므로 먹을 가치가 있는 자라고 말하는 한, 우리는 그 은총의 양식을 받을 수 없다. 스스로 먹을 가치가 없다고 고백하는 자에게 은총의 밥상이 부여되는 것이다. 먹을 가치가 없다고 고백하는 자만이 먹을 가치가 있는 자이다. 회개하는 자에게만이 성만찬적 밥상이 주어진다. 스스로 먹을 가치가 있다고 말하는 자에겐 어떤 음식도 감사한 것이 못 된다. 그러나 스스로 무가치하다고 고백하는 자가 받은 밥상은 감사와 감격의 밥상일 수밖에 없다. 감사가 없는 밥상에는 부성만이 있을 뿐이나, 일하고 감격하여 먹는 양식은 아무리 소박한 것이라도 아름답다.

그 성만찬의 밥상은 천국에서 맛볼 밥상의 선취를 의미한다. 미래에 맛볼 밥상이 우리에게 앞당겨 주어진 것이다. 그 성만찬적 밥상은 오늘에 주어진 "내일의" 양식이다. 그것은 종말적인 양식이며, 인류가 맛볼 수 있는 최후 최상의 밥상이다.[09] 누가복음의 기자는 이러한 종말론적인 밥상의 모습을 다음과 같이 그리고 있다.

> "너희로 내 나라에 있어 내 상에서 먹고 마시며 또 보좌에 앉아 이스라엘의 열 두 지파를 다스리게 하려 하노라."(눅 22:30)

그러므로 우리는 자신이 차린 밥상 속에서 하나님의 손길이 차려주시는 밥상을 보아야 한다. 내일의 식사가 성례전이다. 진수성찬을 차려놓고도 그 속에서 하나님의 은총을 발견하지 못한다면, 그것은 썩는 양식이지 참된 양식이 될 수 없다. 양식의 가치는 눈에 보이는 영양가에 있는 것이 아니다. 오히려 눈에 보이지 않는 영적인 영양가가 중요하다. 우리는 먹는 음식으로만 사는 것이 아니라, 하나님의 은총과 신앙 안에서 사는 것이다(마 4:4).

마태복음 6장 25절은 우리에게 목숨을 위하여 무엇을 먹을까 무엇을 마실까 고민하지 말라고 하셨다. 살기 위해 먹는 것이 되어서는 안 된다. 살기 위해 먹으면, 먹기 위해 살게 된다. 오히려 우리는 일하기 위해서, 하나님의 영광을 높이는 활동을 위해서 먹어야 한다. 그 순서가 바뀌면 먹는 것을 탐닉하게 된다. 물질적 양식이 우리의 전 생명을 좌우하는 것

---

09 이사야 25:6, 요한계시록 22:17 등을 참조.

으로 착각하게 되면, 양식이 우리의 우상이 된다. 양식을 모시고 사는 사람들이 많다. 그렇게 되면 먹는 것이 삶의 중심에 오게 된다. 인간이 양식을 부리고 사는 것이 아니라, 양식이 인간을 쥐고 흔들게 된다. 우리가 경배할 분은 양식이 아니라 하나님이다. 그 하나님에게서 양식이 오는 것이지, 양식에서 하나님이 오는 것이 아니다.

"너희가 어찌하여 양식 아닌 것을 위하여 은을 달아주며 배부르게 못할 것을 위하여 수고하느냐 나를 청종하라 그리하면 너희가 좋은 것을 얻을 것이요 너희 마음이 기름진 것으로 즐거움을 얻으리라."(사 55:2)

필자는 지금까지 "일용할"(epiousios)이라는 주기도문의 한 단어에 대한 고찰을 통하여 기독교인의 음식 문화가 어떠해야 할 것인가에 대해 언급하였다. 참다운 식생활을 위해 본인은 세 가지의 전제를 제시하였다. 그것은 노동의 정비와 믿음의 정비 및 회개의 정비이다. 아마 그중에 가장 선행되어야 할 것은 회개일 것이라 생각한다. 스스로 가치 있는 사람이라고 말하는 한, 하나님의 은총의 밥상과 예수 그리스도의 보혈은 그와 아무 상관이 없을 것이다. 또한 본인이 이 글에서 추구하고자 함은 음식의 물질적인 면, 정치적이고 사회적인 면 및 그 음식의 종교적인 면 사이의 조화이다. 곧 성만찬적 양식 속에 있는 수직적인 의미와 수평적인 의미를 고찰하는 것이다. 우리는 결코 음식을 물질적인 기준만으로 섭취할 수는 없다. 아무리 좋은 음식을 먹는다 할지라도, 사회의 부정의 한 구조에 그대로 안주하며 하나님에 대한 자신의 철저한 의존을 망각한다면, 그런 양식은 그의 살을 썩히는 것에 지나지 않을 것이다. 그런 양식을 먹고서는 신령한 하나님의 일을 할 수 없다. 하나님의 일은 하나님이 주시는 신령한 에너지만으로 감당될 수 있다. 다음의 말씀으로 마치고 싶다.

"나는 하늘로서 내려온 산 떡이니 사람이 이 떡을 먹으면 영생하리라 나의 줄 떡은 곧 세상의 생명을 위한 내 살이로다 하시니라."(요 6:51)

성서에서 보는 밥과
우리의 현실*

안상님

오늘 저에게는 '성서에서 보는 밥과 우리의 현실' 이라는 제목이 주어졌습니다. 성서에서 밥의 의미를 찾아보고 우리의 현실을 살펴보는 이야기를 하라는 것일 터입니다. 성서에서 밥의 이야기는 주의 기도문에 나옵니다. 우리가 매일 드리는 주의 기도문, 예수를 처음 믿는 사람이나 70년, 80년을 믿은 사람이나 똑같이 할 수 있는 주기도문은 우리의 삶 전체를 아우르는 참으로 오묘한 기도문입니다. 아무 다른 기도를 하지 못해도 주기도문만 할 수 있으면 모든 기도가 포함되는 기도문입니다. 우리 예수님은 어쩌면 이리도 완벽한 기도를 가르치셨을까 감탄하게 됩니다.

---

* '2008년 생명밥상 지도자 교육' 강의안입니다.

첫째, 하나님은 하늘에 계시고 거룩하시다고 찬양합니다

주기도문은 우리 믿음의 주체인 하나님에서부터 시작합니다. 하늘은 어디입니까? 저 높은 먼 곳에 있습니까? 하늘은 어디서부터 시작합니까? 땅에서부터 시작하지 않나요? 바다에서 저 멀리 수평선을 바라보면 물과 하늘이 닿았습니다. 물과 하늘이 따로 떨어져 있지 않고 바로 닿았습니다. 공기가 있고 바람이 부는 곳은 다 하늘이 아닐까요? 우리 주변 모두가 하늘에 속한 것 같습니다. 그러니 하나님은 우리 옆에, 위에, 어디에나 계시는 분일 것입니다. 그 하나님은 거룩하신 분입니다. 우리가 볼 수 없지만 우리와는 다른 거룩하신 분이라고 기도합니다.

기도는 그렇게 하면서 우리는 온갖 잡다한 것을 하나님의 자리에 올려 놓습니다. 경제가 제일이라는 사람의 머릿속은 돈으로 가득 찼으니 그의 하나님은 돈이 될 것입니다. 권력을 추구하는 사람, 명예를 추구하는 사람, 지식을 추구하는 사람, 환락을 추구하는 사람의 마음속에는 하나님이 차지할 자리가 없습니다. 인간의 욕심이 꽉 차 있으니 어디 하나님의 자리가 남아 있겠습니까? 지금 내 속에는 어떤 하나님이 계신가요? 우리는 과연 하나님이 거룩히 여김을 받으셔야 한다고 하면서 하나님만을 하나님의 자리에 오르시게 하고 있을까요? 우리가 주기도문으로 기도할 때마다 하나님만이 나에게서 지존의 자리를 차지하고 계신지 확인해봐야 할 것입니다. 과연 나는 어떤 하나님을 믿고 있는 것인가.

둘째, 하나님의 나라가 이 땅에 오시옵소서 하고 기도합니다

하나님의 나라는 어떤 것입니까?
창세기 1장 1절에는, "한 처음에 하나님께서 하늘과 땅을 지어내셨다"

고 나옵니다. 하나님은 우리의 창조주이심을 고백하는 것입니다.

창세기 1장 28절을 보면, "하나님께서는 그들에게 복을 내려주시며 말씀하셨다. '자식을 낳고 번성하여 온 땅에 퍼져서 땅을 정복하여라. 바다의 고기와 공중의 새와 땅 위를 기어 다니는 모든 짐승을 부려라' 라고 말씀하십니다. 사람은 자식을 낳고 이 세상 어디든지 가서 땅을 가꾸고 모든 동물을 지휘하며 살 수 있는 축복을 받았습니다. 하나님은 우리를 창조하시고 마음대로 살도록 축복하셨는데 인간들이 경계를 긋고, 전쟁을 하고, 힘 있는 사람이 힘이 없고 약한 사람, 가난한 사람을 괴롭힙니다. 땅을 정복하라는 것은 왕이 백성을 다스리듯이 사람들이 잘 먹고 살 수 있도록 보살피라는 것입니다. '짐승을 부리라' 는 것도 마구 잡아먹으라는 것이 아니고 잘 살도록 지휘하라고 해석해야 할 것입니다.

또 1장 31절을 보면, "이렇게 만드신 모든 것을 하나님께서 보시니 참 좋았다"고 합니다. 땅 위에 사는 온갖 동식물을 만드시고, 하나님의 모습으로 남자와 여자를 지어내시고, 이 모두가 어우러진 세상을 보시니 참 좋았다고 하십니다. 하나님께서 기뻐하시는 아름다운 세상을 창조하신 것입니다. 그런 하나님의 나라가 이 땅에 오기를 비는 기도입니다.

셋째, 하나님의 뜻이 하늘에서 이루어진 것처럼 땅에서도 이루어지기를 기도합니다

하나님께서 뜻하신 대로 만드신 세상이 지금 여기에 이루어지기를 바라는 기도입니다. 이것은 하나님께서 인간에게 맡겨주신 세상을 처음 만드신 그대로 아름답고 조화롭게 유지하겠다는 인간의 약속입니다. 하나님께서 창조하신 세상을 창조하시고 좋아하시던 모습대로 보전한다는 것입니다.

창세기 1장 29절을 보면, 하나님께서는 다시, "이제 내가 너희에게 온 땅 위에서 낟알을 내는 풀과 씨가 든 과일나무를 준다. 너희는 이것을 양식으로 삼아라. 모든 들짐승과 공중의 새와 땅 위를 기어 다니는 모든 생물에게도 온갖 푸른 풀을 먹이로 준다"고 하였습니다.

사람에게는 낟알과 과일을 양식으로 삼으라 하셨습니다. 동물은 푸른 풀을 먹으라고 하셨습니다. 오늘 우리의 현실과는 어떻게 다릅니까? 아무도 하나님의 말씀을 지키지 않는 세상이 되었습니다. 우리는 타락 이후의 세상에 살고 있습니다.

물론 하나님이 좋다고 하신 그 세상은 인간이 타락하기 전, 창조질서에 속합니다. 창조질서는 하나님이 창조한 모습대로 있는 상태입니다. 창세기 3장 이후는 타락 이후의 인간의 모습이고, 그 인간을 찾아오시는 하나님과 하나님을 거역하는 인간의 역사입니다. 하나님께서 선택하여 세우신 이스라엘 백성들이 하나님의 뜻을 따르지 못하니 인간을 사랑하시는 하나님은 예수의 몸으로 세상에 오셨습니다. 예수께서는 사람이 하나님과 바른 관계를 회복하도록 사람이 살아야 할 길을 보여주셨습니다. 사람과 사람 사이가 평등해야 사람이 창조된 모습으로 회복되는 것입니다. 사람과 자연의 창조질서를 회복하는 것은 모든 동물이 식물을 먹는 것입니다. 오래전부터 채식을 하는 사람들이 있었습니다. 그들이야말로 창조질서를 지키고 있는 것이라 하겠습니다.

채식 이야기를 하면 노아의 방주 이후에 하나님께서 인간에게 육식을 허락하셨다는 기사를 들어 육식을 주장하는 사람들이 있습니다.

창세기 9장 3절에는 "살아 있는 모든 짐승이 너희의 양식이 되리라. 내가 전에 풀과 곡식을 양식으로 주었듯이 이제 이 모든 것을 너희에게 준다"는 말씀이 있습니다. 그러나 이 말씀은 이미 타락 이후의 상황에서 나온 것입니다. 하나님께서 이 세상을 창조했다는 것을 고백하는 크리스

천은 하나님이 지으시고 기뻐하셨던 창조질서를 회복해야 하는 책임이
있습니다.

위에서 말한 대로 창세기 1, 2장만이 창조질서에 속합니다. 그 창조질
서만이 하나님의 뜻으로 이루어진 것이고 그와 같은 창조질서의 회복이
이 땅에서 이루어지도록 일해야 하는 책임이 우리에게 있음을 고백하는
기도입니다. 인간은 가만히 있고 하나님 혼자서 다 알아서 해주시기를
기도하는 것이 아닙니다.

우리는 지금 잘못하고 있지만 하나님의 뜻이 이루어졌던 것처럼 창조
질서를 회복하여 하나님이 기뻐하시는 세상을 만들겠다고 기도하는 우
리의 약속입니다. 여기 생태신학의 핵심이 있습니다. 인간이 자연을 정
복하여 다 망쳐놓은 세상을 다시 고쳐서 하나님이 지으신 세상을 지켜나
가겠다고 약속을 다짐하는 기도입니다.

이와 연관하여 창조질서의 회복을 본 이사야 선지자의 말씀을 살펴보
겠습니다.

이사야서 11장을 보면, "늑대가 새끼 양과 어울리고 표범이 숫염소와
함께 뒹굴고 새끼 사자와 송아지가 함께 풀을 뜯으리니 어린아이가 그들
을 몰고 다니리라. 암소와 곰이 친구가 되어 그 새끼들이 함께 뒹굴고 사
자가 소처럼 여물을 먹으리라"는 예언 말씀이 나옵니다.

이사야 선지자는 동물들이 풀을 뜯는 모습으로 하나님의 창조 회복의
꿈을 보았을 것입니다. 동물이 동물을 먹이로 하지 않는, 사자가 여물을
먹는 세상을 보았습니다. "늑대가 새끼 양과 어울리고, 표범이 숫염소와
함께 뒹굴고" 있는 세상입니다. 강자와 약자가 함께 어울려 풀을 뜯는,
평화를 꿈꾸는 이사야 선지자는 하나님이 바라시는 창조 회복의 세상을
보며 하나님의 뜻을 선포한 것입니다. 약육강식의 경쟁질서가 아니고 강
자와 약자가 어울려 조화를 이루며 사는 평화로운 나라입니다. 약자는

강자의 먹이가 되는 살육의 지옥이 아니라 약자와 강자가 함께 어울려 사는 하늘의 질서입니다.

　요즈음 채소와 과일을 많이 먹어야 암을 예방할 수 있다는 말을 많이 듣습니다. 육식으로 인한 성인병과 이상비만의 문제도 있습니다. 육식을 많이 하는 사람들이 기운이 넘쳐나서 더 폭력적이라는 말도 있습니다. 우리가 육식을 하면 채식을 하는 것보다 세 배나 많은 양식을 소비한다고 합니다. 사람이 고기를 먹기 위해서 세 배나 많은 식량 자원을 낭비하는 것입니다. 얼마 전에, TV에서는 미국의 대학생들이 이산화탄소를 많이 배출하는 소와 양을 기르지 않게 하기 위해 고기를 먹지 않는 노력을 한다고 하더군요. 그러나 육식 수요를 늘려 더 많은 돈을 벌기 위해 축산업자들은 풀을 먹는 소에게까지 강제로 육식을 시키니 광우병이 생겼습니다. 사료 값을 줄이기 위해, 내버리던 소의 내장과 뼈를 갈아 사료에 넣은 것이 50년 전이라고 합니다. 이제 50년이 지나 소가 미쳐버리고, 그 미친 소를 먹은 사람이 또 미쳐버리고 있습니다. 그래도 육식을 해야 하겠습니까? 말로는 하나님의 뜻이 이 땅에서도 이루어지이다 기도하면서 입으로 들어가는 음식을 조절하지 못하는 연약한 인간이 되고 맙니다. 우리가 먹는 밥은 식물이었던 것이 창조질서일진데 지금부터라도 육식을 줄이고 채식을 늘려가서 지구를 살리는 창조질서를 회복하는 일을 해야 합니다.

넷째, 일용할 양식을 간구하는 기도입니다

　예수는 우리에게 기도를 가르치면서 하루의 양식을 간구하라고 하셨습니다. 우리는 매일 하루의 양식을 달라고 하나님께 기도합니다. 예수께서는 하루의 양식을 구하고, 무엇을 먹을까를 걱정하지 말라고 하셨습니다. 이 가르침은 이스라엘 백성이 받은 하늘의 만나와 연결될 수 있을 것입니다.

출애굽기 16장을 보면, 이스라엘 백성이 이집트를 떠나 광야를 헤맬 때, 하나님께서는 그들을 먹이기 위해 하늘에서 만나를 내리셨다는 기록이 있습니다. 하루치의 양식만을 거두라는 하나님의 명령을 받고도 사람들은 더 거두어다 쌓아두었습니다. 그러나 하루가 지나면 다 썩어서 먹을 수 없었습니다. 하루하루 바로 거두어서 싱싱한 것을 먹어야 건강에 좋다는 오늘의 상식과도 상통합니다.

호랑이는 배가 부르면 사냥을 하지 않는다고 합니다. 사람만이 음식을 쌓아두느라고 기계를 만들고, 화학 약품을 개발하고, 전기를 쓰고, 야단법석인 것입니다. 내가 필요한 만큼만 거두고 나면, 나머지는 자연으로 돌아가서 다음의 생명을 살리는 데 쓰일 것입니다. 저의 조그만 옥상 밭에서 저는 이 원리를 배웁니다. 이 세상에 있는 어느 것 하나도, 쓸데없이 존재하지는 않는 것 같습니다. 풀 한 포기라도 다 할 일이 있고 필요한 존재로 여겨집니다. 식물은 우리가 먹을 만큼만 취하고 나머지는 그냥 놔두면, 다른 사람이나 동물들이 먹으면 됩니다. 또 그냥 놔두어서 썩으면 자연으로 돌아가기 때문에 쓰레기가 되지 않습니다. 과일 껍질이나 채소를 다듬은 찌꺼기는 그대로 땅에 묻으면 다 썩어서, 미생물들이 다 먹어서 분해하기 때문에 다 생명을 위해 쓰입니다. 다른 생명의 밥이 되고 좋은 비료가 되는 것이지요. 문제는 사람이 먹으려고 만든 음식을 남겨서 버리는 것입니다. 음식쓰레기를 이용하려고 거창하게 비료공장을 짓고 비료를 생산했는데 그 비료에는 소금기가 그대로 남아 있어서 식물을 위한 비료가 될 수 없다고 합니다.

다섯째, 우리 죄를 용서해주시기를 비는 기도입니다

우리는 우리가 잘못하는 일이 많아서 하나님께서 용서해주시기를 빕니다. 그런데 그 용서의 전제 조건이 바로 나에게 잘못한 사람을 내가 용서하는 것입니다. 예수께서 가르치신 기도의 끝 부분의 14절을 보면, "너희가 남의 잘못을 용서하면 하늘에 계신 아버지께서도 너희를 용서하실 것이다. 그러나 너희가 남의 잘못을 용서하지 않으면 아버지께서도 너희의 잘못을 용서하지 않으실 것이다"라고 나옵니다.

우리가 아무리 밤을 새우고 간절히 기도해도, 깊은 산에 들어가 소리소리 지르면서 기도를 해도, 이 전제 조건이 우선되지 않으면 하나님께서는 우리의 잘못을 용서하지 않으신다는 것입니다. 그런데 이 중요한 말씀이 왜 수기도분에서는 빠져 있는지 모르겠습니다. 여기서 우리말로는 잘못을 '죄'라고 번역하는데 영어로는 '빚'(debts), 부채입니다.

"Forgive our debts as we also have forgiven our debtors."

우리에게 빚진 사람(debtors)의 빚을 탕감해준 것과 같이 우리의 잘못을 용서해주십사고 기도합니다. 빚을 지는 사람, 채무를 지고 갚지 못해서 파산자가 되고, 집에 들어가지 못해 길거리에서 지내야 하는 사람들의 모습을 우리는 너무나 많이 보고 있습니다. 빚을 지고 허덕이는 사람은 밥이 모자라는 사람입니다. 밥을 빼앗긴 사람들입니다. 이 빚을 탕감해주지 않으면 그 사람은 그 빚에서 헤어 나올 수 없습니다.

'빚' 이야기는 바로 레위기 25장 8절부터 나오는 희년과 일맥상통합니다.

"너희는 또 일곱 해를 일곱 번 해서, 안식년을 일곱 번 세어라. 이렇게 안식년을 일곱 번 맞아 사십 구년이 지나서 일곱째 달이 되거든 그 달 10일에 나팔소리를 크게 울려라. 죄 벗는 이날 너희는 나팔을 불어 온 땅에 울려 퍼지게 하여라. 오십년이 되는 이 해를 너희는 거룩한 해로 정하고 너희 땅에 사는 모든 사람에게 해방을 선포하여라. 이 해는 너희가 회년으로 지킬 해이다. 저마다 제 소유지를 찾아 자기 지파에게로 돌아가야 한다."

50년마다 빚진 사람의 빚을 탕감해주라는 하나님의 특별 사면령입니다. 50년마다 기득권을 포기하라고 어느 학자는 해석을 하더군요. 한국기독교교회협의회에서는 1995년을 통일회년으로 선포했었습니다. 우리가 해방된 지 50년을 기해 회년을 선포한 것입니다. 많은 교회들이 그 행사에 동참하고 기독교 역사에서 회년의 의미를 새롭게 부각시킨 선포였습니다. 이를 뒤따라 세계교회협의회는 창립 50주년이 되는 1998년을 회년으로 선포했습니다. 기독교장로회에서도 그 창립 50주년인 2003년을 회년으로 선포했습니다. 가톨릭교회도 2000년을 회년으로 선포했습니다.

이 회년 이야기는 2000년 전 예수께서 나자렛 회당에서 이사야 선지자의 글을 읽으신 뒤에 이미 이루어졌다고 선포하신 것입니다.

누가복음 4장 18절을 보면, "주님의 성령이 나에게 내리셨다. 주께서 나에게 기름을 부으시어 가난한 이들에게 복음을 전하게 하셨다. 주께서 나를 보내시어 묶인 사람들에게는 해방을 알려주고 눈먼 사람들은 보게 하고 억눌린 사람들에게는 자유를 주며 주님의 은총의 해를 선포하게 하셨다"라고 나옵니다.

그리고 21절에 보면, "이 성서의 말씀이 오늘 너희가 들은 이 자리에서 이루어졌다고 말씀하셨다"라고 나옵니다. 이것이 예수를 믿는 사람들에게 기쁜 소식입니다. 예수의 오심이 바로 희년의 성취입니다. 그 복음을 들은 사람들이 자기 재산을 팔아서 공동으로 쓰며 아무도 배고픈 사람이 없던 초대교회의 기록을 우리는 사도행전에서 봅니다.

요즈음 제3세계의 빚을 탕감하자는 논의가 많습니다. 제3세계는 밥이 모자랍니다. 처음부터 모자란 것이 아닙니다. 저 광활한 아프리카에서 사람들을 사냥하듯이 잡아다가 노예로 부리고, 천연자원을 빼앗아다가 서구는 부유해졌습니다. 그러니 아프리카는 계속해서 배가 고픕니다. 하나님의 입장에서 생각해봅시다. 열 손가락 깨물어 안 아픈 손가락 없다는 식으로 하나님께서는 배고픈 사람을 보는 마음이 얼마나 아프시겠습니까? 자식이 여럿이면 엄마는 어려운 자식을 챙기느라 바쁘다는데, 위에서 본 만나 이야기와도 같은 맥락입니다. 자기 필요한 만큼만 챙기면 되는데 그 말을 듣지 않는 겁니다. 그서 더 많이 가지고 싶어 눈이 빨개져서 야단입니다. 교회도 부자가 되려고 난리입니다. 아니지요. 교회는 부자를 바라보면 안 됩니다. 가난한 사람과 나누어야 합니다. 그렇게 나누려면 부자가 될 수는 없습니다.

서구의 많은 나라들이 기독교 국가였기 때문에, 자연을 정복하라고 해석하면서 개발에 박차를 가하더니, 이제야 지구가 다 파괴되어서 인류의 종말이 가까워 보이니까 생태, 생태하지요. 늦었지만 이제라도 생태를 관심하고 생태를 살려서 창조보전을 해야 합니다.

이제는 예수의 가르침 속에서 "남은 음식을 조금도 버리지 말라"고 하신 예수의 명령을 생각해보겠습니다.

요한복음 6장 11-12절을 보면, 예수를 따르는 수천 명의 음식을 걱정할 때 한 어린아이는 자기의 도시락을 내놓았습니다. 밥을 나누어 먹는 모범이 보입니다. 한 소년이 도시락을 내놓았는데 예수께서 그 음식을 받아들고 하늘에 감사기도를 하시고 사람들에게 나누어주셨습니다. 그 음식은 떼어도, 떼어도 없어지지 않고 늘어납니다. 4,000명이고, 5,000명이고 먹고도 남을 만큼 늘어났습니다. 사람들은 기적이 일어났다고 야단을 했을 것입니다. 우리는 주일학교 때부터 이 이야기를 수없이 들어서 누가 그 이야기를 시작하려고 하면 "응, 오병이어 이야기!" 하고 거기서 멈춥니다. 그러나 이야기는 계속됩니다. 사람들이 모두 배불리 먹은 후에 예수께서는 제자들에게 준엄한 명령을 내리셨습니다.

"조금도 버리지 말고 남은 조각을 다 모아들여라."

그런데 아무도 이 부분은 기억하지 못합니다. 아니 들어본 일도 없는 것 같습니다.

제가 어릴 때에는 밥알 하나라도 떨어뜨리면 집어먹어야 하는 줄 알았습니다. 수채 구멍에 밥알이 보이면 그 집 주부는 살림을 잘 못한다고 여길 정도로 음식 버리는 일을 부끄러워했습니다. 우리나라가 보릿고개를 넘긴 지 얼마나 되었다고 한 해에 버리는 음식물 쓰레기가 15조 원어치나 된다고 합니다. 우리는 집에서나 음식점에서 남은 음식을 다 내버리는데도 아무런 생각 없이 그냥 보고만 있습니다. 많은 음식을 버려서 썩은 냄새가 코를 찌릅니다. 지금도 예수께서는 "남은 음식을 조금도 버리지 말고 다 모아들이라"고 말씀하실 것입니다.

저는 얼마 전에 생태전원마을을 만드는 사업단에 참가하기로 했습니다. 이 나이에 무슨 일을 시작한다는 것은 웃기는 일이지요. 그러나 내가 하다가 못하고 가더라도, 누군가는 나무 심고 채소 가꿀 수 있는 밭을 만들고 싶은 겁니다. 밤새도록 할 것인가 말 것인가를 고민했지요. 결론은 내일 이 세상을 떠나더라도 오늘은 사과나무를 심겠다던 말이 생각났습니다. 그리고 오래전부터 생태마을을 만드는 걸 하고 싶었습니다. 지금 우리의 생활방식이 많이 틀렸다고 생각하기 때문입니다. 전기는 태양광을 이용하고 난방은 지열을, 물은 정화해서 다시 쓸 수 있게 하고 정화조에서 가스를 산출하는 생태형 마을을 만드는 것입니다. 물론 먹을거리는 채식을 위주로 밭에서 자급할 수 있을 것 같고. 집은 황토 흙으로 짓고. 그렇게 황홀한 꿈을 꾸고 있습니다. 내가 그 꿈을 버리지 않는 한 아무도 그 꿈을 빼앗을 수 없다는 것도 압니다.

우리 모두 올바른 밥을 올바로 먹고 하나님이 창조하신 아름다운 세상을 회복하는 황홀한 꿈을 꾸면서 건강하고 즐거운 나날을 보내게 되기를 바랍니다. 이제 인간이 잘못된 세상에서 풀려나서 하나님과의 바른 관계를 맺을 수 있도록 그 몸을 화해의 제물로 주신 예수 그리스도의 사랑과 이 세상을 창조하시고 인간을 청지기로 세워주신 하나님의 은혜와 연약한 우리를 일으켜 세우시고 하나님을 향해 살아갈 수 있도록 이끌어주시는 성령의 은사가 여기 모인 모든 사람들에게 함께하시기를 축원합니다.

몸과 마음, 영혼을 살리는
생명밥상 빈 그릇*

유미호

이야기: 몸의 회개기도, 단식

5~6년 전으로 기억합니다. "흙에서 왔으니 흙으로 돌아가라"(창 3:19)는 말씀을 받으며 성찬에 참여했던 기억이 납니다. 그날은 재의 수요일이었습니다. 모태신앙에다 신학까지 공부했지만 사순절에 특별한 의미를 두고 지낸 기억이 별로 없었다는 생각이 들어 성공회대성당을 찾았습니다. 지금 기억으로 신부님은 재를 찍어 이마에 발라주며 "사람은 흙에서 왔으니 흙으로 돌아갈 것을 기억하시오"라고 권고하셨습니다. 당시 나는 흙에서 생명운동의 실마리를 풀어가고 있던 터라 그 말씀이 더 특별하게 받아들여졌습니다.

---

* 계간지 '생' 통권 24호(2006년 봄)에 게재된 글입니다.

늘 그렇듯 사순절이 오는 봄의 절기면, 주말농장에서 씨앗을 뿌리기 위해 땅을 헤집었습니다. 처음엔 나와 우리 가족의 먹을거리를 의식하면서 땅을 헤집었지만 계속되는 흙과의 만남은 다른 그 무엇을 느끼게 했습니다. 흙을 만지면 만질수록 흙은 반갑다고 악수를 받아주었고, 개미와 지렁이, 굼벵이와 각종 애벌레 등 흙 속 친구들은 내 감각이나 머리로는 도저히 감지할 수 없는 신비로운 생명의 세계로 초대했습니다.

그러는 가운데 나는 흙과 한 몸임을 실감할 수 있었습니다. 깨닫는 동안 흙 속에 뿌려진 씨앗은 싹을 내밀고, 비를 맞고 햇빛을 반기며, 잎이 자라고 줄기가 뻗어 꽃을 피우고, 열매를 맺었습니다. 제가 받은 생명을 맘껏 자랑하며 사는 모습이 참 보기 좋았습니다. 게다가 내겐 맑은 공기와 초록의 향기도 내뿜어주었습니다. 땅속 생명의 기운을 땅 위로 이끌어내는 그 모습이란 참으로 아름답고 행복해보였습니다. 더구나 그토록 건강한 생명이 사랑의 희생을 통해 내게 먹힐 땐 자연의 원리, 하나님 창조의 섭리에 따라 내 삶을 바꾸어야겠다는 생각이 절로 들게 했습니다. 흙이, 그리고 흙이 낸 식물이 나의 생각과 삶을 바꾸는 순간입니다.

그리고 그때 내가 받은 생명의 은혜인, 내 몸을 소홀히 여겨왔음을 보게 되었습니다. 당장 내 몸을 느껴보려 했지만 어디서 어떻게 시작해야 할지 난감했습니다. 그런 몸으로 이 땅 동식물의 아픔과 괴로움을 말했다는 게 신기할 정도였습니다. 그러다 최민희 님이 하는 생활단식을 접했고, 일주일간의 본 단식과 한 달여에 가까운 보식 기간은 망가진 내 몸을 보게 해주었습니다.

지금 생각해보면, 사순절 동안 일하면서 했던 단식은 어쩌면 회개의 몸기도라 할 수 있습니다. 하나님이 주신 내 몸이 보내는 신호도 알아차리지 못하고, 자연과 멀어지고, 하나님에게서 멀어졌던 것을 회개했던 것입니다. 또 천지의 은혜가 깃들어 있는 물을 마시고, 만인의 노고가 스며 있는 음식을 먹으며, 베 짜는 이의 피땀이 서려 있는 옷을 입으면서도 무감각하게 지냈던 것도 회개했습니다.

그리고 반성하며, 병든 내 몸을 치료하기 위한 단식을 이어갔습니다. 지친 내장기관과 제독기관(간, 콩팥)을 휴식시킨 것입니다. 하나님이 만드신 자연이 그러하듯 우리 몸도 스스로 치유할 수 있는 힘을 지니고 있었습니다. 욕심을 버리고 소식하고 단식함으로 누리는 쉼은 가장 확실한 재생의 힘이라 할 수 있었습니다.

나의 몸과 마음도 살피고자 힘썼습니다. 몸과 마음을 살피는 데 있어서 가장 좋은 집중의 대상이 되었던 것은 숨이었습니다. 우리는 숨을 통해 하나님의 영이 들어옴으로 온전케 되며 생명이 기운을 얻습니다. 숨을 챙기니 몸과 마음에 들어와 있는 모든 긴장이 내려놓아지고 평안함이 찾아옵니다. 의식적으로라도 아랫배로 숨결이 들고남을, 걸을 때는 발바닥에 의식을 두고 어떤 느낌이 일어나고 사라지는지를 살피니, 살아 있는 모든 생명들에게 평안의 인사를 하며, 그들의 행복을 빌 수 있었습니다.

이쯤 되니 부족하지만 몸의 원리를 찾아 몸속 중심에서 들려오는 세미한 소리를 들을 수 있을 것 같았습니다. 몸의 원리에 맞게 살려 하니, 우리의 밥으로, 또 몸으로, 삶과 혼으로 살아나신 주님을 만나게 되고, 내 안에서 주님이 빛을 맘껏 발하게 해드릴 수 있을 것 같았습니다.

"주님, 언제까지나 내 속 중심은 주님께만 드려지게 하소서."

그리고 그 상태에서 나는 전과 다른 차원으로 밥상 이야기를 하게 되었습니다. 날마다 내가 숨 쉬고, 마시고, 먹는 공기와 물과 밥을 주는 자연이 곧 우리의 밥상임을 깨닫고, 이를 실천해가는 길로 '생명밥상' 의 길을 걷기 시작한 것입니다.

생명의 밥상, 자연이 병들면 몸도 맘도 안전하지 못합니다

우리는 하루 중 공기를 가장 많이 마십니다. 두 번째는 물입니다. 적어도 하루에 1인당 2리터는 마십니다. 세 번째는 음식입니다. 사람마다 다르겠지만 우리는 대략 하루에 1.5kg이나 되는 음식을 먹습니다. 그런데 이들 먹고, 마시고, 들이쉬는 것들은 모두 자연에서 나옵니다. 그러니 자연이 병들면 몸도 맘도 안전하지 못합니다.

그런데 오늘날 우리가 의존해 살고 있는 자연은 극도로 오염되고 파괴되었습니다. 과학자들은 자연에 대한 인간의 승리라고 주장하면서 많은 새로운 화학물질을 만들어내고 환경에 뿌려놓았습니다. 문제는 자연에 있는 생물들은 그런 물질들을 본 적도 없고 분해할 줄도 모른다는 것입니다. 결국 이들 물질들은 분해되지 않은 채로 자연에 계속 남아 있게 되어 지금 우리의 몸을 위협하고 환경성 질병을 일으키고 있습니다.

경유 자동차나 건설공사 현장에서 주로 발생하는 미세먼지(PM10 = 지름이 10㎛ 이하, 즉 머리카락 굵기의 1/5 정도)의 경우, 한번 몸속에 쌓이면 그것으로 끝이라고 할 만큼 우리 몸에 미치는 영향이 상당합니다. 납, 구리, 크롬 등의 중금속 물질이 함유돼 있기라도 하면 호흡기 질환이나 폐암, 천식, 심장질환과 같은 질병은 걷잡을 수 없게 되고 맙니다. 현재 이로 인한 조기 사망자 수가 서울 지역에서만도 한 해 5,426명이고, 수도권에서는 1만 1,127명으로 추정되고 있습니다. 어린이의 경우 7명 중 1명이 천식이고, 4세 이하 유아의 경우에는 4명 중 1명이 천식과 아토피피부염에 걸려 있다는 보고입니다.

또 눈여겨볼 것은 최근에 나타나는 광우병, 조류독감, 사스와 같은 질병이 우리가 자연의 질서를 깨뜨려 생겨났다는 점입니다. 앞으로 지구 온난화가 진행되고 생태계 교란이 계속되면 또 어떤 새로운 질병이 기승을 부릴지 알 수 없는 일입니다.

밥상이 몸과 마음, 자연을 병들게 합니다

이처럼 자연이 병든 상황에서 우리 몸이 성하다는 건 오히려 이상한 일일 것입니다. 미국 상원 영양특별위원회가 1975년에서 1976년에 걸쳐 미국인의 모든 질병에 대해 조사한 바에 따르면, "미국인의 모든 질병은 너무 잘 먹어서 생긴 것"이라고 하였습니다. 사실 현대인들이 앓고 있는 고혈압, 당뇨, 심혈관계 질환 등은 이전 시대에는 없었던 생활습관병입니다. 잘못된 식생활 때문입니다.

우리의 밥상은 그동안 너무 빠른 속도로 변해왔습니다. 서양의 경우 100여 년에 걸쳐 일어났던 변화가 우리나라에서는 약 30년이라는 짧은 기간에 일어났습니다. 30여 년 전만 해도 볼 수 없었던 아토피성 피부염을 앓고 있거나, 알레르기성 비염과 천식, 소아 당뇨와 고콜레스테롤혈증, 각종 암이나 성인병을 앓는 아이들이 증가하는 것도 아이를 낳고 키우는 20~30대들이 바로 이 시기를 살아왔기 때문입니다. 결국 잘못된 식생활이 몸의 질병을 기르고 불치의 병이라는 위험에 심각하게 노출시킨 것입니다.

문제는 여기서 끝나지 않습니다. 잘못 먹으니 몸만이 아니라 우리의 마음과 정신도 병듭니다. 요즘 아이들이 산만해지고 욕구불만이 쌓여 즉흥적이고 성급하며 폭력적인 행동을 일삼는 것도 잘못된 음식에 그 원인이 있습니다. 인스턴트식품을 주로 먹인 아이들이 난폭하고 발육도 늦다는 것은 이미 오래전에 발표된 연구 결과입니다.

알고 보면 지금의 환경 위기도 잘못된 음식을 먹어온 결과입니다. 하나님이 건강하게 성장시킨 생명의 사랑을 밥상에 올리지 않고, 생명의 고통과 첨가물과 방부제가 든 인스턴트식품을 밥상에 올린 탓입니다. 생명의 고통을 먹은 이들은 자연과 다른 생명에게 잔혹 행위를 일삼기 마련이고, 그들에게 가해진 폭력은 부메랑처럼 우리에게 돌아오기 마련인 것입니다.

음식의 홍수 속에서도 밥상은 여전히 빈곤합니다

하나님은 모든 생명에게 땅에서 나는 풍성한 먹을거리를 선물로 주셨습니다(창 1:29). 그런데 우리는 받은 만큼 충분히 누리고 있지 못합니다. 음식이 홍수처럼 넘쳐나는 세상이긴 하지만 땅에서 난 진정한 먹을거리는 찾기 힘듭니다. 아니 어쩌면 사람들은 굳이 찾으려고조차 들지 않습니다. 땅에서 자란 것보다는 오히려 각종 인스턴트식품을 즐깁니다. 간편한 것, 빠른 것, 맛있는 것, 부드러운 것, 달콤한 것, 오래 먹을 수 있는 것, 보기에 아름다운 것을 찾는 근시안적인 식욕을 추구하다보니 무려 500여 종에 달하는 방부제, 발색제, 인공색소, 인공조미료 등의 화학첨가물을 만들어 먹는 음식에 넣습니다.

또 밥상에 올라오는 채소는 철없이 유통되다보니, 햇빛과 땅의 기운을 듬뿍 받지 못하고 바람결도 느끼지 못한 채 키워진데다 농약과 화학비료 범벅입니다. 육류 역시 더 이상 자연 속에서 그들의 본연의 먹이를 먹고 자란 고기가 아닙니다. 병약해서 온갖 항생제와 백신을 맞으며 풀 대신 곡물 배합 사료들을 먹고 살만 찌고, 사육 시설에서 고도의 스트레스를 받아 공격형의 저항 호르몬으로 가득합니다.

그런데다 맛과 눈요기를 위해 곡식을 도정하고 정제하고 표백까지 서

습지 않습니다. 단지 하얀 쌀밥이 보기에도 좋고 입에서도 술술 넘어간다는 이유로 도정하고 또 도정하여 씨눈의 영양까지도 모두 버립니다. 또 먹기 불편하다는 이유 하나로 충분히 씹을 수 있는 거리를 제공하여 치아와 침샘의 발달을 돕고, 위장의 기능이 무리하지 않고 일하게 해주고, 영양의 흡수 속도를 우리 몸이 처리할 수 있는 속도에 맞추어주고, 빠르게 노폐물을 배설하게 해 장을 깨끗하게 해주는 섬유질까지 제거하고 있습니다.

그래도 집에서 정성껏 차린 음식은 낫습니다. 사먹는 음식의 경우 문제가 더 심각합니다. 원료 자체는 접어두더라도 여러 가지 문제가 있습니다. 원료를 대량 구입해서 값이 쌀 것 같으나 식당 집세에다 내부 치장값, 이윤까지 소비자 몫이 되어 오히려 비쌉니다. 또 남은 음식은 고스란히 쓰레기통에 버려집니다. 입맛을 동일하게 통일시킨 패스트푸드는 한 끼의 식사로 이용하기엔 영양이 부족하고, 간식으로 할 경우는 과잉 열량이 되며 영양의 불균형을 가져옵니다. 단 몇 분 사용하고 버려지는 패스트푸드점의 일회용품 또한 그 양이 심각합니다. 또 음식 재료나 요리가 담겨지는 그릇은 대개 멜라민 용기인데, 독성물질이 음식에 배어나옵니다. 설거지할 때 남는 합성세제도 그대로 입으로 들어갑니다. 합성세제의 독성은 수세미로 네 번 이상 잘 헹구어야 그릇에 남지 않는다고 하니 대중음식점에서 깨끗한 용기를 내기는 어려운 일입니다. 맛을 내기 위해 사용하는 화학조미료가 먹는 이의 건강을 해치는 건 두말할 나위도 없습니다.

그런데도 젊은 세대들은 패스트푸드점이나 패밀리 레스토랑을 즐겨 찾고 그 곳에서 먹는 서양 음식을 통해 자신의 삶이 업그레이드된 것인 양 삶의 여유를 즐깁니다. 돌, 회갑, 생일, 졸업, 입학 등 기쁜 날마저도 식당에서 손님을 맞고, 예를 갖추어 대해야 할 웃어른까지도 음식점에서 모시는 것이 이젠 예삿일입니다. 또 소문난 맛집, 맛있는 음식을 찾아다니는 고비용의 미식 여행을 불사하는데, 열 명 중 네 명이 식도락, 미식가적 경향이 짙다는 통계가 있습니다.

제대로 된 밥을 먹어야 하나님의 거룩한 성전인 몸이 건강합니다

일찍이 바울은 우리의 몸이 하나님의 거룩한 성전이라고 하였습니다(고후 3:16). 그러기에 우리는 깨끗하고 안전한 음식을 먹어야 합니다. 그렇게 할 때 하나님의 거룩한 성령이 깃들어 있는 자신의 생명은 물론 다른 생명을 돌보며 하나님을 제대로 믿을 수 있습니다. 즉 어떤 음식을 먹느냐에 따라 어떤 삶을 사는지가 결정된다고 해도 과언이 아닐 것입니다.

그렇다면 어떤 음식을 먹어야 잘 먹는 것이겠습니까? 중요한 건 가장 신선하고 최고 품질의 자연 그대로의 음식, 즉 그 지역에서, 그 계절에 생산되는 먹을거리를 고르는 것입니다. 물론 직접 곡물과 채소를 재배하는 것이 이상적입니다. 주말농장이나 텃밭일지라도 할 수만 있다면 하나님이 철 따라 주시는 풍성한 음식을 즐길 수 있습니다. 제철음식을 먹으면 영양분도 많고 건강에도 유익합니다. 봄에는 쑥, 냉이, 달래가 나고, 조금 있으면 죽순이 돋아납니다. 이들 봄에 나는 나물은 양기를 듬뿍 가지고 있어 겨우내 움츠렸던 몸이 활기를 찾고 춘곤증을 극복하는 데 도움을 줍니다. 양파, 호박, 오이 같은 여름 채소와 수박과 같은 과일은 찬 성질을 가지고 있어서 우리 몸을 식혀줍니다. 가을에 난 곡식과 과일은 더운 기운을 갖고 있어서 겨울을 나는 데 적합합니다. 이들 계절식은 무엇보다 싸게 맛있는 것을 먹을 수 있게 하니 좋습니다. 그리고 무엇보다 하나님의 창조에 순응하며 살 수 있는 길이기도 합니다.

문제는 도시인의 경우 대부분 필요한 음식물을 구입해 먹을 수밖에 없다는 것입니다. 이럴 때는 다소 비싸더라도 국내산, 유기농산물을 구해 먹는 것이 좋습니다. 신토불이라는 말과 같이 제 고장에서 난 음식을 먹는 것이 몸에 좋습니다. 가까운 곳에 생활협동조합이나 유기농산물 직거래 단체가 있는지 살펴봅시다. 그곳을 찾아 이용하면 큰 비용 부담 없이 생명을 살리는 음식을 얻을 수 있습니다. 이는 날로 피폐해가는 우리 농촌과 농업을 살리는 지름길이자 하나님이 처음에 주신 풍성한 먹을거리를 되찾는 길이기도 합니다. 멀리, 더구나 외국에서 수입한 농산물은 농약 등 유해한 화학물질이 다량 함유되어 있거나 유전자 조작 식품일 경우가 많아 여러모로 우리 몸에 적절하지 않습니다. 안타까운 것은 이미 우리의 밥상에 오르는 쌀을 포함한 음식물의 3분의 2가 수입한 것이라는 현실입니다. 이제 쌀마저 수입하게 되었으니 우리 몸의 건강을 염려하지 않을 수 없게 되었습니다.

밥상을 차리고 먹는 일이야말로 거룩한 일입니다

다행히도 최근 우리들의 밥상에 녹색 바람이 불고 있습니다. 지금이라도 많은 사람들이 제대로 된 밥, 우리 몸에 맞는 음식을 찾게 되었다는 것은 다행스러운 일입니다. 잘 먹기만 한다면 우리의 몸이 살아날 뿐 아니라, 쌀도 농촌도 농민도 환경도 밥도 지켜낼 수 있기 때문입니다.

사실 밥상을 차리고 먹는 일만큼 거룩한 일도 없습니다. 천하보다 귀한 한 생명을 살리는 일이요, 하나님의 영이 깃들어 있는 거룩한 성전인 우리의 몸과 맘을 살리는 일인데, 밥상을 차리고 먹는 일보다 더 귀한 일이 어디 있겠습니까? 우리 조상들이 식사라는 말 대신 진지라는 말을 썼던 것도 같은 이유라고 할 수 있을 것입니다. 밥을 먹는 것이 단순히 끼

니를 때우는 것이 아니라 참 나를 아는 진지(眞知)를 드는 것이라고 했으니 말입니다.

그런데 그동안 우리는 진지를 어떻게 대해왔습니까? 배를 빨리빨리 채우는, 그야말로 식사(食事)를 해온 것이 사실입니다. 허겁지겁 짧은 시간에 먹어 치우느라 바빴습니다. 나이나 몸 상태 그리고 개인 습관에 따라 다르긴 하겠지만 우리나라 국민의 평균 식사 시간은 빠르기로 유명합니다. 가난하게 살아왔기 때문이라고 하지만, 가난을 면하고 비만을 걱정하는 이들이 늘어나도 급하고 게걸스러운 식사의 모습은 그치질 않습니다. 이런 모습은 '더 빨리, 더 많이' 만을 추구하는 우리의 삶을 반영하듯, 무엇을 먹고 있는지, 무슨 맛인지 느낄 겨를도 없이 그저 삼키기에만 바쁩니다. 밥이 밥상에 올라오기까지 있어온 온갖 생명에 대한 공경심을 갖는다는 것은 생각조차 못할 일입니다.

생명밥상 빈 그릇 서약이 몸과 맘, 땅을 살립니다

이제 밥상을 차릴 땐 통곡식, 즉 현미잡곡밥에 그 지역에서 난 제철음식으로 먹을 수 있는 만큼만 올립시다. 그리고 밥상을 대할 땐 먼저 올라온 음식을 바라봅시다. "제대로 씹을 수 있는 음식들인가", "올라온 음식의 냄새, 색깔, 모양, 소리, 맛 그리고 어울림은 어떤가" 느껴봅시다. 그러고 나서 이렇게 기도합시다.

"한 방울의 물에도 하나님의 은혜가 스며 있고, 한 톨의 곡식에도 만인의 땀이 담겨 있습니다. 살아 있는 밥으로 오셔서 우리를 살리신 주님을 본받아, 우리도 이 밥 먹고 밥이 되어 이웃을 살리는 삶을 살겠습니다. 아멘."

그리고 밥을 먹을 땐, 밥상을 차려준 하나님의 은혜와 세상의 정성과 나의 몸에 대한 고마움으로 먹어야 합니다. 천천히 공손히 씹으며, '이 먹을거리가 어디서 왔을까', '내 입으로 들어간 먹을거리들이 결국은 어디로 갈까', '나는 이 음식을 먹을 만하게 정성껏 살았는가', '나도 이 밥과 살아 있는 밥으로 오신 주님처럼 이웃을 살리는 삶을 살아야지' 하는 마음을 모으는 것이 몸을 살리고 돌보는 길입니다.

그러다보면 남겨서 버리는 '음식쓰레기'도 없어질 것입니다. 요즘 음식쓰레기가 처리 곤란할 정도로 버려지고 있는데, '음식'과 '쓰레기'란 말은 전혀 어울리지 않습니다. 일 년에 15조 원어치나 되는 양이 버려지고 있는데, 우리가 연간 수입하는 식량의 1.5배나 되는 액수입니다. 국민 한 사람이 일 년에 31만 원씩, 하루에 1천 원씩을 쓰레기통에 그냥 버리고 있는 셈입니다. 1천 원이면 북한 어린이들이 일주일을 식사할 수 있고, 에티오피아 어린이들이 2주일 먹을 수 있는 식량과 맞먹습니다. 게다가 음식이 쓰레기가 되어 자연에 그냥 버려지면 땅과 물과 공기가 망가지니 또 거기에 4천억 원이나 되는 돈을 쏟아 붓습니다. 만약 우리가 날마다 하루의 필요를 알아 그만큼만 차리고 먹을 수 있다면 우리의 몸은 물론 굶주리고 있는 이웃도, 신음하고 있는 이 땅도 함께 돌보고 살릴 수 있을 것입니다.

이러한 길을 걸어가기 원하는 분은 기독교환경운동연대가 2002년부터 전개하고 있는 '생명밥상운동'에 귀 기울이면 도움이 될 것입니다. '생명밥상을 차려 남김없이 먹겠다'는 '기독인 서약 캠페인'도 전개한 바 있는데, 서약하는 것으로 첫 발을 내딛어도 좋을 것입니다. 홈페이지 (www.greenchrist.org)에서 하시거나 전화(02-711-8905)로 연락하시면 관련 자료와 서약증을 보내드릴 것입니다.

마치며

올해 사순절도 어느덧 다 지나고 부활의 아침을 맞습니다. 폭력이 난무하는 세상에 당신의 생명을 먹이로 내어주셨던 주님을 내 안에 모시고, 나도 세상의 밥 되어 살기 위해 마음을 모읍니다. 봄 햇살과 봄나물 한 무더기 밥상에 올려 발밑의 땅을 느끼며 자연을 만날 수 있기를 희망합니다. 그리고 흙에 대한 그리움을 통해, 창조주 하나님을 더욱 경외하며, 한 생명, 한 우주, 한 천지, 한 바람 속에서 사는 기쁨을 맘껏 누릴 수 있기를 빕니다. 그래서 나의 생명이 하나님으로부터 비롯함을 다시금 깨달아 그분 앞에서 겸허해지는 기쁨이 샘솟고 삶이 더욱 온전해지길 빕니다.

밥상을 부탁해*
– 생명밥상운동의 신학적 토대에 관한 명상

구미정

'야(野)한' 밥상이 그립다

정말 죄송한 말씀부터 드리자면, 개인적으로는 생명이니 생태니 그런 유의 글을 쓸 때가 가장 곤혹스럽다. 이건 마치 대중이 다 아는 노래를 새로운 노래인양 멋들어지게 잘 불러야 하는 가수의 부담감과 비슷하다. 사안의 중요성을 설명하자니, 이미 다들 아는 이야기일 텐데 새삼스럽게 재론할 필요가 있을까 싶어 망설여진다. 그렇다면 다들 알면서도 왜 실천하지 않나 하는 쪽으로 이야기를 풀어나갈까, 잠시 잔머리를 굴려보기도 하지만, 그도 마뜩찮은 것이 '알면서도 하지 않는 경우'란 '하고 싶은 마음'이 없을 때가 대부분이기 때문이다. 하고 싶은 마음도 없고 할 의

* '농촌과 목회' 2011년 여름호(통권 50호)에 게재된 글입니다.

지도 없는 사람들은 아예 이런 유의 글을 읽으려고조차 않을 것이다. 그러니 굳이 읽지 않아도 어차피 잘 실천하고 있는 사람들을 대상으로 글을 쓴다는 것만큼 비생산적인 노동이 어디 있나 말이다.

컴퓨터 앞에 앉아 "식상한 주제의 글을 도대체 어떻게 재미있게 쓸 것인가?" 한숨을 푹푹 내쉬는 사이에, 반가운 소식 하나가 들려온다. 제64회 칸 국제영화제의 '주목할 만한 시선'에 초청된 김기덕 감독의 〈아리랑〉이 상영 후 기립박수를 받았다는! 한국 영화계에서 이단아로 찍힌 그가 해외 영화제에서 선전하는 모습을 보면, 한편 통쾌하고 다른 한편 착잡하다. 이렇게 천재적인 감독의 공인 학력이 '초졸'이라는 이유만으로 푸대접을 하는 우리 사회가 너무나도 참담하게 여겨지는 까닭이다.

그런 김기덕을 떠올릴 때면 덩달아 연상되는 이름이 하나 있다. 바로 장정일. 중학교를 중퇴한 그는 문단의 이단아로 꼽힌다. 이 두 사람이 적어도 내 머릿속에서 한 범주로 묶이는 이유는 간단하다. 이들에게는 분명 남다른 면모가 있으니, 우리 사회에서는 보기 드물게 '야성'(野性)을 간직하고 있다는 점이다. 온실 속에서 곱게 자란 태가 물씬 풍기는 사람에게서는 절대로 느껴지지 않는 무엇, 빈들에서 자란 잡초의 강인한 생명력 혹은 맑은 강에서 뛰노는 물고기의 팔팔한 생명력이 그들의 재산이다.

생명밥상이란 '야성'을 간직한 밥상이리라. 야성은 길들여지지 않음, 조작되지 않음, 통제되거나 관리되지 않음의 통칭이다. 그래서 때로는 거칠고 불편하고 조야(粗野)하다. 하지만 입에 거친 음식이 몸에는 좋다지 않은가. 우리 몸이 불편해야 지구가 건강하다는 것 아닌가. 세련되지 못하고 투박하기 짝이 없는 막사발에서 아름다움을 발견하지 못하는 눈을 가지고 어디 감히 예술과 문화를 논하며 종교를 말할 것인가.

하여 '야성'으로부터 가장 먼 음식, 그러니까 시장자본주의에 의해 길들여지고 조작되고 통제되고 관리되어 전 세계적으로 균일한 맛을 내는 그런 음식에 관한 이야기로 글을 시작해볼까 한다. 장정일이 쓴 〈햄버거에 대한 명상〉이라는 제목의 시가 오늘의 글감이다.

'호모 햄버거네스'의 출현

옛날에 나는 금이나 꿈에 대하여 명상했다.
아주 단단하거나 투명한 무엇들에 대하여
그러나 나는 이제 물렁물렁한 것들에 대하여도 명상하련다.
오늘 내가 해보일 명상은 햄버거를 만드는 일이다.
아무나 손쉽게, 많은 재료를 들이지 않고 간단히 만들 수 있는 명상
그러면서도 맛이 좋고 영양이 듬뿍 든 명상
어쩌자고 우리가 '햄버거를 만들어 먹는 족속' 가운데서
빠질 수 있겠는가?
자, 나와 함께 햄버거에 대한 명상을 행하자.
먼저 필요한 재료를 가르쳐 주겠다. 준비물은……

'금'이나 '꿈'은 '황금률' 또는 '비전' 같은 말에 함축되어 있듯이 불변의 진리 내지 정신적 가치를 의미할 터이다. 옛 사람들은 그런 걸 추구(명상)하고 살았다. 아니 속으로는 물질적 가치를 흠모하더라도 겉으로는 초연한 척했다. 사람으로 살면서 최소한 '부끄러움'이 뭔지 정도는 알던 시대의 일이다.

하지만 요즘 사람들이 어디 그런가. 참〔眞〕이니 착함〔善〕이니 아름다움〔美〕이니 하는 추상적 가치들이 모두 물화(物化)되었다. 요컨대 돈의 시대, 돈이 곧 진리인 시대가 된 것이다. 세상에, '착한 가격'이 말이 되

는 소린가. '착한'이라는 형용사는 사람의 마음 바탕에 갖다 붙여야 짝이 맞는 단어가 아니던가. 하기야 '미담'(美談)이라는 단어에서처럼, 본래 정신적인 의미였던 '아름다움'이 노골적으로 육체를 지칭하게 된 경위를 생각해보라. 아울러 규격화된 인공미가 권장되는 이 시대에는 '아름다운' 몸매와 얼굴을 갖기 위하여 오로지 돈만 필요로 하니, 사람마다 왜 "돈이면 안 되는 일이 없다"는 말을 입에 달고 사는지 알겠다. 황금만능(黃金萬能)이라는 말의 알속은 그야말로 '돈 신(神)'의 지배를 에둘러 표현하는 것이리라. 돈이 제일 좋다. 무조건 돈, 돈, 돈 앞에 머리를 조아리는 인간의 속물스러움이여.

대학에서 취업에 도움이 안 되는 학과들이 속속 문을 닫는 시대, 생물학과가 돌연 생명공학과로 거듭나는 시대, 자연에 대하여 순수한 앎을 추구하는 과학은 천대받고, 어떻게든지 자연물을 인위적으로, 기계적으로 응용하여 '돈이 되는' 생산물을 만들어내는 데 이바지하는 공학이 환대받는 시대, 이런 시대에 '철학'을 이야기하고 '시'를 이야기하는 게 가당키나 한 일인가!

시인의 〈햄버거에 대한 명상〉은 그래서 나왔다. 시가 햄버거 하나만도 못한 대접을 받는 시대를 향한 '야(野)한' 조롱이다. 시인에 따르면, 현 인류는 '햄버거를 만들어 먹는 족속' 이외에 아무것도 아니다. 호모 사피엔스(Homo sapiens)는 무슨, 신앙이니 신념이니 가치니 도덕이니 하는 것들은 더 이상 세인(世人)의 관심사가 아니다. 거두절미, '호모 햄버거네스'라고 해야 제격이라는 것이다.

이 대목에서 미국의 정치이론가 벤자민 바버(Benjamin R. Barber)의 관찰이 흥미롭다. 그는 흔히 '미국' 하면 '자유의 여신상'을 떠올리던 시대는 지났음을 간파한다. 이른바 정치적 이념으로 대표되는 이데올로기(ideology)의 시대는 가고, 텔레비전과 영화 등 영상으로 대표되는 비디

올로기(videology)의 시대가 도래했다는 것이다. 그리하여 그는 미국 문화의 새로운 아이콘으로 맥도날드와 엠티브이(MTV), 디즈니랜드를 꼽는다.

이 가운데 특히 맥도날드(McDonald's)는 미국에 기반을 둔 초국적 '패스트푸드'(fast food) 기업으로서, '맛이 좋고 영양이 듬뿍 든' 햄버거 하나로 세계인의 입맛을 평정한 일등공신이다. 코카콜라와 햄버거가 옛 소련에 상륙하고 나서 얼마 못 가 사회주의 체제가 붕괴한 것을 보면, 맥도날드야말로 자본주의 문명의 첨병이 아니고 무엇인가. 맥도날드가 들어가면 그 다음에는 미국식 자본주의가 들어간다. 곧 이어 지역 경제가 황폐화되고 토착 문화가 초토화된다. 이처럼 가공할 위력을 지닌 맥도날드의 세계 제패, 이를 가리켜 바버는 '맥월드'(McWorld)라고 불렀다. "어쩌자고 우리가 '햄버거를 만들어 먹는 족속' 가운데서 빠질 수 있겠는가?"라는 시인의 물음은 이러한 맥락에서 나온 것이다.

도시인은 환맹(環盲)

시가 워낙 길기 때문에 '준비물' 단락은 생략. 그렇다면 햄버거에 들어갈 식재료들은 어디서 구해야 할까. 시인의 친절한 설명이 이어진다.

"재료들은 힘들이지 않고 당신이 살고 있는 동네의 / 믿을 만한 슈퍼에서 구입할 수 있을 것이다. / …… 슈퍼에 가면 / 모든 것이 위생비닐 속에 안전히 담겨 있다. 슈퍼를 이용하라 ……."

여기서 잠깐! 〈김씨 표류기〉(2009)라는 한국 영화 이야기를 살짝 해보자. 일종의 블랙코미디다. 대출 이자에 허덕이던 한 사내가 한강에 몸을 던져 자살을 기도하는데, 눈을 떠보니 '밤섬'이다. 저 멀리 지나가는 지하철에 대고 고함을 질러봤자 헛일. 어쩌다 나타난 한강유람선을 향해 아무리 손을 흔들어도, 돌아오는 건 중국인 관광객들의 카메라 세례뿐. 휴대폰은 당연히 먹통. '무인도' 생활 한 번 제대로 하게 생겼다.

당장에 들려오는 꼬르륵 신호. '어떻게' 먹을 것인가는 둘째 문제다. '무엇'이든 상관없다. 먹을 게 있기만 하면 좋겠다. 통상 '의식주'라는 표현이 입에 배어 있지만, 삶의 중요도로 따지면 순서를 바꿔야 맞다. 입는 게 뭐 그리 대수겠는가. 먹는 일의 적나라한 절박함에 비하면. 영화는 먹을거리를 찾기 위한 주인공의 사투에 많은 시간을 할애한다.

의미심장한 건 이 대목. 한강물에 떠내려 온 '짜파게티' 봉지를 본 순간, '짜장면'에 대한 욕망에 사로잡힌 김 씨. 자나 깨나 온통 짜장면 생각뿐이다. 보통의 경우라면, 널린 게 '중국집'이니 전화번호만 누르면 될 것이다. 하지만 여기는 무인도. 짜장면을 시켜 먹을 방도가 없다. 어찌 해야 하나.

고장 난 오리배를 보금자리 삼아 살던 그는 오리배에 잔뜩 붙은 새똥을 정성스럽게 긁어모으기 시작한다. 새똥 안에 들어 있을 씨앗을 심기 위해서다. "욕망이 사람을 똑똑하게 만든다"며 흐뭇해하는 김 씨. 아니나 다를까, 땅은 이내 새싹을 움틔운다. 그리고 여러 날이 지나 마침내 열린 옥수수, 오이, 콩, 당근, 감자, 양파 등등의 각종 열매들!

옥수수를 빻아 가루를 만들어 반죽하고, 맥주병으로 민 다음 깡통 뚜껑으로 잘라서 끓는 물에 넣으며, 김 씨는 그야말로 감개무량하여 눈물마저 흘린다. 그러니까 이 눈물은 식재료를 '힘들이지 않고' 아무 때나 '슈퍼'에서 구입할 수 있는 사람은 절대 이해하지 못할 그런 눈물인 것이다.

이런 맥락에서 보면, "모든 것이 위생비닐 속에 안전히 담겨" 있는 도

시의 슈퍼마켓은 얼마나 부도덕한가. 그것이 내 손에 오기까지의 지난
(至難)한 과정이 깡그리 생략되어 있다. 사시사철 아무 때나 '먹음직도
하고 보암직도 한' 온갖 종류의 과일들을 사먹을 수 있다는 건 차라리 재
앙일 터. 제철이 되어야 열리는 과일들을 '철없이' 먹으며 '좋은 세상'
이라 말하는 '철없는' 인간에게 화 있을진저.

도시인의 죄악은 자신의 생존과 생활이 농어민의 희생을 담보로 한다
는 구조적 인식에 대한 불감증이 아닐는지. 도시에서 사는 한, 인간은
누구도 농어촌의 고난으로부터 무죄(無罪)할 수 없다. 하여 도시의 기원
이 형제살해범 가인에게 있다고 보도하는(창 4:16-17 참고) 성경의 통찰
은 얼마나 적확한가. 자끄 엘룰(Jacques Ellul)의 말처럼, 가인이 세운 도
시는 더 이상 하나님의 보살핌을 받을 수 없게 된 인간이 스스로의 안전
을 도모한 결과물이다. 도시는 하나님과 이웃과 땅에 대한 결속을 스스
로 끊어버린 인간에게서 나와서, 그러한 분리와 단절을 확대재생산하며
존속한다.

유명한 바벨탑 이야기는 도시의 속성을 폭로하는 결정판이다. '함의
자손', 그중에서도 니므롯으로 대표되는 인간상이 바로 도시인의 정체
라는 것이다. 그를 중심한 일군의 무리들은 "하늘에 닿고, 이름을 날리
고, 흩어지지 않기"(창 11:4 참고) 위해 바벨탑을 건설한다. 집단적으로
하나님의 지위를 탐하는 불신앙의 절정이다.

그러므로 햄버거에 들어갈 '쇠고기 150그램'과 '돼지고기 100그램'은
단순히 돈 몇 만 원의 문제가 아니다. 그것은 하루 한 끼 먹을 것이 없어
서 굶어죽는 지구 위의 수많은 가난한 사람들의 고통과 현대식 산업축산
의 메커니즘 속에서 오로지 '고기' 용으로 비참하게 사육되는, 성장촉진
제와 항생제에 완전히 중독된, 그러다가 구제역 같은 전염병이 돌면 '살
(殺)처분' 되고 마는 소, 돼지 등 동물들의 원한과 궁극적으로 이 모든

부조리의 원인인 나 자신의 식탐(食貪)의 문제인 것이다.

시장귀신에 사로잡힘

장정일의 〈햄버거에 대한 명상〉은 '가정요리서로 쓸 수 있게 만들어진 시'라는 요상한 부제를 달고 있다. 정말이지 이 시에 적힌 순서대로만 따라 하면, 햄버거 하나가 뚝딱 만들어질 것 같다. 만약에 시인이 '슬로푸드(slow food)에 대한 명상'을 시도했다면, 어땠을까. 십중팔구, 속이 너무 뻔히 들여다보여서 식상했을 거다. 시는 역시 '돌려 치는' 맛이 풍부한 게 매력이다. 〈햄버거에 대한 명상〉은 이제 본격적인 만들기 단계로 들어선다.

> 먼저 쇠고기와 돼지고기는 곱게 다진다. ……
> 다졌으면,
> 이번에는 양파 1개를 곱게 다져 기름 두른 프라이팬에 넣고
> 노릇노릇할 때까지 볶아 식혀 놓는다. ……
> 이것이 끝난 다음,
> 다진 쇠고기와 돼지고기, 빵가루, 달걀, 볶은 양파,
> 소금, 후춧가루를 넣어 골고루 반죽이 되도록 손으로 치댄다. ……

이쯤 되면 이런 것도 시라고 썼나, 하며 화를 낼 사람도 더러 있으리라. 침착하시라. 그런 독자를 위하여 시인은, 이를테면 쇠고기와 돼지고기를 곱게 다지는 단계에서 "잡념을 떨치지 못하면 손가락이 날카로운 칼에 잘려" 나갈 수 있다는 식의 '명상'을 보탠다. 이때의 명상은 사실 소와 돼지의 몸이 '고기'로 전환되는 과정에서 이루어지는 무자비한 도

살을 함축한다. '세련된 음식문화'란 다름 아니라 '자르고', '다지고', '뒤섞고', '끓이고', '튀기는' 과정을 통해 먹을거리의 원형을 도무지 알아볼 수 없게 만드는, 그리하여 먹는 주체와 먹히는 대상 사이의 간극을 최대한 멀리 벌어지게 함으로써 어떠한 감정이입도 개입되지 못하도록 차단하는 정교한 실천 이외에 아무것도 아니다.

더 나아가 양파를 볶는 단계에 이르면, '소리 내며 튀는 기름'과 '기분 좋은 양파 향기'라는 촉각적 요소가 압권인 바, 이 단계의 '명상'에서 시인은 말초적 감각에 탐닉하는 현대인의 피상성(皮相性)을 폭로한다. 이러한 시인의 문명 비판은 프라이팬에 고기를 올려놓고 굽는 단계에서 최고조에 달한다.

　반죽된 고기를 올려놓고 1분이 지나면 뒤집어서 다시 1분간을 지져 겉면만 살짝 익힌 다음 불을 약하게 하여——이렇게 하기 위해서는 절대 가스레인지가 필요하다——뚜껑을 덮고 은근한 불에서 중심까지 완전히 익힌다. 이때 당신 머릿속에는 햄버거를 만들기 위한 명상이 가득 차 있어야 한다. 머리의 외피가 아니라 머리 중심에, 가득히!

요컨대 문명의 이기(利器)에 대한 우리의 욕망과 말초신경을 자극하는 즉물적 가치관이 우리를 속속들이 지배하고 있다는 고발이다. "머리의 외피가 아니라 머리 중심에, 가득히" 들어와 있다. 성경에 나오는 '귀신 들림' 현상을 이보다 더 생생히 표현하기도 어렵겠다. 지구 위에서 '미국 따라잡기'식 발전 모델을 차용한 모든 나라의 인민들은 하나같이 '뉴요커'처럼 살고 싶은 욕구의 노예가 되고 말았다. '시장귀신'이 들린 것이다.

이어지는 "버터와 마요네즈" 명상은 정확히 미국식 생활양식에 관한 비판이다. 햄버거를 만드는 과정은 "빵을 반으로 칼집을 넣어 벌려 버터를 바르고 상추를 깔아 마요네즈 소스를 바르면", 얼추 완성이다. 그런데 이러한 '바름'은 한꺼번에 처바르는 것이 아니라 '약간씩, 스며들도록' 바르는 게 관건이란다. 전 지구인의 '미국인' 화(化)는 이처럼 가랑비에 옷 젖듯이 교묘하게 이루어지는 프로젝트다. 아무리 주의한들 빠져나가기 어려운.

'하나님의 형상'을 회복하기

종교성이 예배의례, 주일 성수, 십일조 준수 등과 연관된다면, 영성은 일상의 모든 생각과 느낌, 행동과 실천에 관계될 것이다. 우리가 알거니와 예수의 종교성은 바리새인의 그것에 결코 미치지 못하는 '수준미달'이었다. 세리들과 창녀들에 둘러싸여 '먹고 마시기를 즐기는' 예수의 행태는 종교적으로 완전히 '품행 제로'였기 때문이다. 하지만 예수의 영성은 어떤가. "내가 아버지 안에 있고, 아버지께서 내 안에 계시다는 것을"(요 14:10) 한 번도 의심한 적이 없다. 그러기에 그는, 자기가 하는 말과 행동은 모두 "내 마음대로 하는 것이" 아니라, "아버지께서 내 안에 계시면서" 당신 자신의 말과 행동을 하는 것이라고(요 14:10) 말할 수 있었다. "나를 본 사람은 아버지를 보았다"(요 14:9)고 공언할 정도로, 예수는 하나님과 하나였다.

지금 하나님이 내 안에 계시다면, 그분은 어떤 밥상을 원하실까. 끼니마다 상다리가 휘어지게 잘 차려진 화려한 밥상을 기대하실까. 결단코 아니다. 그분은, 돈벌이는 안중에도 없고 오로지 자연의 베풂에 감사하는 마음과 이웃의 건강만을 염려하는 '바보' 농부의 '착한' 곡식을 기뻐하실 게다. 그 곡식을 '정의로운' 값을 주고 구입하여 가급적 손을 많이 대지 않고 제 맛 그대로 살려 간단하게 조리한 소박한 밥상에 열광하실 게다. 인간과 마찬가지로 제6일에 지음 받은 동물의 삶의 권리를 짓밟는 무자비한 식사는 그분의 뜻에 어긋날 게다.

내 안에 그분을 모시고 살듯이, 만물에 하나님의 신령한 기운이 서려 있다고 믿는 것, 이것이 창조영성이다. 기억력도 신통치 않고 감수성도 메마른 어른보다도 하나님과 훨씬 더 가까이에 있는 어린아이들은 그게 무슨 뜻인지 금방 안다. 아침에 집을 나설 때면 "집아, 안녕!" 하고 손을 흔드는 아이들을 보라. 제 속에서 나온 '응가'가 하수구로 빠져나갈 때도 "잘 가, 똥아!" 하고 인사하는 아이들이다. 사물을 인격화할 뿐만 아니라, 예의와 존중으로 대하는 어린아이 같아야 하나님의 나라에 들어가는 것 아닐까.

내가 몸담고 사는 '우리 집'〔oikos〕에 나름의 질서와 규칙이 있는 것처럼, 그분이 지으신 우주라는 집에도 질서와 규칙이 있다. 이를 깨우치는 것이 창조영성인 바, 우선 인간은 이 집의 소유자가 아니라 잠시 머물다 갈 나그네라는 사실을 자각할 것. 다음으로는 그 집을 구성하는 온갖 생물들 가운데 가장 존경 받아 마땅한 존재가 바로 식물이라는 사실을 명심해야 함. 식물의 비폭력성과 자비로움 그리고 인내심과 창조력은 따로 설명이 필요 없음. 게다가 길어야 1백 년 남짓 살다 가는 인간에 비하면 몇 백 년쯤 우스운 나무들이 수두룩하니, 인간은 필히 모든 나무 앞에서 경의를 표할 것. 이렇게 식물을 귀히 여기고 그들로부터 배우고자 애쓰는 사람이라야 짐승한테도, 다른 사람한테도 겸손한 법. 우주라는 이 집으로부터 풍성히 거저 받은 은혜, 저 혼자 독식하지 않고 저도 남의 '밥'이 되어 사는 참사람이 되지 않겠는가.

우주는 그 자체가 하나님의 육화신비를 간직한 거대한 성전(聖殿)으로, 우주 안에 있는 그 어떤 것도 하나님의 자비로우신 보살핌으로부터

제외되지 않는다. 그렇다면 '하나님의 형상'으로 지음 받은 인간의 역할
이란 우주 만물의 안녕에 대한 무한책임이 아닐까. 평생을 정의롭고 지
속 가능하며 조화로운 삶을 살고자 애쓴 아름다운 사람 헬렌 니어링
(Helen Nearing)의 말을 '명상'하는 것으로, 글을 갈무리한다.

> 우리 인간은 특권을 누리는 동물이다.
> 우리는 소의 저녁 식사감이 되지도 않고……
> 우리 아기들이 도살장으로 끌려가 잘려서
> 누군가의 저녁 식사 재료로 쓰이는 꼴을 당하지도 않는다.
>
> 우리는 지상의 모든 것에 연민을 갖고,
> 최대한 많은 것에 유익을 주며,
> 최소한 적은 것에 해를 끼치려고 노력해야 한다.

■ 영성실천의 길잡이가 될 만한 책

구미정, 『이제는 생명의 노래를 불러라』, 올리브나무, 2004.

＿＿＿, 『생태여성주의와 기독교윤리』, 한들출판사, 2005.

＿＿＿, 『호모 심비우스: 더불어 삶의 지혜를 위한 기독교윤리』, 북코리아, 2009.

김수현, 『밥상을 다시 차리자』, 중앙생활사, 2002.

박경화, 『도시에서 생태적으로 사는 법』, 명진출판, 2005.

손대현/장희정, 『슬로시티에 취하다』, 조선앤북, 2010.

에릭 슐로서, 『패스트푸드의 제국』, 김은령 옮김, 에코리브르, 2002.

전우익, 『혼자만 잘 살믄 무슨 재민겨』, 현암사, 1995.

제레미 리프킨, 『육식의 종말』, 신현승 옮김, 시공사, 2002.

한스 울리히, 『더이상 먹을 게 없다』, 오은경 편역, 모색, 2001.

헬렌 니어링, 『소박한 밥상』, 공경희 옮김, 디자인하우스, 2002.

환경호르몬을 생각하는 모임 엮음, 『환경호르몬으로부터 가족을 지키는 50가지 방법』, (사)한국농어촌사회연구소 옮김, 삼신각, 2000.

2부

농(農)과 생명밥상

교회 공동체와
올바른 공동 식사[*]

김정택

들어가는 말

초대교회는 하나님의 공동체를 이루어가는 데 있어 공동 식사를 핵심으로 여겼다. 올바른 공동 식사는 곧 하나님 나라가 이루어지는 과정, 모습이라고 보았다. 우리는 당시 초대교회가 처한 시대와 바울의 세계 평화신학을 살펴보면서 공동 식사의 의미를 조명하고자 한다.

그리고 다시 오늘날에는 먹을거리 문제가 어떻게 쟁점화되고 있는지를 살펴보고 교회 공동체가 먹을거리에 대해 취해야 할 입장과 사회적 선교에 대해 언급해보고자 한다.

[*] '2010년 생명밥상 지도자 교육' 강의안입니다.

초대교회와 공동 식사

바울은 사람들을 개종(이정배 교수는 개종을 재주체화라 표현했다)시켜 공동체 안의 새로운 생활, "그리스도 안에서" 함께 사는 생활로 이끌었다. 바울에게는 "그리스도 안에서"의 생활이 언제나 공동체적인 문제였다. 그랬던 이유는 단순히 "교회의 일부가 되는 것이 중요하다"는 것 때문이 아니라 바울의 목적과 열정은 "이 세상의 지혜"가 정상적인 것으로 받아들이는 사회에 대한 대안적인 사회를 구현하는 공동 생활의 공동체를 만들어내는 것이었기 때문이다. 크리스천 공동체들은 "그리스도의 영"에 의해 생명을 얻게 된 "그리스도의 몸"이었다. 바울은 그래서 흔히 그의 공동체들을 부를 때 "형제들"이라고 불렀다. 이런 상황 속에서 크리스천 공동체들은 "새로운 가족들"로서 생물학적인 가족들처럼 서로를 돌볼 책임이 있었다. 이런 공동체들은 돌봄과 나눔의 공동체가 되어야만 했었다. 하나님의 나라, 즉 바울에게는 "그리스도 안에서의" 생활에 빵이 포함된다. 생활의 물질적인 기초인 빵은 예수의 열정에서 중심적인 것이었다. 바울이 고린도전서 11장에서 말한 것처럼 주님의 만찬은 빵을 떼는 것으로 시작하여 식사를 하고 그 식사 후에 잔을 돌리는 것으로 마쳤다. 그 식사는 앞과 뒤에 예수의 마지막 식사를 기념하여 빵과 포도주를 나누는 순서를 두었다. "그리스도 안에서"는 누구나 똑같은 식탁에 앉아야 하며 똑같은 식사를 먹어야 한다는 것이다. 이것은 비록 음식에 대한 독점은 배제하지만 단순히 음식에 관한 것은 아니다. 그 공동체 안에서는 누구나 평등하며 똑같은 것을 받아야 한다. 그래야 식사를 나누는 것이며 하나님의 물건, 하나님의 땅을 나누는 것이다. 누구나 넉넉히 받아야 한다. 이것이 주님의 만찬이다.

세계 식품체계 등장

다국적 기업의 실체 점검

종자를 공급하는 종자기업, 화학비료와 농약을 생산하는 농화학기업, 축산에 필요한 사료를 생산하는 사료 기업, 축산에 필요한 약품을 공급하는 동물의약품 기업, 생산된 농산물을 1차 가공하는 가공 기업 그리고 이를 가지고 최종적으로 식품을 만드는 식품 기업 등 농민이 종자를 구입하여 재배한 농작물이 소비자의 입에 들어가기까지의 이른바 식품 사슬에 개입되어 있는 자본은 산업자본이다. 문제는 이러한 식품 사슬이 소수의 다국적 거대 기업들에 의해 독점되어 있으며 그러한 독점 상태가 점점 더 심화되고 있다는 것이다. 종자에서 식품까지의 '수직계열화' 라고 할 수 있는 이러한 추세의 핵심에 GMO로 대표되는 농업생명공학이 있다. 생명공학을 중심으로 농업 관련 자본이 점점 한 덩어리가 되어가고 있다. 일례로 우리에게는 화학 기업으로만 알려져 있는 듀퐁사는 오래전에 세계 1위의 종자 기업으로 변신하였다. 노바티스사는 농화학 분야의 세계 2위이자 종자 분야 세계 3위다. 이미 우리나라 종자 산업의 70%는 외국 자본에 넘어간 상태다. 60년대부터 녹색혁명이라는 농업 변혁을 통하여 다수확 품종 종자, 농약과 화학비료, 농기계 같은 새로운 투입 요소들을 농민들에게 더 많이 사용하도록 강요함으로써 전 세계적으로 막대한 자본을 축적해두었던 다국적 농업 자본이 생명공학이라는 새로운 전략을 통해 농민과 농촌, 농업의 지배를 더욱 심화시키고 있는 것이다.

우리나라 생산자나 소비자들은 GMO에 대해 대단히 둔감한데, 실제의 생산과 소비를 살펴보면 GMO 품종이 차지하는 비중이 엄청나다. 현재 미국 내 재배 대두의 GMO 비율은 대체로 51%, 옥수수는 27%로 추정하고 있다. 그런데 우리나라는 이 두 작물을 거의 미국에서 수입하고 있다. 1999년 한국소비자보호원이 우리 식탁에 올라오는 두부의 82%가 GMO 두부라고 발표하여 국민들을 불안에 떨게 한 적도 있다. 두부는 콩으로 만드는 가공식품의 일부에 불과하다. 콩과 옥수수는 우리가 먹고 있는 각종 가공식품의 주원료로서 1차 가공된 식품뿐만 아니라 전분이나 물엿, 기름, 장류의 형태로 들어가지 않는 식품이 없을 정도로 많이 사용되는 품목들이다. 또한 콩과 옥수수는 가축 사료의 대부분을 차지하며 각종 산업용 기초 원료(비료, 비타민, 항생제, 의약품, 화장품, 비누, 토코페롤 등)로도 광범위하게 사용된다. 그리고 콩과 옥수수 외의 다른 농산물들도 미국 내 GMO 재배 비율 통계가 잡히지 않고 있을 뿐이지 이미 여러 가지 가공식품의 형태로 우리 식탁을 위협하고 있는 것이 현실이다. 미국에서 발행된 한 책자는 현재 미국 식탁에서 GMO 식품이 차지하는 비중을 약 60~70% 정도로 추정하고 있다. 이미 거의 모든 생식품과 가공식품들이 자유롭게 전 세계적으로 유통되고 있는 현실에서, 이 수치는 콩과 옥수수를 사료용으로 주로 이용하는 미국과는 달리 콩을 주식으로 삼고 있는 우리나라에서는 오히려 더 높을 가능성이 크다.

초국적 기업, 대기업 등은 세계은행, 국제통화기금, 무역과 투자자 권리협정, WTO, FTA를 활용하고 선거 때 자기편 당선시키기, 정책 담당자와 기업 간부들 간에 자리 바꾸기, 로비 등으로 세계의 각 국가들의 정책에 영향을 미치면서 세계 식품체계를 구축하고 있다.

초국적 기업들은 곡물 메이저, 농기업, 식품산업체로 역할 분담을 하고 있는데 곡물 메이저로는 미국계는 카길 · ADM · 콘아그라 · 콘티넨털, 유럽계는 드레퓌스 · 붕게 · 앙드레이며, 이들을 세계 7대 곡물 메이저라 하고 일본계는 미쓰이 · 미쓰비시 · 마루베니, 캐나다계의 어그 에그로, 이탈리아계의 페루치도 영향을 미치고 있다. 현재 우리나라에는 곡물 메이저 중 카길, ADM 등이 지사를 두고 있고 모두 60여 개의 곡물 상사가 진출해 있다. 곡물 메이저들은 세계 곡물 교역량의 약 80%를 차지, 유통 분야 시장 점유율도 총 저장 능력에서 75%, 수출 취급 능력에서 56%, 밀제분에서 69% 등을 차지하고 있다. 우리나라는 옥수수, 밀, 사료용 밀, 대두 수입량의 60%를 곡물 메이저로부터 수입하고 있고, 이 중 옥수수는 카길이 50%를 공급하고 있다. 초국적 기업과 연계된 농기업들은 점점 더 소수의 농기업들이 기업합병과 인수, 연합 등을 통한 투입재, 영농, 농산물 가공 등 농업 생산의 전 영역을 지배하며, 최근 몬산토와 카길, 노바티스와 ADM의 제휴로 종자, 비료, 살충제, 농가 대부, 고물 수집상, 처리, 축산물 가공, 가축 사육, 도축까지 한 조직이 담당하게 되었다. 초국적 기업은 유통 분야에서도 월마트, 까르프 등 세계 10대 슈퍼마켓이, 전체 소매 판매액 중 식료 소매 판매액이 차지하는 비중의 70%를 상회하고 있다. 전 세계를 영업 대상으로 하는 세계 10대 패스트푸드 중 맥도날드가 선두이고 그 뒤를 유미브랜드, 버거킹, 웬디 등이 잇고 있다.

다국적 기업의 목표와 외형적 이념

과거 미국은 개도국 민중들이 기아 문제에 대한 불만 때문에 민족해방운동 조직을 결성하여 '붉은 혁명'을 일으킬 것을 우려하여 무상에 가까운 식량 원조를 하는 한편, 아시아를 '붉은 혁명'으로부터 수호하기 위해 핵우산과 식량우산이라는 이중의 우산으로 미국의 진영 속에 묶어두었다. 미국은 자국의 잉여농산물도 처리하면서 대 아시아 지배 비용을 별로 들이지 않고 붉은 혁명의 확산을 저지하는, 말 그대로 1석 4조의 전략을 구사할 수 있었다. 레스터 브라운은 "개도국이 스스로의 손으로 식량을 증산하고 그것을 지도하고 원조하는 것"이 녹색혁명이라 선전하였지만 그가 말하는 녹색혁명의 본질은 아시아 개도국의 경제 및 정치구조를 완전히 장악하여 다국적 기업의 항구적 시장으로 성숙되도록 사육한다는 미국의 원대한 전략이 있는 것이다. 그래서 록펠러와 포드 다국적 기업은 IRRI(필리핀 벼 종자연구소)에 투자하여 '석유에 의한 농업의 다각적 지배' 또는 '석유를 통한 농업의 다중적 지배'를 시도하였다. 석유 문명에 토대를 둔 근대화 농업기술로서의 화학비료, 농약, 농기계, 각종 농자재, 운반 및 동력 등은 선진국 농업을 대상으로 할 경우 시장 확대에 한계가 있기 때문에, 개도국의 농업기술 개발로 시장을 확대하고자 방향 전환을 한 것이다. 농업 개발이 진행되면 당연히 운반을 위한 자동차, 철도, 창고 등 저장 시설에서부터 관개 시설과 댐 등 대규모의 토목공사와 다양한 가공 산업, 생산을 위한 투입재 산업, 유통 기구 그리고 패스트푸드와 같은 소비 산업에 이르기까지 새로운 시장이 창출될 것인 바, 이 시장들을 록펠러와 포드의 기업들이 장악하기 위함이다. 농업의 배후에는 석유가 도사리고 있었다. 즉 농업 근대화라는 명분 아래 석유는 농업의 내부에 강력하고도 깊이 뿌리박을 수 있었다. 결국 농업 근대화는 농업을 석유의 지배하에 포섭하는 것이며 석유를 지배하는 자(다국적 기업)가 실질적으로 농업을 지배하게 된다는 의미를 가지게 되었다. 이 대목에서 미국 정부와 석유 다국적 기업의 의견이 일치하였다. 미국 정부는 개도국의 정치·경제구조를 옴짝달싹 못 하게 속박할 수 있었고, 다국적 기업은 석유를 통제함으로써 항구적인 시장을 확보할 수 있었던 것이다. 이러한 세계 지배의 검은 야합이 바로 녹색혁명의 실체였다. 개도국에서의 녹색혁명은 자립경제와는 정면으로 대립되는 것으로서 미국에의 의존도를 더욱더 높이고 미국과 다국적 기업의 세계 지배 체제 속으로 보다 깊숙하게 편입되어갔다.

녹색혁명이란 한마디로 미국 정부와 다국적 기업이 공모한 아시아 재점령 계획이었다. 그리고 이와 같은 미국의 아시아 재점령 계획을 넘겨받은 것이 일본의 기업, 특히 종합상사들이었는데 이들이 중심이 되어 일본의 주도 아래 진행된 것이 동남아시아의 녹색혁명이었다. 이를 가능토록 뒷받침한 것이 2차 대전 직후의 경제적·군사적 힘을 토대로 확립된 팍스 아메리카나 체제였다. 그들은 우선 세계인의 음식 문화를 분식과 육식 문화로 바꾸어나갔다. 이를 위해서 무상 원조에 이은 상업 차관을 통해 아시아 개도국들에 밀이 수출되고, 나아가 소맥과 사료 곡물(콩, 옥수수)의 증산 그리고 축산업의 장려가 촉진된다. 이것이 미국을 모국으로 하는 다국적 농업 관련 기업의 최대 목표이자 전략이며, 이를 뒷받침하는 것이 팍스 아메리카나 체제의 한 축인 GATT 체제와 그 뒤를 이은 WTO 체제다. 이들은 자신들의 전략에 포섭된 개도국 국가들과 함께 공업화, 도시화, 선진화를 추구한다. 그래서 농업의 발전보다 공업화와 도시의 발전에 집중적 투자를 하며 도시 지역의 소득 증대는 분식과 육식이 결합된 미국식 음식 문화의 확산으로 이어진다. 이들은 그다음으로는 개도국으로 하여금 환금성이 높은 작물을 심도록 유도하고 수출 농업으로 유도한다. 결국은 생존용 식량 작물 재배 면적의 축소로 나타나게 된다. 이 같은 상업적 농업이 부유한 국가의 식료품을 제공하기 위한 수출 농업으로 이어질 경우, 그 부정적 영향은 아시아 국가의 농촌, 농민 속에서 더욱 증폭되어 나타나게 될 것이다.

　현재 전 지구적으로 농업의 재구조화, 즉 미국과 유럽을 비롯한 제1세계는 토지 이용형 식량 작물을 생산하고 제3세계는 선진국 시장을 대상으로 채소 같은 노동집약적 농산물을 생산하는 식으로의 재편이 진행되고 있다. 라틴아메리카 국가들은 미국 시장을 겨냥한 열대 과일 같은 상업적 농업으로 전환되고, 아프리카는 유럽 시장을 겨냥한 채소 생산 기지로 전환되고 있다. 이 같은 농업 재구조화 속에서 제1세계를 중심으로 진행되고·있는 식량 작물에 대한 생명공학의 발전은 제1세계가 식량 시장에서 더욱 경쟁력을 갖추고, 곡물 메이저의 식량 지배력을 더욱 확고하게 하는 계기가 될 것이다.

다국적 기업은 WTO, FTA 체제를 통하여 모든 먹을거리를 공산품과 똑같은 상품으로 취급토록 만들고 있으며 미국, 캐나다를 중심으로 하는 곡물 수출국들(케언즈 그룹)을 활용하여 환경 문제와 먹을거리의 안전성 문제, 지역의 특수성 등 자유 무역에 방해가 되는 모든 요소들을 비관세 장벽으로 몰아붙이면서, 농축산물 자유 무역과 GMO의 자유로운 무역을 관철시키려 하고 있다. 자본과 무역의 보편성 앞에서 거치적거리는 모든 특수성들을 제거하려는 것이다. 이들의 목표는 온 세계의 먹을거리에 대해 영구적으로 독점적 공급체계를 구축하는 것이다.

다국적 기업들은 외형적으로는 세계 평화를 내세운다. 이들은 "생명공학의 혁신은 부가적인 토지 없이도, 즉 가치 있는 열대 우림과 동물 서식지들을 보호하면서도 작물 수확을 세 배로 올려놓을 것"이라고 단언한다. 더구나 생명공학 혁명은 "농업에서 화학물질 사용의 감소를 실현한다"고 한다. 그리고 "생명공학 기술은 전 세계를 먹여 살릴 수 있다"는 위장막을 쓴다. 몬산토는 우리에게 "식량 생산이 세계 인구 증가를 뒤따르지 못한다"고 믿게 만들려고 한다. 식량 생산이 세계 인구 증가 속도를 따르지 못해서 수억 명의 사람이 굶고 있다는 것이다. 그리고 "전 세계 기아를 해결하기 위해서는 기술집약적인 대규모 생산이 식량 생산에 훨씬 효율적이다"라는 신화를 심기 위해 노력한다. 또한 몬산토사는 세계에서 유기농산물 시장이 단순 틈새시장이 아니라 각광을 받고 있음을 예의 주시하면서, 환경 면의 신화를 심기 위하여 "저기술 농업은 세계를 먹여 살리기 위하여 더 많은 토지를 필요로 하기 때문에 중요한 야생동물 서식지나 그 밖의 중요한 생태계를 파괴할 것"이라고 한다. 이들은 더욱 나아가 생명공학 기술은 무공해 기술임을 천명한다. 그러면서 다음과 같이 결론을 맺는다.

"몬산토사는 식물 생명공학 기술이 지구에 대한 산업적, 화학적 영향에 제한을 가할 수 있다고 믿는다. 예를 들어 우리는 해충에 저항성을 가짐으로써 살충제를 뿌릴 필요를 없애주는 작물을 개발하였다."

다국적 기업에 의한 피해의 결과

다국적 자본은 엄청난 경제적 이득을 보면서도 그로 인해 발생하는 생태적, 건강상의 위험성은 고스란히 사회 전체, 더 나아가서는 지구 전체에 떠넘긴다. 자본은 이윤 창출에만 신경 쓰고 그 이후에 생긴 결과에 대해서는 눈감아버리기 때문이다.

농촌 – 생산자의 피해

세계 식량 체계에서 식량 생산자인 농민은 종자부터 영농 투입재, 금융, 수확물 가공 및 판매에 이르기까지 농기업과 식품 산업 등에 의존하기 때문에 독자적인 행위자가 될 수 없다. 가족농들은 농기업이 공급하는 제품이나 서비스에 의존하면서 독립성과 자율성을 잃는다. 더욱이 소비자와 단절되어 있어 소비자들로부터 피드백을 받을 수 없다. 생산자인 농민들은 소비자들과 단절되어 소비자들에게 도움과 지원을 받을 수도 없다. 농민들은 자신들이 직면한 문제에 대해 소비자와 공동으로 대응할 수 없다. 농민들은 자신이 생산한 농산물을 직접 판매하지 못하고 곡물 메이저나 유통회사 등에 의존한다. 생산자는 소비자를 모르고 소비자의 기호나 요구에 관계없이 농기업이나 곡물 메이저의 세계 시장에 대한 요구에 부응하여 농업 생산물을 생산한다. 미국에서 가족농들은 어려움을 겪고 있다. 미국 농민의 자살률은 전체 인구의 세 배나 되며 농촌에서 자살은 사망 원인 1위이다. 이는 경쟁력을 잃고 도산한 농민들이 최후 수단으로 자살을 선택하기 때문이다. 개발도상국 농민들은 독자성과 자율성을 잃고 농기업 등에 종속될 뿐만 아니라, 상당수의 농민들이 값싼 외국 농산물이 유입되는 가운데 생존 기반을 잃고 농촌에서 쫓겨나고 있다. 이들은 도시에서 기반을 가지고 있지 못하고 제대로 된 일자리를 구할 수 없어 빈민으로 살아간다.

도시 – 소비자의 피해

기업이 주도하는 세계 식량 체계는 음식과 영양의 원천에서 소비자를 점점 더 분리시킨다. 세계 식량 체계의 소비자들은 생산자인 농민과 단절되어 있어 농민들을 알지 못하고 생산 과정도 알지 못한다. 소비자가 생산자와 인간관계를 맺으면서 식품 구매 활동을 하지 못하게 한다. 때문에 소비자와 농민 간에 신뢰 관계를 형성할 수 있는 기회를 가로막고 소비자와 생산자가 먹을거리 공동체를 이룰 수 있는 가능성을 차단한다. 그리하여 소비자들은 생산자와 분리된 채 시장에서 먹을거리를 구입하는 단순 소비자 수준에 머물게 된다. 세계 식량 체계에서 소비자들은 수천 킬로미터, 심지어는 수만 킬로미터 이상 떨어진 곳에서 생산된 정체 불명의 먹을거리를 섭취한다. 소비자들은 자기가 먹는 먹을거리의 생산 과정에 영향을 미칠 수 없다. 따라서 자기가 먹는 먹을거리를 통제할 수 없다. 소비자들은 생산 과정에서 소비자의 건강이나 안전이 고려되지 않은 수송 과정에서 방부제가 살포된 먹을거리를 먹을 수밖에 없다. 세계 식량 체계가 지배적인 한 소비자들은 대안을 찾을 수가 없다.

인스턴트식품, 패스트푸드의 세계화는 가정이 담당하는 사회적 기능을 축소시켜버리고, 가정을 음식 생산의 주체에서 소비 주체로 바꾸어버렸다. 음식을 먹는 행위가 가정이라는 공동체성에서 혼자 먹음으로 개인화되어버리고 관계성이 줄어들었다. 더 이상 먹는 일이 사회적인 일이 아니라 비사회적인 일로 바뀌었다.

세계 식량 체계에 일익을 담당하는 기업들은 먹을거리 자체를 정치적인 논의 대상에서 제외시키고 먹을거리가 정치적인 관심사가 되지 않도록 미리 예방한다. 먹을거리의 탈정치화가 이루어지면 다국적 기업이나 식품 산업이 저항을 거의 받지 않는 상태에서 식량의 생산과 유통을 지배할 수 있다. 기업들은 먹을거리를 탈정치화하기 위하여 우선 먹을거리를 상품화한다. 먹을거리는 상품 이상이고 그것을 섭취하는 사람 또한 소비자 이상이다. 사람과 먹을거리와의 관계는 사람과 상품의 관계를 넘어선다. 그럼에도 기업들은 먹을거리를 상품화하고 있다. 식량이 상품이 되면 시장의 법칙이 식량을 지배한다. 식량이 공공 영역이 아니라 사적 영역에서 다루어진다. 식량이 상품화되고 식량이 시장에서 다루어지면 국가의 식량 보장 책임이 약화된다. 또 식량에 대한 생산자와 소비자의 통제는 약화되는 반면 이윤에 관심을 갖는 다국적 기업이나 음식 산업은 자신들의 지배를 정당화하면서 식량에 대한 지배를 더욱 강화한다. 농기업, 식품 산업은 광고와 마케팅 전략을 활용하여 소비자가 식품을 문제 삼지 못하도록 만든다. 기업들은 막대한 광고비를 들여 소비자들이 글로벌 식품에 익숙해지도록 만든다. 소비자를 기업이 주는 정보에 의존하는 수동적인 행위자로 만드는 것이다. 기업들은 소비자들이 먹을거리를 더 많이 먹도록 하기 위해 브랜드를 개발하고 신제품을 만든다. 기업들은 형태와 포장을 달리하여 기존 제품과 달라 보이는 새로운 제품을 공급하여 마치 소비자가 자유로운 선택을 하는 것인양 착각하게 한다. 소비자의 허위의식은 소비자가 식량 체계나 먹을거리에 대한 관심을 갖지 않게 한다.

세계 식량 체계의 또 다른 특징인 값싼 식량 및 음식의 대량 공급 또한 먹을거리를 탈정치화하는 데 기여한다. 세계 식량 체계는 다른 부문에 비용을 전가하면서 상대적으로 가격이 싼 식량을 대규모로 공급하고 있다. 음식을 비교적 저렴한 가격으로 시장에서 쉽게 구입할 수 있게 됨에 따라 사람들은 음식의 중요성을 덜 느끼게 되고 그만큼 음식을 성찰할 수 있는 기회를 덜 가지게 된다. 이로써 소비자는 기본 인권인 식량권을 보장받지 못한다. 아니 그것이 기본적인 인권이라는 사실 자체를 깨닫지 못한다. 식량 공급에 대한 책임이 농기업과 식품 산업 그리고 시장에 있다고 보기 때문에 소비자들은 국가의 식량권 보장 의무를 알지 못한다. 소비자들, 즉 국민들이 이러한 상태에 놓여 있으니 정부도 식량권을 보장하는 데 소홀하게 된다. 국민들의 식량권에 대한 강력한 요구가 없기 때문에 적극적으로 식량권 보장에 나서지 않는 것이다. 국제연합에서 식량권을 명시하고 회원국들이 식량권을 기본 인권으로 받아들이도록 적극 권유하고 있음에도 정부들이 식량권 보장에 소극적인 것은, 먹을거리의 탈정치화 때문에 소비자들이 더 이상 식량권을 요구하지 않는 현상과 관련이 있다.

자연 – 환경의 피해

세계 식량 체계의 토대인 산업형 농업은 지역의 투입재보다 외부 투입재에 많이 의존한다. 농사와 축산이 분리되면서 농사의 부산물과 축산의 분뇨로 유기농 비료를 만들 수 없을 뿐만 아니라 축산 분뇨로 인한 오염을 낳게 한다. 축산 사료도 농사 부산물이 아니라 외부에 의존한다. 지역 투입재가 아니라 외부 투입재에 의존하는 것은 지역 생태 시스템에 대한 관심, 동기를 약화시킨다. 외부 투입재의 대부분이 환경에 해로운 영향을 미치는 비료, 농약이기 때문에 문제가 된다. 화학비료는 토양을 산성화시키고 농약은 농경지에서 생물 다양성을 줄인다.

세계 식량 체계에서의 장거리 수송, 특히 항공 수송은 환경에 부정적인 영향을 미친다. 과일, 채소처럼 대부분 물로 이뤄져 있고 칼로리는 낮은, 값이 비싸고 썩기 쉬운 상품들은 항공 운송을 하는 경우가 많다. 항공 운송은 지구 기후에 부정적으로 작용하고 있다. 항공기로 1톤의 화물을 1킬로미터 수송하는 데 탄산가스 799그램을 배출한다. 이는 탱크로리보다 8배, 선박보다 무려 61배나 많은 양이다. 미국 콜롬비아 대학의 영양학자 조앤 구소는 항공 수송을 두고 "차가운 물(채소, 꽃)을 대량의 석유로 태우는 과정"이라고 비판한다. 세계 식량 체계에서는 식량 수송 물량과 수송 거리가 점점 더 늘어나고 있다. 이 때문에 온실 가스 방출량이 늘어나 지구 온난화의 주요한 원인이 되고 있다. 장거리 수송 외에도 산업형 농축업의 생산도 지구 온난화의 원인이 된다. 지구 온난화는 기후 변동에 따른 환경 재앙 이외에 농업, 어업, 축산업 등 식량 생산에도 부정적인 영향을 미친다. 기후 변화의 결과 홍수와 태풍, 가뭄, 폭우와 폭설, 혹한 등 극단적인 형태의 기상 이변과 농작물의 생육 조건에 위험한 요인이 발생할 가능성이 높기 때문이다.

지역 식량 체계와 로컬푸드 운동

농업의 변화

지속 가능한 농업 그리고 사람과 자연을 함께 살리는 농업은 결국 다국적 농업 자본이 주도해왔던 그동안의 지배적인 추세, 즉 외부 투입 요소 비율의 상승과 이로 인한 농업과 농민의 종속화 경향에 저항하여 지역 외부의 투입 요소 비율을 낮추는 것이다. 이것이 지역 내에서의 생태적 물질 순환의 재생을 통해 지속적으로 투입 요소를 조달하는 '지역농업', 즉 유기농업이다. GMO를 통해 생산량만 늘리려고 하는, 그럼으로써 외부의 다국적 농업 자본에 대한 의존도가 높아져 외부의 힘에 의해 농민의 운명과 목숨이 좌지우지되는, 그러한 농업은 절대로 지속 가능한 농업이 아닐 것이다.

환경보전형 농업은 '환경에 대한 부하가 큰 시스템에서 보다 작은 시스템으로', '개별 농법 차원을 뛰어넘어서 지역 내의 합리성에 기초하고 지역 내의 물질 순환을 토대로 한 다양한 순환적 농법 차원의 시스템으로', '개인 차원에서 지역 차원으로', 즉 지역에 토대를 둔 '순환적이고 종합적이며 체계적인 전략적 시스템'을 지향하는 농업의 회복이다.

지금까지의 자본집약적인 농업이 환경오염과 농촌 공동체 파괴 등의 부정적인 효과를 가져왔음을 반성하면서, 이제 전 세계적인 농업의 추세는 지속 가능한 농업 및 농촌 건설로 나아가고 있다. 또한 소비자들의 환경의식과 식품안전성 문제에 대한 관심이 높아져 감에 따라 생태적 순환성과 외부 투입 요소의 최소화를 기반으로 하는 유기농업이 점점 성장하고 있다.

지역 식량 체계 논의

그동안 생명공학을 앞세운 다국적 기업들은 피해를 사람, 지역, 국가, 지구에 전가하면서 생산량을 늘리고 식품을 저렴하게 공급해왔다. 이들이 생산량 증가에 초점을 맞출 경우 생산 증가로 가격 하락을 버텨낼 수 있는 농가가 유리하다. 개별적으로 생산 활동에 참여하는 농민들은 시장 가격을 수용할 수밖에 없기 때문에 새로운 기술을 먼저 받아들여 생산비를 낮춘 농민이 시장 가격과의 차이에 해당하는 플러스 잉여를 누리지만, 새로운 기술이 보편화되면 시장 가격이 낮아져서 신기술을 채택하지 않은 농민은 마이너스 잉여를 부담하게 된다. 따라서 농가의 신기술 채용은 살아남기 위한 불가피한 선택이 된다. 결국 유전공학적으로 생산된 작물과 일반 작물(로컬푸드에서 선택되는 유기 농작물을 포함하는 일반 작물)이 각각 별도의 시장이 형성되지 않는 한 농민들은 생산량을 늘림으로써 생산비를 낮출 수 있는 생명공학을 수용할 수밖에 없게 되며, 또 기술에 따른 가격 하락을 견뎌낼 수 있는 농가가 당연히 유리한 위치에 있기 때문에 규모가 큰 농가를 중심으로 생산의 집중이 일어날 것이다. 그러므로 가족농이 생산하는 유기농을 포함한 우수 농산물을 직거래하는 로컬푸드 운동이 강화되어야만 하는 것이다.

이커드는 농업의 세계화가 지역의 식량 보장을 위협하고 지속 가능한 식량 체계에 부정적인 영향을 미친다고 보았다. 그러면서 지속 가능한 식량 체계의 조건으로 생태적으로는 자연과의 조화, 사회적으로는 도시, 국가 등 인간 공동체와의 조화, 경제적으로는 인간과 자연환경의 조화로운 관계 촉진 그리고 지역 매매의 필요성을 들었다.

베커는 세계화된 농업이 환경을 파괴하고 지속 가능하지 않은 데 비해 지역 농업은 친환경적이며 민주적이며 지속 가능한 체계임을 밝혔다. 베커는 특히 여성이 대안적 농업 체계의 구축과 확산에 결정적인 역할을 한다고 보았다.

헬레나 노르베리 호지 등은 농기업이 주도하는 식량 체계가 환경, 생태, 건강, 공동체, 지역 경제 등에 부정적인 영향을 미친다고 하면서 세계 식량 체계의 대안으로 지역 식량 체계를 제시하고 있다. 또 지역 식량 체계가 발전하는 데 필요한 국제 수준, 국가 수준, 지역 사회 수준, 시민 단체 수준의 과제를 제시하고 있다.

클로펜버그 등은 오늘날의 식량은 선진국이든 후진국이든 세계 식량 체계의 틀 안에서 생산 및 유통된다고 지적하고, 세계 식량 체계는 자연과 사회 공동체 모두에게 파괴적으로 작용한다고 비판한다. 이들은 지역 식량 체계의 기본 원칙으로 도덕 경제, 식탁 공동체, 자기 보호, 탈퇴와 계승, 근접성, 자연 중시를 들고 있다.

로셋은 소규모 영농이 대규모 영농보다 농업이 제공하는 다원적 기능을 더 잘 제공하는 것으로 본다. 또 대규모 영농은 단일 작물에서는 생산성이 높지만 소규모 영농에서 이루어지는 여러 작물을 합칠 때는 소규모 영농이 훨씬 생산적이라는 것을 실증적으로 입증하고 있다.

지역 식량 체계의 특징[01]

지역 식량 체계에서는 지역의 특징이 반영된 먹을거리를 생산하고 판매한다. 지역의 종자, 토양, 기온, 강수량 등에 따라 생산 작물이 결정된다.

지역 식량 체계에서는 생산자와 소비자가 식량 체계의 주체이고 중요한 행위자다. 생산자도 세계 식량 체계에 종속된 생산자와는 달리 영농에 대해 독자적인 결정을 할 수 있고 더 많은 자율성을 누리며 판매도 유통 업자에 덜 의존한다. 소비자들도 농기업, 식품산업, 곡물 메이저 등에서 유포하는 정보나 판매 전략에 현혹되지 않고 먹을거리를 구매할 수 있다.

지역 식량 체계에서는 먹을거리의 생산자와 소비자가 연결되어 있다. 생산자는 소비자의 요구나 필요를 반영한 농산물을 생산하고 소비자는 누가 생산했는지, 어떻게 생산했는지 아는 상태에서 농산물을 구입한다. 가렛 등은 지역에서의 농민과 소비자의 연결은 사회적 상호작용을 증대

---

01 김종덕 교수의 정리.

시켜 지역에서 생산된 농산물에 애착을 갖게 한다고 보았다.

지역 식량 체계에서는 생산자와 소비자 간에 물리적, 사회적 거리가 짧다. 푸드마일이 물리적 거리라면 불과 몇 킬로미터에 그칠 수 있다. 사회적 거리란 생산물이 중간 상인을 거쳐 소비자에 이르는 거리를 말하는데, 생산자와 소비자 간에 직거래가 많이 이루어지므로 사회적 거리 또한 매우 짧아질 수 있다.

로컬푸드의 유형

1) 농민 시장
2) 공동체 지원 농업
3) 농장 학교 연결 프로그램
4) 식량정책협의회
5) 도시 농업

교회 공동체와 지역 먹을거리 운동

교회의 정체성 회복

초대교회 시대에는 지금과 같이 먹을거리 다국적 기업이 세계의 생산자, 소비자, 국가를 지배하는 거대 권력이자 세계 지배자의 위치에 있지 않았다. 먹을거리 산업은 가정 내에 포함되어 있어 가정이 의식주를 해결하는 주체였다. 기업에 무력화되어 있고 포섭되어 있는 지금의 핵가족과는 전혀 달랐다. 그리고 시민사회, 국가 권력 등이 있었다.

그러므로 현대의 교회 공동체가 지역 식량 체계 구축을 자기의 사회적 선교의 우선 과제로 삼지 않으면 안 된다. 그리하여 생산자, 소비자 그리고 가정의 자율성과 결정력을 높이는 데 기여해야 한다. 교회가 안전한 먹을거리를 우선 해결할 수 있는 주체로, 가정연합으로 거듭나지 않는다면 규모에 상관없이 세계 식량 체계, 다국적 기업 등에 의존하는 무력한 교회일 수밖에 없다. 자기 내적 공동체성이나 사회를 건강하게 변화시킬 수 있는 하나님의 사명을 감당할 수 있는 존재가 되지 못한다.

　교회는 안전한 먹을거리 문제 해결의 진지가 되어야 하며 로컬푸드 운동 전개에 있어서도 지자체나 국가가 제 역할을 할 수 있도록 관계를 명확히 수립해야 한다. 세계 식량 체계의 중심인 다국적 기업을 견제하려면 지자체와 국가의 역할이 중요하다. 특히 지자체의 역할을 중요하게 여겨야 할 것이다. 식량이 시장에서 유통되는 상품이 되어버렸기 때문에, 식량을 살 만큼 돈이 없거나 시장에서 식량 공급이 잘 이루어지지 않는 곳에서는 식량이 부족해지거나 굶주리게 된다. 이럴 때도 국가는 적극적으로 개입하지 않는다. 식량이 이미 상품화되어 국가는 식량 공급과 소비를 공공 영역이 아니라 시장 영역으로 보기 때문이다. 국가는 보통 사후 처방책으로 복지정책을 통해 식량 부족이나 굶주림 문제에 접근한다. 하지만 국가의 지원은 실제로 필요한 부분을 충족시키는 수준에는 크게 미치지 못한다. 특히 우리나라의 식량 복지는 매우 빈약하다. 식량이 부족한 사람들에게 국가 복지와 민간단체의 지원 등을 통한 식량 공급이 일부 이루어지고 있지만, 이것 역시 사후 조치이고 필요량에 크게 미치지 못한다. 더구나 복지정책을 통한 국가의 지원, 민간단체의 푸드뱅크는 굶주림의 탈정치화라는 역기능을 가지고 있기도 하다. 결국 세계 식량 체계에서 식량이 상품화됨으로써 국가가 식량 보장에 소극적으로 대응하는 것을 정당화해준다. 그러므로 교회는 식량을 상품이 아니라 생명을 살리는 하나님의 선물, 필수품으로 여기고 교회 내에서 공유할 뿐만 아니라 지자체와 국가가 자기의 본 역할인 시민, 국민의 식량 보장에 적극적으로 나서도록 해야 하는 것이다.

이정배 교수의 도-농 공동체 제안

우선 도시교회는 정주목회를 원하는 농촌교회에게 자급할 만한 토지를 구입해주고 목회자들에게 유기농사법을 배우게 한다.

도시교회의 노인 및 여유 인력을 농촌으로 내려 보내 함께 일하며 그곳에서 주일을 성수토록 하며 생산된 유기농산물을 함께 나눠 갖는다.

교회가 관리하는 일정 토지에 수목장 내지 납골당을 위한 공간을 확보하고 도시인들의 죽음의 문제를 관심하는 일도 중요하다. 이는 유족들로 하여금 추후라도 농촌교회와 관계를 맺을 수 있는 보루로 선용될 수 있다. 죽음의 상업화로부터 자유로울 수 있는 길도 될 것이다.

이런 방식으로 정주목회에 돌입한 목회자는 항차 도시교회와의 협력 하에서 '마을 살리기' 프로그램을 진행할 수도 있다. 이는 또한 교회의 생태학적 미션을 감당하는 일이 될 것이다.

또 다른 사안은 '수도 공동체'로서의 농촌교회의 적극 활용 방안이다. 소규모로 운영되는 농촌교회의 수도원은 지친 영혼의 안식처로 좋은 역할을 감당할 수 있을 것이다. 이를 위해 농촌교회는 주말을 이용하여 예배와 노동, 쉼 그리고 교육이 아우러지는 교육 프로그램을 준비해야 할 것이다.

첨부하는 제안

기후 변화와 육식 줄이기 운동

세계 식품 체계에서 다국적 기업이 이윤 창출을 위하여 추진하는 음식 문화 중의 하나가 육식 위주의 식사다. GMO 곡물을 사람에게 공급하는 것은 각 나라에서 반대에 부딪치고 있다. 그러나 동물에게 사료로 공급하는 것은 별다른 반대에 부딪치고 않고 있다. 다국적 기업은 육식 문화로 GMO 곡물 생산량을 확대하고 육고기 생산량도 늘리고 있다.

UN식량농업기구(FAO)는 "가축의 긴 그림자"라는 보고서에서 육식을 위해 동물을 사육하는 것이 기후 변화의 가장 큰 원인이라 지적했다. 축산으로 인해 방출되는 메탄가스는 이산화탄소의 62배의 온실 효과를 내고, 축산으로 방출되는 아산화질소는 이산화탄소의 296배 온실 효과를 낸다고 한다. 육식은 채식보다 80배의 땅이 필요하고, 현재 전 세계 경작지의 3분의 1이 가축 사료 생산을 위해 쓰이고 있고, 미국 곡물의 70%, 전 세계 곡물의 40% 이상이 가축 사료로 소비되고 있음을 지적했다.

2009년 네덜란드 환경평가국의 "식단 변화가 주는 기후상의 이로움"이라는 보고서에는 기후 안정화에의 음식의 기여 측면을 다루면서 완전히 식물성 단백질 식사로 전 세계의 식단이 바뀔 경우 목초지 2,700Mha와 농경지 100Mha에 이르는 땅에 채소를 키워 많은 탄소를 흡수할 수 있으며 축산업에서 배출되는 메탄과 아산화질소는 상당히 감축될 것이라고 제안했다. 또한 전 세계가 고기를 덜 섭취하는 식사로 전환하면, 2050년까지 유럽연합 장기 기후 목표의 50%를 달성하여 기후 안정화 비용 40조 달러의 50%를 절감하고, 채식을 할 경우에는 2050년까지 기후 변화 목표의 70%를 달성하여 안정화 비용 70%를 절감하게 된다고 밝힌다.

전 세계적으로 기후 변화 문제에 관한 한 가장 공신력 있는 연구소로 알려진 월드워치 연구소의 2009년 11월, 12월 보고서에서는 기후 변화에 대한 축산업의 기여도가 51% 이상이라는 사실을 밝히고 있다. 이즈음에 코펜하겐에서 열렸던 세계기후변화협약에서 선진국들이 합의점을 도출해내지 못해 협약이 체결되지 못했던 이유는 기후 변화 비용의 문제와 손실을 감수해야 한다는 점에서였다. 이것은 기후 변화 안정화 전략이 에너지와 더불어 식단 변화까지, 정부나 대기업에 대한 촉구뿐만 아니라 시민 개개인의 생활방식의 변화까지 유도해야 한다는 점을 시사하고 있다.

그래서 세계적으로 식사에서 고기를 줄이는 운동이 다양하게 전개되고 있다. 벨기에 헨트 시는 시의회가 결의하여 '목요일 채식의 날'을 지정하여 1주일에 1일 채식을 권장하고 있고 학교 급식에서도 권장하고 있다. 우리나라에서는 '밥상에 고기 없는 월요일'을 실천하는 운동 단체도 생겼다.

초록영양학이라고 영양학의 패러다임을 바꾸는 시도도 진행되고 있다. 한국인들의 식생활은 1970년대부터 탄수화물 중심에서 점점 지방과 단백질의 비율이 증가하는 식단으로 변화해왔다. 그 결과 전체 사망률의 1, 2위가 암질환과 혈관계질환이 차지하게 되었다. 서구로부터 들어온 영양식단에 대한 정보로 우리가 병들어가는 동안 서구 사회는 오히려 지방과 단백질의 비율을 줄이고 채소와 과일에 비중을 두는 식단을 권장해 오고 있는 것이다. 이제 우리 사회에도 현실에 맞는 새로운 영양학 지침이 필요하다. 영양이란 몸 안에서 일어나는 신비한 생화학 반응으로써 개인의 다양한 조건, 생화학적 개성이 음식물의 영양성분과 더불어 상호 작용을 하면서 치유력을 발휘하게 된다. 약과 수술이라는 공격적인 방식을 사용하는 대신 물, 바람, 햇빛, 돌, 식물 등의 자연의 힘을 빌려 인간의 자연 치유력을 극대화시켜 질병을 예방하고 치료하는 자연의학의 이치에 따라 몸과 마음, 행동, 배변, 수면, 생활 등의 습관들을 통합적으로 관리해나갈 수 있는 영양의 체계다.

교회야말로 초록영양학을 정립하고 고기를 줄이는 공동 식사를 공동체 생활에 뿌리내리도록 하는 과제에 역점을 두어야 할 것이다.

도시교회의 먹을거리 사회선교

교인들부터 시작하면서 마을, 지역 모든 주민에게 개방한다. 최종적으로는 주민 관리, 마을 사업으로 전환한다.

친환경, 유기농산물을 도시-농촌 간에 직거래한다. 그리고 생활협동조합을 모색한다.

교회의 주일 식사를 공동체의 일상적인 공동 식사가 되게 한다. 친환경, 유기농의 계절식, 표준식, 건강영양식으로 하여 대상은 교인들 중 집에서 해먹기 어려운 가정, 마을의 저소득층 어린이, 학생(여름, 겨울 사먹을 수 있도록 정부가 식권을 주고 있다), 그리고 마을 전체로 확대한다. 이후에는 도시락도 고려한다(임낙경 목사는 외식하는 만큼 수명이 짧아진다고 한다). 이는 최고의 공동 식사로서 계절식, 표준식, 건강영양식은 이후 학교나 병원 등의 식사에도 파급될 것이다. 이익을 남기지 않는 공동 식사라는 것이지 무료를 의미하는 것은 아니다. 저렴하게 최고의 공동 식사를 만들어내는 것이다. 그리고 최근 일자리 창출을 위해 사회적 기업이 활성화되고 있는데 먹을거리 가공과 관련된 일자리를 창출하고 참여자가 노동자이면서 또한 공동의 결정자가 되는 사회적 기업으로 육성한다. 교회의 식당을 활용한 공동 식사의 일거리도 마찬가지로 사회적 기업의 일로 만든다.

북한에 쌀 보내기

지금 쌀 재고가 쌓여 쌀값이 떨어지고 농민이 농사를 포기하는 마을의 상태까지 가는 것은 다 세계 식품 체계와 이에 포섭된 정부의 정책과 관련되어 있다. 다국적 기업은 소농 위주의 한국의 쌀농사는 비효율적이라고 선전한다. 그러면서 대농 위주의 기업농으로 전환시키려고 정부와 함께하고 있다. 몇 년 전에 식량 폭등으로 식량이 부족한 나라들에서 식량

폭동이 일어났다. 쌀을 빼면 식량 자급률이 5%밖에 안 되는 한국에서 쌀 부족 현상이 벌어지면 그야말로 먹을거리 식민지로 전락하게 된다. 이미 WTO 때문에, 쌀이 남는데도 무조건 외국쌀을 일정량 수입해야만 한다. 북에 매년 40만 톤을 보내면서 쌀 재고를 없애왔는데 북에 보내지 않기 때문에 엄청난 재고가 쌓이고 쌀값이 폭락하고 있는 것이다. 지금 쌀의 해법은 북에 보내든지, 사료로 만들든지, 해외 원조를 하든지 하는 방법밖에는 없다. 원수를 사랑하라는 예수의 말, 바울의 비폭력의 태도를 지켜오지 않은 기독교인들의 자기 정화 과정, 자기 치유 과정으로서도 북에 쌀을 보내는 운동을 정말 지속적으로 해야 한다. 그것도 친환경, 유기농 쌀, 제일 좋은 쌀을 보내야 한다. 그러면서 국내의 관행쌀도 친환경, 유기농으로 전환토록 협력해야 할 것이다. 친환경, 유기농은 대농이 아니라 소농 중심의 농사다. 이는 결과적으로 나라를 살리고 우리의 신앙을 바르게 회복하는 가장 최선의 길이 될 것이다.

구제역 사태에 대한
교회의 역할*

한경호

구제역이란?

구제역은 한자 口蹄疫의 한글 표기로 입 구(口), 발굽 제(蹄), 즉 입과 발굽에 생기는 병, 입발굽병이다. 영어로는 'foot and mouth disease' 혹은 'hoof and mouth disease'라고 하며, 학명(學名)은 'Aphtae epizooticae'이다.

전염성이 높은 급성 바이러스성 전염병의 하나로 소, 돼지, 양, 염소, 사슴 등과 같이 발굽이 두 개로 갈라진 동물들(우제류, 偶蹄類)에게 감염되는 질병으로 제1종 가축전염병이다. 세계동물보건기구(OIE)에서도 가장 위험한 가축전염병으로 분류하고 있다.

*2011년 대한예수교장로회 총회 환경선교정책협의회 '생명목회, 녹색교회 만들기' 강의 중 일부입니다.

병원체는 구제역 바이러스(FMD virus)로 50℃ 이상의 온도에서 사멸 (死滅)하고, 강산(强酸)이나 강알칼리에서 활동이 정지된다. 잠복기는 2~8일이며 길게는 14일까지 간다. 주요 증상은 입술, 잇몸, 구강, 혀, 코, 유두 및 발굽 사이에 물집이 생기고, 거품이 많고 끈적끈적한 침을 흘리며, 걸음이 불편하여 절뚝거린다. 식욕이 저하되고 체중이 감소하 는데 감소한 체중은 수개월간 회복되지 않는다.

구제역의 특징은 빠른 전파력인데 보통 다음의 세 가지 경로를 통하여 전파된다. 첫째는 질병에 걸린 동물의 침, 수포액, 유즙, 정액, 분변 등 에 오염된 사료나 물을 먹거나 접촉했을 경우. 둘째, 발생 농장의 사람, 차량(사료 운반차, 가축 출하 차량, 집유 차량, 분뇨 차량 등), 기구 등에 바이 러스가 묻어서 다른 농장으로 전파되는 경우. 셋째, 발생 가축의 재채기 나 호흡 중에 생기는 비말(飛沫)이 바람을 타고 공기 중으로 전파되는 경우 등이다.

구제역은 걸리게 되면 치료가 불가능하고 살아남는다 하더라도 생산 성이 크게 저하되어 농가에 경제적 손실을 크게 입힌다. 따라서 구제역 이 발생하면 초기에 살처분 매몰하는 것을 원칙으로 하고 있다.

발생 및 매몰 현황

이번 사태는 2010년 11월 28일 안동에서 처음으로 발생함으로써 시작 되었다. 신고 이후 정확한 판정이 나기까지 시간이 걸렸고, 잠복기가 있 었기 때문에 양성 판정이 난 때는 사료 및 분뇨 차량에 의해 이미 다른 지역으로 전파된 뒤였다. 안동에서 경기도 파주로, 이후 강원, 충청, 경 남 등지로 빠르게 퍼져나갔다. 강원도의 경우 사료 배송 차량에 의해 도 내에 퍼진 것으로 보고 있다.

　농수산식품부는 최초 발생의 원인을 안동의 농장주로 판단하고 있다. 그 농장주는 11월 3일~7일까지 베트남을 여행하고 돌아왔는데 아무런 검역과 소독 과정을 거치지 않았다고 한다. 농수산식품부에 따르면 국립 수의과학검역원이 국제표준실험실(영국)에 분석을 의뢰한 결과 2010년에 베트남에서 발생한 구제역 바이러스와 우리나라에서 발생한 바이러스는 98.44% 유사하다는 통보를 받았다고 한다.

　그러나 이에 대한 반론도 있다. 2010년 초에도 구제역이 발생한 적이 있는데 그 바이러스가 날이 따뜻해지면서 활동이 중지되었다가 11월에 접어들어 날씨가 추워지면서 재활성화한 것이라는 주장이다. 또한 강화에서 발생했던 구제역 바이러스와 99% 이상 같다고 하는데 이에 대한 정확한 판단이 미흡했다는 것이다. 결국 초동 대처의 미흡과 바이러스의 해외 유입으로 판정을 내리면서 방역 대책이 엉뚱하게 이루어졌다는 비판을 받고 있다.

　구제역이 진정된 3월 7일 현재, 전국적으로 살처분된 소와 돼지는 각각 15만 두와 332만 두이다(정확하게는 총 3,470,968두). 이는 1997년 대만에서 385만 두, 2001년 영국에서 600만 두를 처리한 수보다는 적지만 그에 버금가는 규모다.

　횡성 지역의 경우(2월 21일 현재) 한우 4,784두, 젖소 495두, 돼지 68,218두 등 총 73,497두가 살처분되었다. 한우의 경우 전체 사육 두수의 약 10%, 돼지는 90% 이상 매몰되었다. 돼지의 경우 남은 두수가 약 4,000두로써 횡성의 돼지 사육 기반은 붕괴되었다고 할 수 있다. 원주의 경우 한우 1,263두, 돼지 77,558두로 총 78,821두이다. 한우는 전체의 약 8%, 돼지는 87%가 매몰 처리되어 역시 돼지 사육 기반이 붕괴되었다.

구제역 발생의 원인

신자유주의 경제세계화

세계무역기구(WTO) 중심의 신자유주의 경제세계화는 세계 권력과 자본을 장악하고 있는 미국과 서구에 의해 1970년대 말부터 추진되었다. 미국의 도널드 레이건 대통령과 영국의 마가렛 대처 수상이 함께 시작한 것이다. 이로 인해 그동안 비교역 대상 품목으로 분류되어 있던 농산물이 교역 대상에 포함됨으로써 농산물도 차별 없는 무역 상품으로 거래되기 시작했다. 우리 농업은 농업생산비가 많이 드는 구조하에서 경쟁력을 상실한 채 벼랑으로 몰리기 시작했다.

또한 세계 거대 농산 기업들(카길, 몬산토, 신젠타 등)의 종자 독점과 유전공학을 이용한 상업적 품종의 개발, 제3세계의 방대한 농지에 대규모 플랜테이션을 조성하여 재배하는 무역을 위한 상업적 단일농작물의 재배(monoculture) 등은 세계의 농업을 자본의 힘으로 재편하는 길을 열어주고 있다. 그 결과 제3세계, 특히 중소농 중심의 아시아 농업은 점차 몰락의 길을 걷고 있다.

사회 전반에 걸쳐 일어나고 있는 생존 전략으로서의 대규모화는 농업 내에서도 예외가 아니다. 축산업도 대규모화되지 않으면 살아남기 어렵게 되었다. 정부도 이 흐름을 따라 축산 농가에 대한 대출 규모를 크게 늘렸다. 중소농의 규모는 경쟁에서 점차 탈락하게 되었고, 대규모의 농가들이 주류를 형성하게 되었다. 소위 공장식 축산은 이러한 변화를 배경으로 하여 더욱 촉진되었다. 게다가 경종농업의 기반이 붕괴되어 심을 작목이 없는 상황하에서, 농민들은 소득 증대를 기대할 수 있는 축산에 관심을 기울여 경종농업과 함께 겸업으로 택함으로써 주요 가축들의 사육 규모가 전반적으로 증가하게 된 것이다. 구제역 사태 이전 우리나라

소 사육 두수는 약 350만 두, 돼지는 약 1,000만 두였다.

지금은 경쟁의 시대이다. 국내뿐 아니라 국제적인 경쟁의 시대이다. 농업도 예외가 아니다. 그런데 농업은 국제경쟁력에서 힘을 쓰지 못한다. 우리 농산물의 가격이 거의 모두 비싸기 때문이다. 가격경쟁력에서 먼저 현저히 떨어진다. 값싼 수입 농산물의 양이 대폭 증가하고 그것이 국내 농산물 가격 상승의 발목을 잡고 있는 현실이 그것을 말해준다. 현재 식량 자급률이 26% 내외인 것은 수입 농산물이 국내 농산물 시장을 점유하고 있기 때문이다.

다시 말해 신자유주의 경제세계화는 농업의 대규모화를 초래하였고, 소농 중심의 국내 농업 기반을 붕괴시키는 결과를 가져왔다. 최근 남부지방의 평야 지대에서 수십만 평의 벼농사를 짓고 있는 대규모 영농인들이 농업의 주체가 되어 정부를 상대로 시위와 협상을 벌이고 있는 현실이 그것을 말해주고 있다.

다음으로 교통, 통신의 발달로 세계의 거리가 가까워져 지구촌이 점차 하나가 되어가고 있는 현실 속에서 사람들의 왕래가 빈번하여 각 나라의 종자와 질병들이 국경을 넘어 다니는 일이 크게 늘어났다. 검역과 소독에 만전을 기할 필요성이 점차 높아지고 있다.

육류 소비량의 증가

먼저 지적할 것은, 물질생활 수준의 향상으로 인해 고기 소비량이 현저히 증가한 점이다. 불과 40~50년 전만 해도 일반 서민의 경우 명절이나 생일날, 제삿날이 아니면 고기 구경을 별로 하지 못했다. 기껏해야 집에서 기르는 닭이나 개를 어쩌다 잡아먹는 수준이었다.

경제 성장 이후 한국인의 고기 소비량은 1990년도에 19.9kg으로 늘더니 2010년도에는 36.8kg으로 두 배 가까이 증가했다. 100년 전에 비하면 100배나 증가한 것이라고 한다. 어느 틈에 식생활에서의 육식 비중이 매우 커졌고, 이제는 고기 섭취가 일상화되었다. 식당에서 고기를 제외한 메뉴를 찾기가 어렵고, 가정의 냉장고에는 고기가 늘 채워져 있다. 이제는 비만을 걱정하고 각종 다이어트가 유행할 지경이다.

고기 소비량의 증가는 필연코 생산의 증가를 가져왔다. 생산은 수요에 의해 조절되기 때문이다. 1970년대에만 해도 우리나라 소 사육 두수는 180만 두 정도였다. 지금은 거의 두 배 증가한 350만 두다. 횡성의 경우 거주 인구보다 많은 5만 두의 규모다.

그러면 고기는 전량 자급하고 있는 것인가? 아니다. 우리나라 고기 자급률은 45~50%에 불과하다. 식량 자급률 26%에 비하면 높은 수치이지만, 현재 사육하고 있는 과다한 축산 규모를 생각할 때 고기 소비량은 대단히 높다고 할 수 있다.

축산 농가의 사양 관리

생산 농가의 경우 가축 사육 방식에 문제가 있다. 생산량을 늘리기 위하여 좁은 면적에 과다한 마릿수를 넣고 사육하는, 소위 기업형 공장식 밀집 사육 방식이 질병 발생의 가장 직접적인 이유다. 이로 인해 질병에 대한 가축의 면역력이 취약하고, 축사 자체가 각종 세균과 바이러스의 생산지 역할을 하게 된다.

운동을 필요로 하는 동물(특히 돼지와 닭)을 운신을 못하도록 가두어놓고 기르면 가축들은 엄청난 스트레스를 받게 된다. 그 스트레스로 인해 질병 발생의 가능성이 더 높아지며, 건강하지 못한 알과 고기와 젖을 생산하게 된다. 그런 생산물을 먹는 인간의 건강 또한 문제를 일으킬 수 있는 것이다.

다음의 문제는 사료다. 오늘의 대규모 축산은 대량의 사료 생산 및 공급이 가능하기 때문에 성립되는 것이다. 사료의 주원료는 옥수수다. 그런데 옥수수는 전량 수입한다. 수입 옥수수의 태반은 유전자 변형(GM) 옥수수다. 그리고 배합 사료에는 항생제, 성장촉진제 등 각종 첨가물들이 포함되어 있다. 수입 농산물의 안전성에 대한 논의는 이미 많이 이루어져왔거니와 가축 사료에 사용되는 수입 농산물의 경우 그 안전성 여부 관심은 인간이 직접 먹는 농산물에 비해 현저히 떨어진다. 우리의 가축들은 이런 오염된 사료를 섭취하며 자라고 있다.

생산 농가의 입장도 딱하다. 자급 사료를 사용하지 않고 전적으로 공장에서 생산된 배합 사료를 쓰기 때문에 사료의 외부(해외) 의존도가 너무 높고, 그 결과 농가 경영에서 차지하는 사료비의 비중이 매우 높은 게 현실이다. 대부분의 축산 농가는 사료를 외상으로 쓰고 있으며, 자칫 잘못하여 전염병으로 가축이 몰살하면 사료비는 고스란히 빚으로 남게 된다. 그래서 전염병 발생 방지를 위해 항생제, 각종 약물 투여, 주사 등을 사용하여 필사적으로 병을 막아야 한다. 이렇게 밀집 사육으로 인한 스트레스, 오염된 사료, 각종 질병 예방처리를 받으면서 자란 가축을 우리는 고기로 먹고 있다.

인간의 본성

사람은 잡식성 동물이다. 곡채식, 육식을 다 하면서 산다. 어쩌다 고기 한번 먹으면 참 맛이 있다. '남의 살'을 이리도 좋아하니 육식은 극복하기 어려운 일임이 틀림없다. 예전에는 "고기 먹으러 가자"는 말을 "남의 살 먹으러 가자"라고 말하기도 하였다. '남의 살'을 먹고 싶은 본능적인 욕심, 이것이 문제다. 동물로서의 야수성에 맞닿아 있기 때문이다.

선악과를 따먹은 바탕에 교만과 불순종이 도사리고 있다면, '남의 살'을 먹고 싶은 욕망의 바탕에는 남의 피를 흘려 죽이는 살생의 야수성과 미각 충족의 이기적인 탐욕이 꿈틀거리고 있는 것이다. 이 육식에 대한 탐욕과 돈에 대한 욕심이 결합하여 오늘의 대규모 구제역 사태를 발생시켰다. 생산자와 유통업자의 돈에 대한 욕심, 소비자의 육식에 대한 탐욕이 모두가 오늘의 구제역 발생의 원인이다.

구제역 사태에 대한 문명적 시각

오늘의 농업은 본래의 생명성에서 일탈하여 점차 반(反)생명적인 농업으로 변질되고 있다. 소위 관행농업이 그것을 압축하여 말해주고 있다. 화학농약과 화학비료 중심의 관행농업은 생산의 편리성과 약간의 생산량 증대를 가져오긴 했으나 결국 생산자, 작물, 토양, 소비자 등 관계된 모든 생명을 죽이는 결과를 초래했다. 일컬어 '죽임의 농업'이다. 편리와 풍요의 대가는 생명의 죽음으로 귀결되었다. 근본 원인은 어디에 있는 것인가? 오늘의 문명이 '죽임의 문명'이기 때문이다. 농업이라는 한 부분 속에 전체 문명의 속성이 담겨 있다. 석유화학 중심의 산업화된 도시 문명은 인간에게 물질적인 편리와 풍요를 가져왔지만, 그 결과 생태계의 파괴와 죽음이라는 값비싼 희생을 초래하고 있다. 대표적으로 지구 온난화에 의한 기상 이변은 지구 생태계에 엄청난 변화를 초래하고 있다. 지난해 현저히 감소한 농사 작황은 기상 이변에 의해 발생한 매우 뚜렷한 증좌다.

편리함과 풍요로움을 추구하는 인간의 욕망은 지구 생태계 전체를 죽음으로 내몰고 있다. 구제역 사태와 일본 후쿠시마 원전 사고는 나라는 다르지만 오늘날 세계 문명이 지니고 있는 핵심적인 문제를 드러내주고 있다. 현대인의 생활에 가장 필수적인 요소가 식량과 에너지인데 구제역 사태는 식량의 문제를, 원전 사고는 에너지 문제를 내포하고 있는 것이다. 날로 확장되는 산업과 도시 문명을 뒷받침하기 위해 대량의 식량 및 에너지 생산을 하다가 결국 인간의 통제를 벗어난 사고가 발생한 것이다. 심각한 경고다. 또한 일본에서 발생한 지진 해일은 인간이 건설한 도시 문명이 막강한 자연의 힘 앞에 얼마나 부질없이 무너지는지 참으로 안타깝고 두려운 마음으로 보았다.

야수적 식탐과 물질적 탐욕에 기반한 대규모 축산이 구제역이라는 자연의 힘 앞에 얼마나 무력한 것인지 우리는 체험하였다. 구제역 사태를 통해 우리는 오늘날의 문명과 그 문명의 성격을 파악할 수 있어야 한다. 이 문명에 구원이 있는 것인가? 이 문명이 우리를 건강하고 행복한 삶으로 인도해준다는 믿음을 가질 수 있는 것인가?

가축의 밀집 사육은 도시화된 삶의 구조 속에서 밀집해 살아가는 인간의 모습과 어떤 점에서 다른가? 가축은 타의에 의해 강제된 것이라면 인간은 좀 더 편리하고 풍요로운 삶을 찾아 자발적으로 선택했다는 점이 다를 뿐 그 속성은 비슷하지 않은가? 도시 문명은 뿌리가 없는 문명이다. 도시는 소비만 있는 곳이다. 생산이 뒷받침되지 않으면 하루도 지탱할 수 없는 곳이다. 밀집 사육되는 가축들이 사료를 끊임없이 공급받아야 살 수 있듯이 밀집된 삶을 사는 도시인들은 농촌에서 생산된 식량을 끊임없이 공급받아야 살 수 있다.

구제역 사태에 대한 신앙고백

구제역 사태는 한 마디로 인간의 과다한 탐욕에 대한 하나님의 경고요 심판이다. 성경에 의하면 전염병은 늘 하나님의 심판과 결부되어 있다.

대표적인 구절이 구약의 민수기 25장이다. 이스라엘 백성들이 아직 광야에 있을 때 싯딤에서 생긴 일이다. 이스라엘 남자들이 모압 여자들과 음행을 하였고, 그로 인해 모압 신에게 절하며 우상 숭배를 하게 되었다. 모세가 하나님의 진노의 말씀을 듣고 우상 숭배에 가담한 사람들을 처형했다. 광야 생활 말기에 이르자 백성들의 영적인 기강이 해이해지고 지쳐 있었다. 오랜 떠돌이 생활로 인한 불안정성에 시달린 그들은 보다 안정된 삶을 희구했다. 모압 사람들의 정착민으로서의 안정된 삶이 한없이 부러웠다. 그들은 결혼을 통하여 그 문제를 해결하려고 하였다. 그것이 음행과 우상 숭배로 발전한 것이다. 약속의 땅 가나안이 이제 바로 눈앞에 있는데 이런 상태로는 들어갈 수가 없었다. 영적인 기강을 다시 바로잡아야 했다. 모세의 단호한 조치는 사회적 긴장을 초래했다. 그런데 이런 비상한 때에 아직 정신을 못 차리고 모두가 보는 앞에서 미디안의 여자를 데리고 온 사람이 있었다. 시므리라는 사람이었다. 비느하스가 그를 따라 들어가 그 누 사람을 창으로 찔러 죽였다. 그 후 염병이 그쳤다. 염병으로 죽은 사람이 24,000명이었다. 죽은 시므리와 미디안 여자 고스비는 모두 지도층 사람이었다. 이 사건 이후 하나님은 모세와 엘르아살에게 명하여 두 번째 인구 조사를 명하였고, 인구 조사를 마친 뒤 대오를 정돈하고 가나안 땅을 향해 출발했다.

염병으로 인한 심판은 우상 숭배와 관련이 있다. 하나님을 멀리하고 다른 신을 섬기려는 유혹에 빠지는 것이다. 우상은 예나 지금이나 항상 우리의 삶 속에 유혹으로 존재한다. 오늘날의 우상은 무엇인가? 그것은 맘몬이다. 맘몬이라는 우상 숭배에 빠지면 세상을 보는 눈이 뒤집힌다. 핵심은 생명이 돈으로 보이고 돈으로 환산된다는 점이다. 모든 것을 돈으로 환원시켜 계산하는 일종의 환원주의적 사고방식이 내면적인 탐욕과 결부되어 구조악을 형성하고 수많은 생명들을 고통 속으로 밀어넣는다. 구제역은 오늘 인간의 맘몬 숭배에 대한 하나님의 심판이라고 할 수 있다.

예수께서는 "하나님과 재물(맘몬)을 동시에 섬길 수 없다"고 말씀하셨
다. 하나님 섬김은 생명의 삶이요, 물질 섬김은 죽임의 삶이라고 성경
전체를 통하여 역설하고 있건만 오늘 한국의 기독교인들은 어떤 생각을
하고 있으며, 어떤 삶을 살아가고 있는 것인가? 모세가 시내산에 올라
가 있는 그 짧은 기간을 못 참아서 금송아지를 만들어 섬긴 이스라엘 백
성의 모습에 우리의 모습이 겹쳐지지 않는가!

구제역 사태에 대한 교회의 역할

구제역 사태에 대한 교회의 반응은 감성적이고 일과성(一過性)적인
측면이 강하다. 하나님의 경고와 심판으로 받아들이고 고통당하고 있는
축산농가를 위로하는 수준에 머물러 있다. 사태의 본질을 깊이 꿰뚫어보
고 그것이 기독교 신앙과 어떤 관련이 있는지 신학적인 해석을 한 후, 교
회의 선교적 과제임을 자각하고 실천 과제로 채택하여 장기적인 해결 방
안을 구상하고 집행해나가야 한다. 그러나 유감스럽게도 잠시 요란하더
니 후속 대책이 없다.

교회는 이제 먹을거리의 문제를 개인의 일로, 혹은 육신의 일로 취급
하는 종래의 좁고 이원론적인 사고방식에서 벗어나 일원론적 입장에 서
서 생명의 문제로 접근하는 자세의 전환이 필요하다. 영육의 건강은 따
로 떨어질 수 없는 문제다. 구제역 사태에서 보듯이 먹을거리의 문제는
개인의 문제를 훨씬 뛰어넘는 사회적인 문제라는 자각이 있어야 하는 것
이다. 이제 먹을거리의 문제는 생명의 문제며, 사회적인 문제며, 교회의
선교적 과제다. 몇 가지 방안을 생각해본다.

큰 틀에서는 식생활 양식의 변화를 도모해야 한다

기본적인 육식 생활을 절제하고 곡채식 중심으로의 식생활 전환을 해야 한다. 창세기 1장 29절에는 "하나님이 이르시되 내가 온 지면의 씨 맺는 모든 채소와 씨 가진 열매 맺는 모든 나무를 너희에게 주노니 너희의 먹을거리가 되리라"고 기록하고 있다. 인간은 본래 채식을 하면서 살도록 창조되었으며, 아담과 하와도 타락 이전 에덴동산에서는 그렇게 살았다. 그러던 것이 노아 홍수 이후 인간의 어려운 삶을 배려하여 육식을 허용하셨다. 그러나 하나님은 계약을 노아하고만 한 것이 아니라 모든 동물들과도 같이 하였다. 다른 동물들을 대하시는 하나님의 입장을 여기서 볼 수 있다.

이후 유목민족인 이스라엘은 육식을 정당하게 여겼지만 동물을 대하는 근본 입장은 밀씀의 정신을 크게 벗어나지 않았다. 오늘과 같이 식용을 위해 무제한으로 기르고 잡는 것이 아니라, 정한 것과 부정한 것을 가려서 먹었고, 피째로 먹지 말라는 말씀을 지키면서 생명의 소중함과 거룩함을 생각하였다.

현실적으로 육식 생활의 비중이 커지는 것은 건강과 직결되는 일이다. 육신의 건강을 위해서도 육식은 절제해야 한다. "너희 몸은 하나님의 영이 거하시는 거룩한 성전"이라고 하셨다. 또한 영적인 건강을 위해서도 육식은 절제해야 한다. 인간의 미각을 쫓는 야수성에 기반한 과다한 육식은 영적인 생활과는 거리가 멀다. 영성의 시대다. 건강하고 생명력 있는 영적인 사람은 곡채식 생활로의 전환에서 이루어질 수 있을 것이다.

육식 생활의 절제는 세계적인 식량 부족과 기아 문제를 해결하는 일이기도 하다. 1년에 세계에서 기아로 굶어죽는 사람이 2,000만 명이라고 한다. 유엔식량농업기구(FAO)는 전 세계에 기아로 허덕이는 사람이 10억 2천만 명이라고 말하고 있다. 해마다 600만 명의 어린이가 5살 이전에 기아로 죽고 있다.

현재 곡물 수요는 증가하고 곡물가가 폭등하고 있다. 중국과 인도, 브라질 등의 수요가 급증하고 있다. 그런데 미국에서 생산되는 옥수수의 80%는 가축이 먹는다. 미국의 경우 육류 생산에 사용되는 농지는 전체의 56%라고 한다. 미국인이 고기 섭취를 10% 줄이고 그로 인해 생기는 농지를 식량 생산에 사용하면 1억 명이 식량 공급을 받을 수 있다고 한다. 과다한 육류 섭취가 식량 부족 및 기아 현상과 밀접한 관련이 있다는 말이다. 전 세계인을 형제자매로 생각할 때 이런 사실을 알면서도 과다한 육류를 섭취하며 즐기는 것은 죄악이다.

육식의 절제를 넘어서서 우리의 밥상 문화 자체를 생명밥상으로 바꾸는 운동을 전개해야 한다

오늘날의 밥상은 반생명적 농법에 의해 독상(毒床)이 되어 있다. 화학 농법에 의해 생산된 농산물, 각종 화학 처리로 오염된 수입 농산물이 밥상을 가득 채우고 있는 것이다. 생명농업으로 농사지은 농산물을 선택하여 건강한 밥상을 차려 가족들의 건강을 도모하고 신앙생활의 건강을 추구해나가야 한다. 밥상 문화의 전환은 이제 시급한 과제가 되었다. 남의 문제가 아니라 바로 나와 내 식구(食口)들의 문제다.

이 생명밥상운동에는 제철에 나는 농산물을 먹는 일이 포함되어야 한다. 요즘 비닐하우스 재배가 발달하여 사시사철 아무 때나 과일과 채소가 판매되고 있다. 제철에 나는 것을 가려서 '철모르는' 밥상이 아니라 '철든' 밥상을 만드는 것도 매우 중요하다.

기독교환경운동연대는 이미 오래전부터 생명밥상운동을 전개해오고 있으며 '생명의 쌀 나눔 기독교운동본부'도 밥상의 중심인 쌀부터 바꾸기로 하고 도시-농촌교회 간 협약식을 가지면서 유기농업으로 생산한 쌀을 유통하는 일을 해오고 있다.

축산농가는 규모를 줄이고 유기축산으로 전환해야 한다

축산업의 기본 방향은 우리 농업 전체의 흐름과 궤를 맞추어 중소농 중심의 유기축산으로 가야 한다. 유기농업(축산)은 중소농에 맞는 농업이다. 기계화를 최소화하고 인력이 많이 투입되기 때문이다. 정부 정책으로 이것이 뒷받침되면 더욱 좋겠으나 그럴 가능성은 별로 없어 보인다. 정부의 농정은 신자유주의 경제세계화의 흐름에 따른 기계화, 대규모화에 맞춰져 있기 때문이다.

농업의 근본 목적은 자급자족이다. 생산의 잉여는 공동체 구성원의 자급자족을 위한 것이다. 그것을 넘어서서 이윤을 추구하여 상업적 농업으로 가면, 농업은 대규모화, 기계화, 자본주의화되며 석유화학 에너지에 의존하는 농업에서 벗어날 수 없게 된다. 기계의 사용, 유통과 무역을 위한 장거리 수송 등은 막대한 석유 에너지를 필요로 한다. 정부가 추진하는 유기농업은 신자유주의 세계 경제 체제에 복무하는 유기농업이다. 결국 생명적인 농업을 구축하고 그 농산물을 유통시키는 일은 생산자와 소비자가 직접 운동을 전개해나가는 방법밖에 없다.

따라서 밥상을 생명밥상으로 바꾸려면 생산자와 소비자가 생각을 같이 하면서 만나야 한다

현재 생산자와 소비자가 만나는 틀로는 생활협동조합이 있다. 그러나 축산 부분에 국한하여 유기축산으로의 전환과 유통을 도모하는 생산자-소비자 간의 활동의 틀을 새롭게 만들 수 있을 것이다. 교회나 기관이 결의를 하고 농촌교회를 통하여 혹은 다른 방식으로 축산농가와 만나고, 방향과 방법을 구체적으로 논의하여 실천해나가는 것이다. 이 운동이 현실적으로는 가장 실현 가능성이 있을 것으로 생각된다. 모든 농산물을 취급하는 생명운동을 수행하는 것은 그리 쉽지 않기 때문이다.

두레생협연합회의 경우 원주생협과 함께 농업회사법인인 '두레축산'을 함께 만들어 한우 사육 방식을 유기축산으로 전환시키면서 그것을 유통해오고 있다. 천주교회의 경우 서울교구의 소비자들이 안동교구의 가톨릭농민회와 협의하여 3억 원의 소 입식자금을 모아 지원하면서 유기축산으로의 전환을 도모하고 있다.

지역의 교회와 기독교 기관은 지역 먹을거리 운동(local food movement)에 관심을 기울이고 실천 과제를 세워야 한다

지역에서 생산된 농산물을 그 지역에서 우선 구매하여 소비하는 것이다. 현재 농업이 중심인 지역에서조차 그 지역의 농산물보다 타 지역의 농산물과 수입 농산물이 판매 코너를 점유하고 있는 실정이다. 거리가 먼 곳에서 생산된 농산물일수록 어떻게 생산되었는지 잘 모른다. 특히 수입 농산물이 그렇다. 먹을거리의 안전성이 문제가 된다. 또한 먼 곳에서 온 것일수록 수송 거리가 길어서 석유 에너지를 많이 소모한다. 그로 인한 가격 상승분은 소비자에게 전가된다. 지역에서 생산된 농산물이 지역 내에서 소비될 수 있는 영역을 확대해가는 정책적인 노력이 필요하다.

교회나 기독교 기관은 먼저 자신부터 솔선하여 실천에 옮겨야 한다

교회나 단체의 구내에서 공동 식사를 할 때 고기는 반찬으로 올리지 말아야 한다. 그리고 지도자들부터 육식을 자제해야 한다. 말로만 하고 실천하는 모습을 보이지 않으면 아무 소용이 없을 것이다. 교회의 경우 매주일, 혹은 절기에 갖는 공동 식사의 메뉴를 다시 짜야 한다.

무엇보다도 중요한 것은 교육이다

구제역 사태를 하나님의 섭리로 받아들여 그 교훈이 무엇인지 교인이나 회원들에게 신앙 교육을 지속적으로 해야 한다. 모든 일의 시작은 교육이다. 교육의 장을 마련하고 자료를 만들어서 알고 깨우치도록 해야 한다. 그리고 생활 속에서 가능한 실천 과제들을 발굴하여 행동의 변화가 구체적으로 일어나도록 해야 한다.

현재 생명운동을 실천하고 있는 여러 단체들과 연대해야 한다

생활협동조합, 한살림, 기독교환경운동연대, 생명의 쌀 나눔 기독교운동본부 등에 회원으로 가입하거나 이용할 수 있도록 안내를 해주는 것도 방법의 하나다. 그런 단체들을 후원하는 것도 좋은 방법이다.

기독교권을 망라한 새로운 운동체를 결성하는 것이 필요하다

앞으로 지속적으로 먹을거리와 관련한 운동을 전개하려면 꼭 필요한 일이다. 각 교회나 단체는 자신들의 과제를 수행하되 에큐메니칼 기구가 있어서 상호 협력하고 뒷받침하면 이 운동이 탄력을 받을 수 있을 것이다. 이를 위해서는 KNCC, 각 교단의 관련 부서, 기독교 단체, 기독교생협, 농촌교회 및 기관 등이 함께 모여 지혜를 모아야 할 것이다.

맺는말

지금까지 구제역 사태를 중심으로 그 현상과 원인 그리고 앞으로의 대책에 대하여 생각해보았다. 이제 교회가 나설 때가 되었다. 구각(舊殼)을 벗고 새 옷을 입어야 한다. 누에가 허물을 벗듯이 옛 껍데기를 벗어버려야 한다. 구제역 사태는 허물을 벗으라는 하나님의 명령이요 경고다.

유사 이래 이렇게 많은 교회가 존재해본 적이 없다. 생명과 살림과 구원을 말하는 교회가 이렇게 많은데도 죽어가는 생명들을 살리지 못한다면 그 책임을 어떻게 감당할 수 있을 것인가! 교회는 자기 본연의 위치를 회복하여 그 본질에 합당한 소명을 수행해나가야 할 것이다.

식량 위기와 GMO
그리고 우리 쌀의 소중함*

김성훈

현재 우리 인류가 당면하고 있는 식량 위기는 첫째, 식량 부족과 가격 폭등 문제(food security), 둘째, 식량과 식품의 안전성(food safety) 문제로 구성된다. 위 둘은 식량 부족 국가들과 수입국들이 국제적으로 식량 주권(food sovereignty)을 확보하고 있느냐, 없느냐의 여부에 따라 위험도 차이가 난다. 먼저 식량 안보 상황부터 점검해보자.

바야흐로 지구촌은 애그플레이션(agflation) 현상으로 몸살을 앓고 있다. 지난 2년 사이에 곡물 값이 품목에 따라 50~200% 이상 뛰어올라 각종 식료품 가격과 일반 물가가 오르고 있다. 농산물 가격 상승으로 인한 인플레이션이 발생한 것이다.

---

* '2008년 생명밥상 지도자 교육' 강의안입니다.

　　과거에도 국제 식량 파동은 기상 이변으로 인해 대략 6~7년 주기로 벌어져왔다. 그러나 최근의 곡물 파동은 단순한 자연 현상 때문만이 아니라 구조적이고 복합적인 요인들의 합병증 현상이라는 데 심각성이 있다. 먼저 상습적인 기상 이변으로 곡물 생산 증가율이 정체되고, 세계 곡물 재고율(14.6%)이 1972년 식량 파동 때(15.4%)보다 더 낮다. 거기에 국제 유가가 사상 최고 기록을 갱신함에 따라 곡물을 원료로 한 바이오 에너지 생산이 급속히 늘어나 미국에선 이미 옥수수의 24%가 바이오에 탄올 생산에 쓰이고 있다. 또 높은 석유 가격 때문에 농업 생산비와 보관·저장·가공·유통비·수송비 역시 크게 올랐다. 그래서 석유 파동 다음에는 식량 위기가 온다는 등식이 생겨났다. 설상가상으로 세계 인구의 40%가 넘는 중국과 인도의 지속적인 경제 성장으로 육류 소비가 두 배 이상 늘어나 사료 곡물의 수요를 폭증시키고 있다. 참고로 1Kg의 육류를 생산하기 위해서 평균 4Kg의 곡물이 소비된다. 특히 이번에는 미국 달러화의 계속적인 약세와 금리 인하로 투기성 국제유동자금이 곡물과 원자재 투기에 몰리고 세계 곡물 시장을 장악한 메이저들이 이에 가세하고 있다. 끝으로 주요 곡물 수출 강국들, 예컨대 러시아, 우크라이나, 카자흐스탄, 아르헨티나, 베트남, 중국, 인도 등은 자국의 식량 수급 안정과 이익을 노려 수출을 금지하거나 수출세를 높이는 등 식량 자원 민족주의(무기화) 전략을 강화하고 있다. 다른 한편 이라크와 터키 등 중동의 만성적인 식량 수입국들은 만일의 사태에 대비하여 곡물 사재기에 나서는 등 국제 시장에서 투기 수요가 일시에 몰리고 있다. 머잖아 돈을 가지고도 제대로 식량과 사료 곡물을 확보하기 어려운 상황에 직면할지도 모른다.

　　식량 자급률이 27%(쌀을 제외할 땐 단 4.6%)에 불과하여 OECD 국가 중 최하위권에 머물고 있는 우리의 대한민국은 이러한 국제적인 식량 파동의 소용돌이가 휘몰아쳐도 대비책을 세우기는커녕 오히려 그 역방향의 대책이 난무하고 있다. 농림부는 박정희 정권 때부터 일조유사시에 대비한 식량 기지로서 정부가 수조 원을 투입하여 조성한 영산강 간척지와 노태우 정부 때부터 시작한 새만금 벌판에 대형 골프장, 카지노, 호텔, 자동차 경주장 등 상공 위락단지로 그 용도를 임의로 바꿀 만큼 한가하고 안이하다. 새만금 간척지의 경우 당초 100% 식량 기지였던 것이 노무현 정부 때는 70%로, 그리고 엊그저께(08. 9. 4) 이명박 정부는 30%로 줄여서 그 용도를 확정했다. 게다가 현재 공식 통계가 발표되지 않고 있지만 지역에 따라 전국 농경지의 60~80%가 농사와는 관련이 없는 도시의 투기자본과 '강부자' 등 이른바 사회 지도층에 의해 소유되고 있다. 그런데 이들의 농지 소유를 합법화하기 위해 MB 정부는 농지소유제 완화를 공약으로 내세워 정권 인수 6개월도 안 돼 벌써 실천에 옮겼다. 절대 농지(농업 진흥 지역) 전용 시 반드시 대체 농지를 지정 확보케 했던 제도를 폐지하고, 농지와 산지의 용도 변경을 아주 쉽게 할 수 있도록 제도를 고쳤다. 전경련 등 재벌기업과 일부 언론들이 조속한 농지법 규제 완화를 소리 높여 주장한 데 대한 화답의 성격도 감지된다. 다른 한편, 전국 식당과 가정에서는 수입 농산물로 만든 음식물을 연간 약 10조 원어치나 음식물 쓰레기화하여 전국에 넘쳐나고 있다.

이래서는 안 된다. 그 피해는 고스란히 국가와 국민의 몫이다. 애꿏은 서민층과 노약 빈민층이 맨 먼저 직접적인 피해자가 된다.

당장 대단위 농업 용지로 개발한 양대 간척지의 용도 전환을 억제해야 한다. 농지법은 용도 변경과 전용을 용이하게 고칠 것이 아니라 더 강화해야 옳다. 그리하여 매년 2~4만ha가량의 농경지가 도시용 및 산업 서비스용으로 사라지고 있는 잠식 행위가 통제돼야 한다. 유휴되고 있는 농지의 활용 대책도 세워야 한다. 음식물 쓰레기 과다발생 식생활 문화

역시 시정돼야 한다. 이런 확고한 정책의지 바탕 위에서 해외 자원 개발이라든지 수입선과 수입 방법의 다양화가 추진돼야 항구적인 대책이 될 수 있다.

식품의 안전 문제는 광우병 의심 미국산 쇠고기 수입자유화 파동에서 이미 온 국민을 공포에 사로잡히게 하였듯이 수입 농축산물 질병이 점점 다양해지고 광범위해지고 있다는 데 문제가 있다. 방사선 조사 식품, O-157 오염, 이물질 혼합 등등 이루 헤아릴 수 없다. 특히 그중에서 거의 전량을 수입에 의존하고 있는 곡물류의 경우 GMO(LMO: 유전자 변형 식품) 문제는 심각하다. 이에 대하여는 환경운동연합이 2008년 9월 출간한 『함께 사는 길』의 GMO 특집기사가 아주 소상하게 잘 설명하고 있어 이를 발췌 소개한다.[01]

① GMO는 결코 싸지 않다.
② GMO는 소비자가 원하지 않는다.
③ GMO는 환경 위기를 해결할 수 없다.
④ GMO는 안전하지 않다.
⑤ GMO는 식량 부족의 해결책이 아니다.

선인들의 말씀 중에 "조선(한국) 놈들은 이마빡이 터져 피가 나야 정신 차린다"라고 했는데, 사상 미증유의 총체적 구조적 식량 위기를 맞아 강 건너 불 보듯 하는 일부 언론, 사회 지도층과 정부를 두고 하는 말이 아니길 소망한다.

---

01 "GMO의 불편한 진실", 『함께 사는 길』(서울: 환경운동연합, 2008. 9월호), 22-40을 참고하기 바란다.

땅은 돈 만드는 공장 아닌
생명의 터전*

윤여군

밥을 골똘히 생각하지 않아도 먹고사는 데는 문제없다. 다른 일을 하면서 먹어도 소화는 조금 안 될지 몰라도 사는 데는 별 지장이 없다. 먹어서 배를 채우는 것만 중요하다고 여기기 때문이다. 그 결과가 우리의 현실을 만들었다. 밥은 맛이 좋고, 영양이 충분하면 그뿐이다. 값이 싸고 모양이 좋고 안전하면 된다. 그뿐이다.

100여 년 전 독일에 슈타이너라는 선생이 계셨는데, 제자가 선생에게 물었다. "선생님, 요즈음 사람들의 영적인 상태와 수준이 옛사람만 못한데 그 이유가 무엇입니까?" 무슨 심오한 대답을 기대했지만 선생은 아주 쉽게 대답했다. "먹는 것이 달라져서 그렇다네." 먹는 것이 몸만 만드

* 녹색신앙정론지 '새하늘 새땅' 8호에 게재된 글입니다.

는 것이 아니라 영적인 수준까지 결정한다는 것을 말씀한 것이다. 무슨 선문답 같은데 이제는 사람들이 알아차리기 시작했다. 가공식품을 오래 보존하고 예쁘게 하기 위해 여러 가지 첨가물들을 넣는데, 이것들이 사람들을 사납게 하고 산만하게 하고 병들게 한다는 것이 실험을 통해 증명되었다고 한다. 먹는 것은 이미 자연스런 일이 아니게 되었다. 그러기에 먹는 것을 성찰하지 않으면 먹을 수도 살아갈 수도 없게 되었다. 지천에 푸른빛이 도는 봄이라 황홀할 지경이다. 나무마다 풀마다 제각기 푸른 눈을 삐쭉 내밀어 온 땅을 채우고 있다. 사람들도 함께 바빠졌다. 논밭을 일구는 농부야 그렇다 치고, 도시에서 온 아낙들도 바쁘다. 쑥이며 민들레며 돋아난 봄풀들은 다 먹을거리니 놔둘 수 없나 보다. 밭에서 일을 하다가 나물 뜯는 이들을 보고 하지 말라고 하면 무슨 행세(?)를 하나 하고 멀뚱 바라본다. "논둑, 밭둑에서는 나물 캐지 마세요, 제초제를 쳐서 먹으면 해로워요" 하면 "여기도 제초제 쳤나요" 하고 놀란다.

농촌에는 계절이 없다. 있기는 하지만 종잡을 수가 없다. 봄 다음에 여름이 순서인데 가을이 먼저 온다. 모내기를 한 뒤, 논둑에 제초제를 뿌리니 말라죽어서 낙엽으로 변한다. 가을이 온 셈이다. 어디 논둑뿐인가. 철이 없어지기는 어디나 매한가지이다. 봄을 한참 지내고야 나오는 딸기는 원래 5월 중순 때나 먹을 수 있던 음식이다. 요즘은 성질도 급하게 1월부터 시장에서 볼 수 있고, 연중 먹을 수 있다. 오히려 제철이 아닌 때에 시장에서는 한창이다. 미리 재배하는 것을 촉성재배라고 하는데 겨울철에 하우스 안에서 기를 때 온도를 높여서 제철에 앞서 시장에 출하한다. 1월쯤 나오는 것을 촉성재배라고 하고, 3월 말쯤 나오는 것을 반촉성재배라고 한다. 이렇게 하는 이유는 돈 때문이다. 처음에는 먼저 나오면 비싼 값을 받을 수 있었는데, 지금은 그렇지도 않다. 너도나도 다 그렇게 하니 제철 채소에 대해 비교 우위가 없어졌기 때문이다. 이런 투기적인 과투입 농업은 소득이 보장되기는커녕 빚만 남긴 채 농민을 죽이고 만다. 역천자(逆天者)는 결국 망하게 되지 않는가?

가끔 신문에 나는 기사에 농촌에서 억대의 매출을 올리는 농부가 소개된다. 고소득 작목에 시설재배, 수출농업, 벤처농업이 그것들이다. 재주를 부리면 농사를 지으면서 고소득을 올릴 수 있으니 WTO니, FTA니 엄살 부리지 말라는 소리이다. 농민들이 연구하지 않고 게을러서 농촌이 어려운 곳으로 우기며 윽박지른다. 한마디로 어이없는 수작이다. 수십 년 동안 정부의 농사정책이 이렇다. 참여정부라고 하는 이 정부도 마찬가지이고 어떤 점에서는 한 술 더 뜨는 형국이다. 이렇게 농업을 말살하고 농민을 죽이기를 몇 십 년, 이제 농촌도 농민도 없다. 농민은 농업 경영인이 되었다. 농업은 벤처의 탈을 쓰고 있고, 농기업이 되어서 마케팅을 잘해야 하고, 생명과학으로 무장하여 조작해야 생존하는 시대가 되었다. 땅을 가꾸고 보살피는 농업, 생명을 키우는 농업, 어머니처럼 정다운 농촌, 어림없는 억지가 되었다. 돈만 되면 생선에 납덩이 넣듯이 무엇이나 할 수 있다. 돈만 되면 부모 형제도 보이지 않는다. 농민을 그렇게 만들었다. 땅을 일구는 농민이 이렇게 변했으니, 땅도 함께 변했다. 땅은 더 이상 생명의 터전이 아니라 돈을 만드는 공장이다. 사람 마음대로 조작하는 대상이 되었다. 그러니 그 땅에서 나는 음식 또한 온전할 수가 없다. 그 음식을 먹는 사람이 평화롭고 건강하고 행복할 수는 없는 노릇이다. 이런 일을 말려야 할 정부가 오히려 앞장서서 부추기고 있다. 농업기반공사라는 정부기관이 농촌개발공사로 개명하였다. 농업의 기반이 되는 농수로를 정비하는 등 농업정책을 집행하는 기관이었는데, 농촌을 개발한다는 미명 아래 농촌에 아파트를 지어 분양하는 일도 맡아서 하겠다고 한다. 참으로 걱정스런 일이다.

　수천 년이 된 중국 마왕퇴의 고분에서 나온 볍씨가 발아했다는 글을 보았다. 요즘 종자들은 어떨까? 1년만 지나면 발아율이 떨어진다. 사람의 욕심 때문이다. 종자들이 농가에 있지 않고 상점에서 사서 준비하는데, 이 종자들은 억지로 교배시켜서 열매가 크고 많이 수확하는 씨앗이 되었다. 이 씨앗은 살아 있는 듯 보이지만 죽어가는 종자이다. 제 땅을 떠나고, 제 어미의 역사를 떠난 시공을 초월한 종자가 되어 사람과 함께 죽어가는 불쌍한 운명이 되었다. 이런 종자는 필히 농약(독약)이 뒤따른다. 자연에 적응할 수 없기 때문이다. 처음부터 농약에 소독되어 심기고 자랄 때도 농약에 젖어 자라고, 수확 후에는 각종 첨가물로 범벅이 된다. 반면에 자가 채종하는 강화의 순무 씨앗은 오래 묵어야 오히려 좋다고 한다. 생명이 살아 있어서 그럴 것이다. 척박한 땅에서도 잘 자라고 병해충에도 강해서 자연스레 자라난다. 맛도 흙의 향기처럼 투박하여 사랑받는다.

　올봄, 그렇게 못살게 굴어도 땅은 녹색으로 가득하다. 감격스럽고 감사할 따름이다. 그래도 아직은 죽지 않았다. 그래서 우리도 살아 있고 희망이 있다. 이제 정신 차려야 한다. 그런데 미국과 FTA를 서둘러 한다고 한다. 그렇게 되면 우리 농업은 70% 정도가 사라진다고 한다. 이거 큰 문제이다. 미국의 쌀은 품질도 뒤지지 않고, 값도 훨씬 싸서 우리 시장을 점령할지도 모른다. 미국이 아무리 땅이 넓고 농사기술이 좋아도 태평양을 건너 우리나라에 들어와도 값이 쌀 수 있을까? 태평양을 건너려면 기간도 몇 달이 걸리고 큰 배에 싣고 오는 경비도 만만치 않게 들어서 이 땅에서 나는 농산물이 더 싸야 정상 아닌가? 이건 마술이다. 마술의 비밀은 생각보다 간단하다. 미국을 비롯한 국가들과 초국적인 기업들의 농간이다. 에너지를 독점하고 가격을 조작하여 운송비를 비정상적으로 만들면 된다. 또 미국이 국제적인 부등가 교환을 통해서 만든 막대한 돈으로 엄청난 수출보조금을 지불하면 된다. 이 마술을 이기는 일은 우리 농민이 맨주먹 붉은 피로 맞서서 될 일이 결코 아니다. 밥이 무엇인지 묻고, 또 물어서 우리 모두가 정신 차리는 길 외에는 없다. 우리의 밥은 나오면서 똥이 된다. 똥을 땅이 먹고(밥이 되고), 식물들은 땅을 먹어 열매 맺는다. 이것들이 우리의 밥이 된다. 그러다가 우리도 땅의 먹이가 된다. 이 순환이 그대로 생명이다. 깨지면 죽음이다. 이 순환의 고리에서 모자라는 것은 햇볕이 은총으로 채워준다. 밥이 똥이 되지 못하면 독이 되고, 똥이 밥이 되지 못해도 독이 된다. 밥이 쌓여 똥이 되지 못하고 독점되면 사람이 망가지고, 똥이 모여 밥이 되지 못하면 자연이 파괴된다. 다 나누고 소화해야 한다. 나누어 먹고 먹어 나눠야 한다. 이런 생명의 고리가 살아 있으면 온전한 존재, 영적인 존재로 성화되지만, 혼자 쌓아두려는 독점, 죽음의 악순환이 계속되면 사악한 존재로 타락한다. 다른 것이 개입할 추호의 여지없는 정확한 하나님의 법이다. 밥을 제대로 먹는 것으로 구원을 받는다. 밥 속에 생명의 운행이 온전히 담겨 있기 때문이다.

3부

건강과 생명밥상

채식은 사람의 심성을
아름답게 한다*

이도경

사람은 신의 자녀로서 척추를 곧게 세우고, 이상(대자유, 행복, 완전한 사랑)을 향해 영적 진화를 거듭해가고 있다. 우리의 본성은 평화와 대자유를 원한다. 이런 영적 진화에 도움이 되는 음식은 에너지를 활성화시켜 높은 이상인 신의 품성으로 우리를 인도한다.

현대 물리학에서 모든 물질은 파동으로 구성되어 있다고 하는데, 각기 다른 진동력의 차이로 인해 다양한 형태를 갖게 된다. 식물은 맛, 향기, 모양 등을 다양하게 연출하게 되는데, 이것은 곧 식물 고유의 에너지 패턴이 각기 다르다는 것을 나타낸다.

우리 인체의 오장육부도 각기 다른 에너지와 역할을 하고 있는데, 뇌

* 2009년 'CO₂저감 녹색교회실천단' 곡채식 강의안입니다.

와 밀접한 관계를 맺으며 인, 의, 예, 지, 신의 품성을 나타내고 있다. 어떤 음식을 섭취하느냐에 따라 5장 6부의 에너지 상태가 변화되며, 이는 곧 뇌의 호르몬계에도 영향을 주게 되고 나아가서 우리의 품성에도 영향을 끼치게 되는 것이다.

이 세상에 존재하는 모든 것은 나름대로의 존재가치와 신의 뜻을 내재하고 있는 것인데, 우리가 이것을 접함으로써 신의 다양한 품성이 일깨워지고 있는 것이다. 사람이라면 당연히 사랑과 평화의 마음을 증폭시키는 음식을 섭취함이 마땅할 것이다.

지금 우리가 살고 있는 이곳은 상대성의 세계로서, 조화를 목적으로 창조되었다. 신은 우리에게 이곳 상대성의 세계에서 모순됨과 불만, 허전함을 느끼고, 다시 합일하여 대우주의 품성인 완전한 사랑과 평화를 회복하게끔 '갈망'이라는 목마름을 주신 것이다. 그러므로 우리는 신께 기도하고 축복을 기원하게 된다.

이런 목마름을 적셔주고 숭고한 품성을 회복하게 하는 먹을거리야말로 인간이 섭취해야 할 최상의 양식인 것이다. 우리 영혼의 목적은 완전한 사랑의 회복과 대자유, 행복과 평화이다. 청정하고 밝은 에너지는 우리를 밝은 빛의 세계로 인도하지만, 무겁고 탁한 에너지는 우리를 이 세상에 묶이게 하여 영적 진화를 더디게 하는 것이다.

식물의 씨앗과 열매야말로 순수한 태양에너지와 정화된 물로 이루어진 최상의 음식물로서, 우리의 갈증을 해소해준다. 1차 에너지인 태양과 공기, 수증기는 식물 → 초식동물 → 잡식동물 → 육식동물 → 사람의 과정을 거치게 되는데, 순수했던 물과 빛은 점점 동물의 저급한 감정과 의식으로 오염된다.

우주 생명의 근원은 물로써 모든 것을 기억하고 전사하는 성질이 있는데, 음식물의 파동에 실려 있는 탁한 정보(육식)들은 우리의 영혼과 신체를 흐리게 하여 각종 질병과 정신적 나약함을 초래하게 되는 것이다. 왜 냐하면 식물은 90%, 사람은 70%가 물로 이루어져 있고, 우주와 대기 또 한 물 에너지로 충만해 있어 서로 영향을 주고받기 때문이다.

식물은 빛과 수기(水氣)의 응집으로, 우리의 인체를 정화해주고 다양 한 에너지는 인체 시스템의 에너지를 활성화해준다. 신(神)은 파동(에너 지)으로 존재하고 물질로 화현된다. 각 물질 속에는 메시지(=신의 말씀) 가 들어 있는데, 식물 속에도 이런 정신이 깃들어 있게 된다. 채식 (=soul food)은 단순히 먹을거리의 맛이 아니라, 식물의 에너지와 정신 을 중요시하며, 우리 영혼의 성장에 도움이 되는 먹을거리를 지향하는 것이다.

영혼의 음식(soul food)을 실천한 뒤, 우리의 몸과 마음과 영혼은 맑아 지고 밝아지므로 각종 생활습관병과 정신적 나약함에서 해방된다. 우리 는 빵만으로 사는 것이 아니고 하나님의 말씀으로 살아가는 존재이니, 물질적 신체와 더불어 우리의 영혼에도 최상의 양식을 제공하는 것이 황 금시대에 부응하는 진정한 먹을거리 문화가 아닐까 생각한다.

레시피

① 양상추 샐러드

• 재료 – 양상추 반개, 홍피망 반개, 오이 반개, 적채 조금, 제철 과일 조금(토마토, 복숭아, 자두……)

• 소스 – 파인애플 슬라이스 3쪽, 식초 3스푼, 설탕 3스푼, 레몬쥬스 3스푼, 소금 작은 1스푼, 올리브유 적당량, 샐러리 2줄기

• 만드는 법 – 양상추를 손으로 뜯어 물에 5분 정도 두었다가 깨끗이 헹군 뒤 냉장고에 보관한다.
    – 피망과 오이, 적채는 깨끗이 씻은 뒤 가늘게 채 썰어 두고 제철과일을 기호에 맞게 준비한다.
    – 소스 재료를 모두 함께 믹서에 넣고 돌리는데 조금 되직하게 하려면 올리브유의 양을 늘리거나 두부를 조금 첨가한다.
    – 먹기 직전에 양상추를 냉장고에서 꺼내어 담고 여러 가지 채소와 과일을 곁들인 뒤 소스를 뿌려낸다.

② 양배추 드레싱 무침

• 재료 – 양배추 조금, 적채, 무순+감자마요네즈(채식마요+으깬 감자)

• 만드는 법 – 각 재료를 가늘게 채 썬 뒤 냉수에 10분 정도 담갔다가 체에 받혀 물기를 제거한 후, 냉장고에 보관한다. 먹기 직전에 꺼내 드레싱 소스와 버무려 내거나 같이 곁들인다. 응용할 수 있는 소스는 두부소스, 겨자소스가 있는데 주로 위장이 헐어 속이 쓰린 사람에게 좋은 요리이다. 여기에 대추나 인삼, 생강을 가미하면 위장이 허약하거나 냉한 사람에게 좋다.

③ 과일 샐러드

• 재료 – 사과 1개, 청 홍피망 반개씩, 오이 반개, 당근 반개, 익힌 옥수수와 강남콩 3큰술, 양배추조금, 프룬 조금, 콩햄과 볶은땅콩 조금

• 만드는 법 – 채소와 콩햄을 모두 깍둑썰기하고 옥수수와 콩, 프

룬은 물에 헹군 뒤 물기를 제거한다. 마요네즈와 식물성생크림을 3:1 비율로 섞은 후 채소와 버무려 접시에 담아낸다.

④ 마요네즈 소스

• 만드는 법 – 두유 100cc, 연두부 반모, 포도씨유 200cc, 설탕 3큰술, 식초 2큰술과 레몬즙 2큰술, 소금 1작은술

　→ 믹서에 먼저 두유와 설탕, 소금을 넣고 돌리다가 포도씨유를 조금씩 부어준다. 소스가 어느 정도 섞이면 레몬즙과 식초를 부어 응고시킨다(기본 마요네즈 소스에 연겨자나 케첩, 땅콩, 피클, 오이, 피망, 파슬리, 과일 등을 첨가해서 다양하게 연출할 수 있다.).

⑤ 샐러드의 기본 이론

양상추, 양배추, 겨자잎, 깻잎, 쑥갓, 적채, 토마토, 복숭아, 무순, 딸기, 파인애플, 채식햄, 채식콩단백, 채식고기종류, 버섯류, 콩류, 두부, 견과류, 피망, 건포도, 오이, 당근 등을 기호에 맞게 선택한 후, 모양과 재료 배합을 다르게 연출하면 다양한 샐러드를 만들 수 있다(채소를 채썰기, 손으로 뜯기, 깍뚝썰기, 둥글게 썰기+과일+견과류+채식 고기+버섯종류+소스의 다양화).

⑥ 소스의 기본

기본 소스에는 식초, 설탕, 소금, 올리브유 등이 기본으로 들어가는데,

• 두유로 흰색과 담백한 맛을 내고

• 되직하게 응고시키려면 두부나 올리브유, 레몬즙, 식초 등을 첨가한다.

• 부드럽게 하려면 생크림을 첨가하고, 담백한 맛을 첨가하려면 캐슈넛을 첨가한다.

• 고소한 맛을 내려면 땅콩, 참깨 등을 사용한다.

• 신선한 맛을 원하면 제철 과일이나 레몬 등을 첨가한다.

• 원하는 색을 내려면 비트나 당근, 샐러리, 단호박 등을 첨가한다.

• 본인이 원하는 색이나 향, 맛에 맞추어서 과일이나 허브, 신맛, 단맛 등으로 소스를 조절하면 다양하게 연출할 수 있다.

약선 식생활*
– 집 주변에서 찾는 음식 보약

고은정

시급한 식맹 탈출

不知食宜者, 不足以全生 (부지식의자, 부족이전생)

음식의 올바른 것을 모르면 우리의 생명을 온전히 할 수 없다.

不明藥性者, 不能以除病 (불명약성자, 불능이제병)

약성을 분명히 모르고는 병을 고칠 수 없다.

– 『東醫寶鑑』, 雜病篇, 內傷門

* 이 글은 2011년 생명밥상지도자교육 강의안입니다.

　1610년 허준이 지은 『동의보감』에 쓰인 '식맹'을 경계하는 문구다. '부지식의자, 부족이전생'이라는 표현에서 보듯 '식맹'의 문제와 음식의 중요성에 대한 철학이 오래전에 자리 잡고 있음을 알 수 있는 것이다. 조선 왕실 직제에도 국왕의 음식을 담당하는 내시부(內侍府)의 상선(尙膳)은 종2품 관직이고 의료를 담당하던 내의원(內醫院)의 내의원정(內醫院正)은 정3품인 점을 보더라도 우리 조상들이 날마다 먹게 되는 음식과 술, 차 등을 얼마나 소중하게 여겼는지 알 수가 있다.

　'식맹'이란 식품을 겉으로만 보고 실제 내용에 대해 알지 못하는 사람 또는 상태를 일컫는 말로 국적 불명의 가공식품과 패스트푸드의 폐해를 인식하고 제대로 생산, 가공, 조리된 식품을 선택하자는 데서 나온 말이다. 한국에서도 값싸고 간편한 식생활을 추구하면서 이제는 가정에서 조리하기보다는 마트에서 가공식품을 구입하거나 패스트푸드에 의존하는 식맹이 점차 늘어나고 있다.

　우리나라에서는 오래전부터 '식맹'을 경계하며 음식에 대한 뚜렷한 철학과 풍부한 지식을 가지고 사계절 철마다 생산되는 다양한 식재료를 활용한 균형 잡힌 식생활을 하였다. 그 철학이란 음식은 약과 마찬가지로 사람 몸에 작용하여 건강에 영향을 끼칠 수 있으므로 잘 알고 다뤄야 한다는 '식약동원'(食藥同源) 사상이며, 음식을 만들 때 한의학의 원리에 따라 식재료를 분류, 이해하고 재료 간 궁합과 금기사항 등을 지켰으며, 이렇듯 질병을 치료하고 신체를 건강하게 유지하고 노쇠를 예방하기 위한 목적으로 만든 음식을 '약선'(藥膳)이라 불렀던 것이다.

음식들의 味 수다

五行	木	火	土	金	水
五味	酸(신맛)	苦(쓴맛)	甘(단맛)	辛(매운맛)	鹹(짠맛)
五色	靑	赤	黃	白	黑
五臟	肝	心	脾	肺	腎
五腑	膽	小腸	胃	大腸	膀胱
五方	東	南	中央	西	北
季節	春	夏	長夏	秋	冬

한국에서는 오랜 옛날부터 자연의 모든 재료에 들어 있는 산(酸), 고(苦), 감(甘), 신(辛), 함(鹹), 즉 시고 쓰고 달고 맵고 짠 다섯 가지 맛으로 음식의 맛을 내는 것은 물론 건강을 유지하는 지혜가 있었다. 하지만 경제 발전과 서구식 식생활 확산에 따라 공장에서 만들어진 정제염, 식품 첨가제, 인공 감미료, 패스트푸드 등 가짜 맛이 진짜 맛을 대신하게 되었다. 이에 따라 인간의 건강과 지구 환경이 병들게 되었으며 이제 한국의 맛, 자연의 맛을 영영 잃어버릴 위기에 처하게 되었다.

우리가 음식을 먹을 때 느끼는 맛은 일차적으로 기본적인 감각 중 하나인 혀의 느낌을 중요하게 생각한다. 하지만 맛은 혀를 비롯하여 온몸이 느끼는 것이므로 진정한 미각을 살리기 위해서는 맛이 일으키는 우리 몸의 미세한 반응을 주의 깊게 살펴보는 게 중요하다. 예로부터 우리 조상들은 달면 삼키고 쓰면 뱉는 혀의 맛을 쫓지 않고 우리 몸이 원하는 맛을 자연에서 찾아 건강을 지켜왔다. 예를 들어 임산부는 본능적으로 뱃속의 아기를 지키기 위하여 신맛을 찾았으며 감기가 들면 매운맛으로 한기를 몰아내었던 것이다. 그러나 요즘 사람들은 오직 혀에 의지하여 인공 감미료나 화학조미료와 같은 좀 더 강하고 자극적인 맛에 반응하고 열광하며 가짜 맛에 길들여지고 있다.

동양에서는 사람은 하늘과 땅의 기에 의해서 태어났으며 사시법칙으로 이루어졌다고 믿었다. 즉 사람의 생명 원리와 인체의 구조는 천지자연을 본뜬 것으로 하늘의 기운은 네 가지로 봄에는 따뜻하고, 여름에는 뜨겁고, 가을에는 시원하고, 겨울에는 차가운 기운을 말하고, 땅의 기운은 다섯 가지 맛, 즉 신맛 쓴맛 단맛 매운맛 짠맛으로 이루어졌다고 믿었다. 또한 다섯 가지 맛은 우리 몸의 장기와도 밀접하게 연관되어 작용하는 것으로 보았다.

동양의학 서적인 『황제내경』에서도 산야초를 맛으로 구분하여 인체를 치유해왔고 동의보감에서도 맛의 원칙을 이용하여 사람들을 치료해왔다. 맛은 우리가 알고 있는 단순한 혀의 즐거움 외에 조화와 치유의 깊은 역사를 가지고 있는 것이다.

예부터 우리 조상들은 자연과 함께하는 삶을 살아왔다. 계절에 순응하는 농경생활을 하고 춘하추동 제철에 나는 재료로 천연밥상을 만들어 먹으며 자연의 순환을 존중하며, 자연과 일체가 되어 생활을 했다. 1988년 서울올림픽을 계기로 서구식 식문화가 급격하게 유입되면서 우리 음식은 오직 영양 성분과 칼로리로 계산되고 혀가 원하는 입맛을 위주로 조리되기 시작하면서 식생활에 위기가 오고 건강과 환경에 적신호가 켜졌다. 우리 조상들의 지혜를 본받아 오미의 원리를 알고 이를 잘 활용한다면, 한국의 맛은 몸의 조화와 정신세계인 감정까지 컨트롤할 수 있게 되고, 진정한 맛을 느낄 수 있는 행복하고 풍요로운 건강한 삶이 될 것이다.

음식물의 성질부리기

내의원 전순의가 내전에서 나오면서 말하기를, "임금의 종기가 난 곳이 매우 아프셨으나 저녁에 이르러 조금 덜 하고 농즙이 흘러나왔으므로 두탕

(豆湯)을 드렸더니 임금이 기뻐하면서 말하기를 '음식의 맛을 조금 알겠다' 하셨다" 하니 여러 신하들이 기뻐하였다.

– 조선왕

천연의 음식물은 봄, 여름, 가을, 겨울, 사계절의 기운으로 비유될 수 있는 따뜻한 성질(溫), 뜨거운 성질(熱), 서늘한 성질(凉) 그리고 찬 성질(寒)의 네 가지 기운 중 하나를 가지고 있다. 음식물의 이러한 성질은 그 음식물의 고유한 특성을 결정하는 중요한 요소가 된다.

그러므로 더운 여름이나 열증(熱症)의 병이 있을 때에는 서늘하거나 찬 성질을 가진 음식을 먹고, 추운 겨울이나 한증(寒症)의 병에는 따뜻하거나 뜨거운 성질의 음식을 먹는 것이 원칙이다.

"밥 먹기는 봄같이 하고, 국〔羹〕 먹기는 여름같이 하고, 장(醬) 먹기는 가을같이 하고, 술 마시기는 겨울같이 하라 하니, 밥은 따뜻한 것이 옳고, 국은 더운 것이 옳고, 장은 서늘한 것이 옳고, 술은 찬 것이 옳음을 말한 것이다."

"무릇 봄에는 신 것이 많고, 여름에는 쓴 것이 많고, 가을에는 매운 것이 많고, 겨울에는 짠 것이 많으니, 맛을 고르게 하면 미끄럽고 달다 하였으니, 이 네 가지는 목 · 화 · 금 · 수(木火金水)에 다치는 바라. 그때 맛으로써 기운을 기르는 것이니, 사시(四時)를 다 고르게 한즉 비위를 열게 함이라."

–『규합총서』(閨閤叢書), 술과 음식 중에서

식약동원(食藥同源)

"세상을 살아가는데 음식이 으뜸이고 약물이 그 다음이다. 음식의 효능이

약의 절반을 넘는다. 또한 오곡(五穀), 오육(五肉), 오과(五果), 오채(五
菜)로 병을 고쳐야 하니 이것이 선조들이 병을 음식으로 치료한 이유다. 어
찌 마른 풀과 죽은 나무의 뿌리에 치료 방법이 있을 수 있겠는가!"

"몸을 돌보는 두 가지 요소에는 약과 음식이 있다. 몸에 맞는 음식을 알지
못하면 생명을 보전할 수 없고 약성을 잘 모르면 병을 고치기 어렵다. 세속
에서 고기가 보하는 음식이라고 하는데 사실 육물은 보하는 성능은 없고 단
지 보양할 뿐인데, 노인들이 허손한 이유는 양허에 있지 않고 음허인 까닭에
고기로 보음하려는 것은 마치 연목구어와 마찬가지로 부질없는 것이다."

"다섯 가지 곡식과 다섯 가지 나물이 사람을 기르니, 어육으로는 늙은 어
버이를 받들어라. 얼굴이 비쩍 마른 사람은 기갈의 병이 된 것이다. 사백사
병(四百四病)은 각벽(各癖)이 된 까닭이니. 그런고로 음식으로 의약을 삼
아 나날이 좀 부치는 듯하게 먹어야 하니, 이러므로 족한 줄을 아는 자는,
저를 들면 늘 약을 먹는 것 같이 생각하라."

– 빙허각 이씨

세상에는 여덟 가지 의사(八醫論)가 있는데 심의(心醫), 식의(食醫),
약의(藥醫), 혼의(昏醫), 광의(狂醫), 망의(妄醫), 사의(詐醫), 살의(殺
醫)다. 그중 으뜸이 심의(心醫)요, 그 다음이 식의(食醫)다.
식의란 입에 맞도록 먹게 하는 바라, 입에 달면 기운이 편안해지고, 입
에 쓰면 몸이 괴로운 것이다. 음식에도 차고 더운 것이 있어서 처방하여
치료할 수 있다. 그러니 어찌 쓰고 시어야 한다거나 마른풀이나 썩은 뿌
리를 먹어야 낫는다고 핑계하겠는가? 과식을 막지 않는다면 이 또한 식
의가 아니다(참조, 마늘과 쑥만을 백일 동안 먹고 사람이 된 곰 이야기; 식품을

통한 신비로움을 표현; 현대에 이르러 자양강장, 불로장수, 항암에 탁월함이 증명된 마늘과 식용, 약용, 화장품용, 목욕용으로 우리 역사와 함께한 쑥) .

농식약동원(農食藥同源)

농사(農事) : 天氣 ＋ 地氣

식사(食事) : 농작물의 흡수(天氣 ＋ 地氣)

식(食) : 人 ＋ 良

유정란과 무정란의 영양성분은 다르지 않다.

계란(50g)의 일반적 영양조성

단위(kg)

영양소	전란	난백	난황
중량(g)	50(100)	33.4(66.8)	16.6(33.2)
열량(C)	75(100)	16(21.4)	59(78.6)
▶ 일반성분			
수분(g)	37.66(75.3)	29.33(87.8)	8.10(48.8)
조단백질(g)	6.52(12.5)	3.52(10.6)	2.78(16.8)
지방(g)	5.01(10.0)	0(0)	5.12(30.9)
탄수화물(g)	0.61(1.2)	0.34(1.0)	0.30(1.8)
회분(g)	0.47(1.0)	0.21(0.6)	0.29(1.7)
계	50(100)	33.4(100)	16.6(100)

자료 - http://www.iloveegg.or.kr

우리나라는 사계절이 뚜렷하므로 기후 및 계절과 밀접한 관계가 있는 농경 위주의 생활을 아주 오래전부터 해왔다. 전통적인 농경사회에서는 계절은 물론 24절기와 깊은 관계를 맺고 농사를 지어왔으며, 사계절의 영향을 받으며 자연스럽게 형성되어온 우리 조상들의 농업은 풍작을 기원하면서 혹은 풍작에 대해 감사를 하면서 농경의례를 치르는 동안 음식과 깊은 관련을 맺는다. 그러면서 자연스럽게 절식과 세시음식 등이 다양하고 풍성하게 발달해왔다. 각각의 계절마다 자연과 동화되어 그 계절의 맛과 멋을 함께 음식으로 재현해내고 그 속에서 건강을 지키고, 조상들을 숭배하며 하늘에 기원을 드리고는 했었다.

우리의 음식에는 농부들의 자연과 인간을 배려하는 마음에 하늘의 기운과 땅의 기운이 더해져 울리는 교향악과도 같은 아름다움이 깃들어 있다. 그러므로 음식은 단순히 음식이 아니라 식재료를 생산해내는 농부들과 조리하는 사람, 감사히 먹는 사람들을 하나로 엮는 일관된 생활관이나 철학이 담겨 있는 것이다.

좋은 식재료를 생산해내는 일도, 공동 생산자로서 좋은 식재료를 선택하는 일도 결국은 자신과 가족 혹은 이웃들의 건강에 보험을 드는 일과도 같다. 잘못된 식생활의 결과로 얻을 질병에 쏟게 될 비용을 미리미리 좋은 식재료를 사는 일에 투자하는 지혜가 필요하다. 좋은 식재료가 그 어떤 영양제나 약보다 훌륭하게 우리의 건강을 지켜낼 것이기 때문이다.

건강한 먹을거리에 대한 관심이 높아지면서 시중에는 대자본을 가진 기업에서 생산한 이른바 '건강 식·음료' 가 무수히 쏟아져 나오고 있다. 그 제품들의 허(虛)와 실(實)은 차치하고라도, 지금까지 대부분의 영세한 우리 농민들은 땀 흘려 생산한 제품들을 1차적 식자재로 헐값에 공급하고, 그 식자재들이 가공되어 돌아오는 상품들을 '건강식' 또는 '기능성 식품' 이라는 이름으로 비싼 값에 구입하여 식음하는 이중의 손해를 감당해왔다. 하지만 그 어떤 건강식이나 기능성 식품도 건강한 밥상을 이길 수는 없을 것임을 아는 일이 시급한 실정이다.

철없는 밥상 – 고마운 김치냉장고?

易得之物, 已驗之術(이득지물, 이험지술)

주변에서 쉽게 얻을 수 있는 재료와 이미 여러 번 겪어 잘 알고 있는 기술로 만든다.

조선시대 세종 때 간행된 『향약집성방』에는 제철에 나는 우리 지역의 식재료와 전통적인 생산 방식과 조리법을 지킨 향토 음식을 중시하는 슬로푸드의 정신이 그대로 녹아 있음을 알 수 있다. 이미 우리 조상들은 오래전부터 자신이 자라난 환경에서 생산된 식재료가 몸에 이로우며, 오랜 세월 맛과 향을 경험하고 검증된 것이야말로 바람직한 음식이라는 점을 알고 있었던 것이다.

비닐하우스와 유리하우스 등이 농촌에 자리 잡기 시작하면서 겨울에 수박이나 딸기를 먹을 수 있는 기적이 우리 밥상으로 왔다. 그 결과 우리는 사철음식을 먹게 되었으며 계절을 잊고 제철음식을 혼동하는 지경에 이르게 되었다. 녹색연합이 추천하는 『건강을 담은 사계절 밥상』이라는 책에는 여름철에 먹는 나물인 비름나물이 봄나물로 분류되는 오류까지 보인다.

냉장고가 나오고 한 걸음 더 나아가 김치냉장고가 보편화된 요즘의 대부분 가정에서는 11월 중순이 지나면 김장을 넉넉히 한다. 바야흐로 1년에 한 번 김치를 담는 시대가 온 것이다. 여름에는 열무김치와 얼갈이배추김치를 담가 먹고 장마가 오기 전에 오이지를 담그던 풍습이 사라지고 있는 것이다.

밥이 보약이다, 밥이 하늘이다

士大夫 食時 五觀(사대부 식시 오관)

첫째, 힘들음의 다소를 헤아리고, 저것이 어디서 왔는가 생각해보라.

둘째, 대덕을 헤아려 섬기기를 다할 것이다.

셋째, 마음에 과하고 탐내는 것을 막아 법을 삼아라.

넷째, 좋은 약으로 알아 형상의 괴로운 것을 고치게 하라.

다섯째, 도업을 이루어놓고서야 이 음식을 받아먹어라.

– 빙허각 이씨, 『규합총서』(閨閣叢書)

밥

밥은 한국 음식의 처음이자 끝이며 숭심이다. 아무리 훌륭한 식재료와 만나도 콩밥·잡채밥·순대국밥·비빔밥 등과 같이 그 끝은 언제나 밥으로 귀결되며, 제아무리 잘 차려진 상을 받아도 그 상은 그저 밥상일 뿐이다. 맛은 있지만 빼어나지 않고, 향이 있지만 결코 두드러지지 않는 밥은 상 위에 올라온 맵고 짜고 시고 달고 향기로운 모든 반찬들을 아우르고 순화시키며 조화롭게 하는 힘을 가졌다. 그런 까닭에 아무리 오랜 시간을 계속해서 먹어도 결코 물리지 않으니 우리는 하루에도 몇 번씩 "밥 먹자"는 말을 하면서 살아갈 수 있는 것이다.

밥이 보약이라고들 한다. 입에 풀칠하기도 어려웠던 조상들이 따로 보약을 해먹을 수 없으니 스스로를 위로하며 밥이라도 배부르게 먹고자 하는 마음에서 해온 말일 거라 여겼다. 하지만 쌀이 가지고 있는 성질이나 효능을 생각하면 쌀로 지은 밥이야말로 무엇과도 비교할 수 없는 귀한 보약임이 틀림없다.

자연에서 온 음식의 재료들은 사계절로부터 받은 고유의 성질이 있는

데 그것은 하늘의 기운으로서 겨울의 찬 성질〔寒〕, 봄의 따뜻함〔溫〕, 여름의 뜨거움〔熱〕, 가을의 서늘함〔凉〕으로 나뉜다. 또한 우리는 음식 재료를 앞의 네 가지 성질 외에 신맛, 단맛, 쓴맛, 매운맛, 짠맛 등의 다섯 가지 맛으로 분류한다. 서양에서는 매운맛을 맛이 아닌 자극으로 분류하지만, 우리는 다섯 가지 맛을 혀로 느끼는 단순한 맛뿐 아니라 오장육부와 관련하여 땅의 기운을 온몸으로 받아들이는 인체 현상으로 생각해왔다.

쌀은 봄부터 가을까지의 긴 시간을 보내면서 어느 쪽으로도 치우치지 않는 아주 평화로운 성질〔平性〕을 지니면서 땅의 온전한 맛인 단맛〔甘味〕을 띠게 된다. 그리하여 쌀은 그 평화로운 성질과 단맛으로 비위를 튼튼히 하고, 가슴이 답답하면서 입이 마르는 증상, 구토와 설사, 병 후 허약함, 소화불량, 식욕부진, 영아가 젖을 토할 때 등의 다양한 증세에 여러 형태의 밥이나 죽으로 활용되어왔다. 쌀을 씻을 때 나오는 쌀뜨물조차도 달고 찬 성질이 있어 몸의 열을 내리고 가슴이 답답하고 갈증이 나는 증세에 효과가 있다.

어린 시절에 외할머니께서는 배탈이 나면 부추죽을 끓여 먹여주시고, 여름에는 보리밥을 자주 해주셨고, 겨울에는 찹쌀과 검정콩, 수수를 조금씩 넣은 잡곡밥을 먹게 해주셨다. 절기에 맞춰 콩죽이나 녹두죽도 쑤어주시고 여러 가지 떡도 해주시던 그 지혜는 쌀과 함께 조리하던 잡곡들의 차고 더운 성질을 자연과 하나 되어 살아온 삶에서 자연스럽게 체득(體得)하여 나온 것이라 생각한다. 자연 친화적인 삶은 지식을 넘어서서 자신은 물론 후손을 건강하게 지키는 슬기로움을 발휘할 수 있게 하는 것이다.

중국의 의학서인 『황제내경』에는 몸의 근본이며 지극히 보배로운 물질인 정(精-생명의 근원)이 곡식(穀食)에서 생긴다고 기록되어 있다. 허준이 지은 『동의보감』에서는 죽이나 밥을 끓이면 가운데로 걸쭉한 밥물이 흘러 엉기는데, 그것이 쌀의 정미(精微)로운 액체가 모인 것으로, 이것을 먹으면 정(精)을 만드는 데 제일 좋고 먹어보면 효과가 있다고 하였다. 精(정)이란 米(지기地氣)와 靑(靑氣는 곧 天氣)이 만나 만들어진 글자이니 하늘의 기운을 받아 땅으로부터 얻은 쌀이 곧 정(精)을 이루는 물질임을 뜻하는 말일 것이다.

그런데 우리는 언젠가부터 밥의 위대함을 잊고 살기 시작했다. 그러면서 자연스럽게 '하는 짓이 밥맛이다', '밥통이다', '개념 따윈 밥 말아 먹었다', '밥이나 먹고 산다', '밥숟가락 놓았다', '밥값도 못 한다', '밥벌이가 고단하다', '밥줄을 끊는다' 는 따위의 말들을 아무런 의식 없이 일상생활에서 사용하게 되었다. 밥상에서 밥이 천대를 받고, 밥 짓는 일을 소홀히 하면서 제대로 밥 짓는 방법을 잊어가는 사람들이 늘어나게 된 것이 반는 결과일 것이다.

조선시대의 농학자 서유구는『옹희잡지』에서 "한국인의 밥 짓기는 천하에 이름났다"라고 적었으며, 중국 청나라 대학자 장영(張英)은 "조선 사람들은 밥 짓기를 잘한다. 밥알에 윤기가 있고 부드럽고 향긋하며, 또 솥의 밥이 고루 익어 기름지다"라고 하였는데 안타깝지만 지금은 그 명성을 잃은 지 이미 오래인 듯하다.

쌀로 밥을 짓다보면 저절로 생기는 누룽지를 이용해 중국인들은 누룽지탕을 만들어 먹고, 일본인들은 누룽지가 싫어 코끼리 밥솥을 만들었으며, 우리는 가마솥 바닥에 누룽지를 눌려 간식은 물론 숭늉으로 변신을 시켰다.『임원경제지』에 숙수(熟水)로 표현되고 있는 숭늉, 밥 먹은 뒤에 커피로 입가심을 하는 사람들이 반찬 냄새 싸~악 잡는 숭늉의 그 개운함을 알지 못하니 그 또한 안타깝기만 하다.

조상들은 한솥밥을 먹으며 공동운명체임을 다졌었고 윤기 흐르는 갓 지은 따끈한 밥 한 그릇에서 얻은 '밥심' 하나로 반만 년의 역사를 이어

오늘에 이르렀으며, 그 '밥심'으로 가족을 지키고 나라를 지키기 위해 농사를 지어왔다. 농사의 농(農) 자는 별 진(辰) 자에 소리 곡(曲) 자를 더한 것이다. 그리하여 밥을 한자 풀이로 해석하면 '별의 노래를 들으며 자란 쌀로 지은 음식'이 된다. 어려움 속에서도 빛나던 선조들의 낭만적인 모습을 엿볼 수 있다.

밥은 음식 이상의 깊은 의미를 지니고 있다. 누군가와 밥을 같이 먹는다는 것은 손 내밀면 닿을 거리에 이미 상대가 와 있다는 것을 깨닫는 것이다.

천천히 씹어서 / 공손히 삼켜라 / 봄에서 여름 지나 가을까지 / 그 여러 날들을 / 비바람 땡볕으로 / 익어온 쌀인데 / 그렇게 허겁지겁 삼켜버리면 / 어느 틈에 / 고마운 마음이 들겠느냐 / 사람이 고마운 줄 모르면 / 그게 사람이 아닌 거여 / …… 후략

　　　　　　　　　　　　　　　- 이현주, '밥을 먹는 자식에게' 중에서

시 한 편에 삼만 원이면 / 너무 박하다 싶다가도 / 쌀이 두 말인데 생각하면 / 금방 마음이 따뜻한 밥이 되네 / 시집 한 권에 삼천 원이면 / 든 공에 비해 헐하다 싶다가도 / 국밥이 한 그릇인데 / 내 시집이 국밥 한 그릇만큼 / 사람들 가슴을 따뜻하게 덥혀줄 수 있을까 / 생각하면 아직 멀기만 하네 / …… 후략

　　　　　　　　　　　　　　　- 함민복, '긍정적인 밥' 중에서

* '집 주변에서 찾는 음식 보약' 이란 제목으로 필자가 연재했던 글 중 일부를 제공해 주어 옮겨놓습니다.

구긴 얼굴 피려면 피자 말고, **구기자**

학교 앞에는 버스표를 파는 가게가 하나 있다. 그 가게에는 허리가 굽은 할머니가 표를 파시면서 텃밭을 일구고 계신다. 학교에서 농사공부를 하고 있는 은하는 그 할머니를 통해 배우고 싶은 것이 많다고 했다. 차표를 파시는 틈틈이 이어가고 있는 할머니의 텃밭농사라 하여 쉽게 생각하면 안 되는 것이 오밀조밀 이것저것 없는 것이 없는 농사이기 때문이다. 조상들의 농사가 그랬던 것처럼 장에 나가지 않아도 내 집에서 지은 농사로 내 집 식구들이 먹고 남으면 이웃과 나눠 먹던 그 방식 그대로의 할머니 농사는 일 년 열두 달 시장에 한 번 나가지 않으셔도 모자람이 없어 보인다.

어릴 적 외가에는 배나무, 사과나무, 포도나무, 자두나무, 앵두나무가 있었고 봄에는 딸기, 여름에는 참외, 수박 농사가 빠지지 않고 해마다 이어졌었다. 그래서 가끔 농산물을 들고 나가 팔아서 사다 먹던 고등어 자반 등을 제외하면 먹을거리를 사러 장에 가는 일은 거의 없었던 것으로 기억한다. 자급자족하던 농사의 전형이라 여겨지는데 그런 시절에 조상들이 지혜를 모아 했던 일의 하나가 바로 식구들의 건강을 걱정해 집 주변에 이런저런 약이 되는 나무나 식물들을 가꾸는 것이 아니었나 생각된다. 아프기 전 평소에 건강을 지키고 병이 나면 치료도 할 수 있게 하는 현명한 자연과 상생하는 생활이었던 것이다. 옛 농가의 우물가엔 유난스레 구기자나무가 많이 심어져 있었던 것도 그 좋은 예이다.

예로부터 불로장생의 영약으로 알려진 구기자는 일찍이 진시황제도 늘 먹었다 한다. 옛날에 대대로 장수하는 집안이 있었는데 그 비결을 알아보니 그 뿌리가 우물 속까지 뻗어 있어 그 물을 항상 마셨기 때문이었다는 전설이 있다. 구기자의 산지로 유명한 청양에는 우물가에 심어진 구기자의 열매가 우물 속으로 떨어져 그 물을 먹은 집안의 사람들이 흰머리가 나지 않고 장수했다는 이야기도 전해진다.

구기자를 먹고 병을 고치거나 장수한다는 전설은 넘치고도 넘치는데 중국 송나라 때 이런 이야기도 있다. 도박에 빠져 집안의 전 재산을 탕진하고 아내를 학대하던 한 남자가 있었는데 아내가 병들어 눕자 정신을 차리게 되었다. 남자는 아내를 극진히 간호하면서 약을 구하러 산에 가서 돌아다니던 중에 토끼를 만나자 자기 아내에게 잡아 먹이려고 쫓아갔다. 토끼가 동굴로 들어가버리자 횃불을 들고 그 굴로 들어가니 토끼가 수도 없이 우글거렸다. 깜짝 놀라 밖으로 나와 보니 밖에는 냇물이 흐르고 그 옆에 특이하게 생긴 나무군락이 있었는데 그 나무뿌리에서 나온 성분이 냇물로 흘러들어가 이를 마신 토끼들이 다산을 하게 된 것을 깨닫고 그 나무를 잘라 집에 가져가 달여 아내에게 먹였다. 또한 자신도 남은 물을 매일 먹었다. 100일이 지나자 아내의 병이 나았고 1,000일이 지나자 그는 신선이 되고 그의 아내는 선녀가 되어 구름 위로 날아 올라갔다. 그로부터 송나라에는 구기자를 1,000일 동안 먹으면 신선이 된다는 이야기가 생겼다고 한다.

중국의 고사에 나오며 노국의 관리가 만났다는 15~16세로 보이는 372세의 할머니는 오로지 구기자만을 먹고 그렇게 오래 살고 어려 보이게 되었다고 하였다. 구기자를 200일 동안 계속 먹으면 신체가 건강해지고 피부도 윤택해지며 또 일 년을 계속해서 먹으면 신체는 반드시 어린 아이와 같이 젊어지고 걸음걸이도 빨라진다고 했단다.

구기자를 먹는 방법을 물으니, "1월에 뿌리를 캐서 2월에 끓여 먹고, 3월에 줄기를 잘라서 4월에 끓여 먹고, 5월에 잎을 뜯어 6월에 차로 끓여 마시고, 7월에는 꽃을 따서 말려 8월에 우려먹으며, 9월에 채취한 열매는 10월에 먹는다. 구기자의 뿌리, 줄기, 잎, 꽃, 열매를 모두 약재로 쓰며 일 년 내내 먹는다"고 하였다 한다.

　구기자는 맛이 달고 독이 없으며 성질은 차거나 뜨겁지 않아 오래 먹어도 좋은 신비의 영약이다. 간장과 신장을 두루 이롭게 하며 간신(肝腎)을 자양하고 우리 몸에 정(精)과 혈(血)을 더해 눈을 밝게 해준다. 또한 건조해진 몸에 진액을 생성하게 하고 폐를 윤택하게 해주는 효능이 있어 사랑받는 약재로서 음식의 재료로도 쓰인다. 숙지황, 국화, 오디 등과 같이 먹으면 그 효능이 더욱 증가된다고 한다.

　간이 약해지면 몸과 눈이 늘 피로하고 시력이 저하되며 혈색이 나빠지며 얼굴은 탄력을 잃게 된다. 신장은 남녀의 생식 능력과 뇌수, 골수(뼈)를 주관하는데 신장이 나빠지면 머리카락이 일찍 희어지거나 자주 빠지며 생식 능력에 문제가 생기고 허리에 통증이 생길 수 있다. 그러므로 구기자는 간장과 신장의 기능이 허약해졌을 때 먹으면 좋다. 특히 몸에 음의 기운이 부족해서 오는 당뇨에도 효과가 있는 것으로 알려져 있다.

　나는 개인적으로 꼬냑을 첨가해 덖은 구기자를 차로 즐기는 것을 가장 좋아한다. 침출주로 만들어 마셔도 좋은 구기자를 향 좋은 꼬냑과 함께 차로 즐길 수 있는 방법이라서 좋은 것인지도 모른다. 육류를 요리할 때 넣어 먹으면 기력을 더하게 되어 좋고, 계란찜이나 계란말이와 함께해도 좋으며, 밥이나 죽으로도 물론이려니와 떡과도 궁합이 맞는 것이 구기자다.

　하지만 구기자는 우리 몸에 음(陰)을 더해 건조한 것을 촉촉하게 하므로 소화기가 약한 사람이나 변이 묽은 사람은 조심해서 먹어야 한다.

　꼭지만 틀면 물이 나오는 편리함 속에 살지만 나는 갑자기 집에 우물 하나를 파고 싶다. 그리고 우물 주변에 구기자나무를 잔뜩 심어놓고 날마다 기도하고 싶다.

'나무야 어서 우물 속 깊이 뿌리 내려라. 그리고 어서 열매를 달고 그 열매가 넘쳐나서 우물 속으로 떨어져라.'

다섯 가지 얼굴을 가진 열매, **오미자**

추석이 지나고 장에 나가면 설탕과 함께 병에 담긴 붉은색이 고운 오미자를 만나게 될 것이다. 십여 년 전만 해도 장터에서 오미자를 만나기란 쉽지 않은 일이었지만 요즘은 오미자를 생산하는 농가가 늘어나고 전국 어디서나 쉽게 볼 수 있는 것이 되었고 건조된 오미자는 대형마트의 매대 위에서 언제든지 만날 수 있다.

나는 붉은 오미자를 보게 되면 예쁜 빛깔에 반해 얼른 사고 싶은 생각이 들기도 하지만 살구나 매실이 아니라도 그 신맛을 생각하면 어느 사이 입안에 침이 가득 고이는 것을 느끼게 된다.

『산림경제』나 『본초강목』에 껍질은 시고, 껍질 안의 과육은 달고, 씨는 맵고 쓰며, 전체적으로는 짠맛이 있어서 오미를 갖추고 있기 때문에 오미자라 한다고 쓰여 있다. 말린 오미자 열매보다 곧 수확하게 될 생오미자를 씨까지 천천히 씹어보면 다섯 가지 맛이 순차적으로 입안에 감도는데 그 다섯 가지 맛은 오장육부에 고루 작용하여 우리 몸을 건강하게 지키는 것이라 생각된다.

허준도 『동의보감』에서 "오미자는 허한 기운을 보충하고 눈을 밝게 하며 신장을 덥혀 양기를 돋워준다. 남자가 먹으면 정력에 좋고 소갈증을 멈추며 기침이 나는 것과 숨이 찬 것을 치료해준다"라고 기록하고 있다. 오미자는 성질이 따뜻하며 폐와 심장과 신장에 이로운 열매다. 몸 안에 진액을 만들어주며 기운을 나게 할 뿐 아니라 심장의 활동을 도와서 혈압을 조절하고 간장의 대사를 촉진시키는 효과가 있다.

또한 정기(精氣)를 튼튼히 하고 소변을 다스리며 대하를 감소시키는 효능이 있다. 입이 자주 마르고 갈증을 느낄 때에 차로 마시면 갈증을 없애주며 여름에 땀을 많이 흘리고 난 뒤에도 섭취하면 땀을 거두고 갈증을 멈추게 한다.

오래도록 잘 없어지지 않는 기침에도 효과가 있다. 우리나라 전국의 곳곳에서 수천 년 동안 자생해온 오미자는 견우와 직녀를 위해 칠월칠석날 까마귀·까치들이 오작교를 만들 때 그 덩굴을 몸에 감고 사용했다고 하는 재미있는 전설이 있으며, 중국의 몇몇 의서들에는 우리나라의 오미자가 가장 품질이 좋다는 기록이 남아 있다.

우리 조상들이 오미자(4), 인삼(4), 맥문동(8)을 배합해서 여름철에 숭늉처럼 차로 마시던 생맥산이란 처방이 있는가 하면 오미자를 이용한 음식으로는 수박이나 배, 복숭아 등을 예쁘게 잘라 띄워 마시는 화채가 있다.

또한 오미자는 절기마다 여유를 가지고 다양한 절기음식을 발달시켜왔던 선조들에 의해 '꽃국수'〔花麵〕라는 이름으로 다시 태어나기도 했다. 녹두녹말가루로 묵을 쑤어 채 썰어 만든 국수를 오미자꿀물에 말아 먹는 아름답고도 재미있는 음식이다.

반면에 현대인들은 가을에 잘 익은 오미자를 설탕과 동량으로 배합해 3개월 이상 저장·발효시켜두고 필요할 때마다 뜨겁거나 시원한 음료로 마신다. 웬만한 찻집에 가면 빠지지 않고 있는 음료지만 집에서는 음식을 할 때 샐러드 소스로 이용하기도 좋다.

오미자청은 무나 양파, 연근 등을 조리할 때 새콤달콤하면서 붉은색을 내는 재료로 사용하기에도 아주 그만이다. 꿀, 배와 함께 배합하면 가을철에 자칫 건조해지기 쉬운 폐를 자양하는 재료가 되며 머루나 포도와 같이 배합해 발효시켜두고 이용해도 좋다.

맛은 물론이고 근골을 튼튼하게 하는 효능을 기대할 수 있으므로 성장기의 어린이들에게 좋은 음료를 만들 수 있다. 환절기라 면역력이 떨어져 걸리는 감기로 고생하는 사람이 있다면 면역력을 증가시키는 오미자를 생강과 함께 차로 끓여 대접하면 고맙다는 인사를 받을 수 있을 것이다.

땅이 잉태하고 낳은 알, **토란**

독이 있어 조심해야 하는 천남성과의 식물에 속하는 토란은 실속이 있다는 뜻의 알토란이라는 말이 생겨날 정도로 사람에게 실속을 주는 음식 재료이기도 하다.

어린 시절에는 연잎과 구분을 하지 못하고 농사를 짓는 농부의 마음도 헤아리지 못한 채 토란의 잎을 줄기 채로 꺾어다 머리에 쓰고 다니면서 꽃무늬 양산을 쓰고 나들이 하시던 이웃집 아주머니의 흉내를 내면서 놀고는 했다. 지금 생각하니 제법 이치에 맞는 행동이었다.

토란잎은 성질이 차기 때문에 머리에 쓰고 다니면 정말로 인체에 시원하게 작용을 할 수 있기 때문이다. 그것은 연잎도 마찬가지인데 커다란 잎사귀를 가지고 자라면서 사람들의 마음에서 절로 뜯어서 쓰고 싶은 마음이 들게 하는 자연의 이치에 절로 고개가 숙여진다.

또한 물방울이 굴러 떨어지며 방수가 되어 몸이 작은 어린아이들이 비가 오면 우산 대신 머리에 쓸 수 있었으니 우산을 만든 이들이 여기서 힌트를 얻은 것은 아닌지 모르겠다.

토란은 매운 맛을 가지고 있으며 성질은 평하고 약간의 독이 있다. 비장과 위장을 잘 통하게 하여 소화를 잘 되게 해주며 피부를 튼튼하게 하고 피와 살이 뭉친 것을 풀어주는 작용을 한다. 우두, 우내, 토지라고도 불리며 지역을 가리지 않고 잘 자란다.

미끄러운 식감을 가지고 있으며 그 미끄러운 성분이 익히지 않고 먹으면 알알하지만 마〔山藥〕처럼 소화기를 돕고 인내심을 기르게 하는 데 도움을 준다. 기가 허약한 사람이 토란죽을 끓여 먹으면 허한 몸을 보하게 되며 이때 붕어를 넣고 같이 끓여 먹으면 더욱 크게 보한다.

토란잎은 뿌리와는 달리 성질이 차고 독이 없어 좋으니 우리의 밥상에 오른다. 답답한 증상을 없애는 효능이 있는데 이는 토란대의 횡단면에서 볼 수 있는 구멍이 잎과 뿌리 사이에서 소통하는 역할을 하기 때문이 아닌가 생각을 하게 된다. 토란잎도 소화기를 도우므로 설사를 멎게 하며, 땀을 거두고 염증을 가라앉히는 효능도 있다. 더운 여름철에 밥이 쉽게 상하지 않는다고 하여 연잎에 싸두는 것처럼 토란잎도 마찬가지로 음식을 싸두면 덜 상하는데 이는 연잎이나 토란잎의 성질이 차기 때문이다.

환경을 가리지 않고 어느 곳에서나 잘 자라니 조상 때부터 오랫동안 먹어온 토란이지만 맨손으로 만지면 마와 같이 접촉 부위에 가려움증을 느끼게 되는데 소금물, 식초물, 쌀뜨물을 이용하면 없어진다. 토란을 익히지 않고 생식하거나 과식하면 혀가 마비되기도 하고 목에서 열이 나거나 가렵고 부어오르며 복통이 생기고 정신이 혼미해질 수도 있다. 그러므로 반드시 익혀 먹어야 하는데 혹시 중독이 되면 식초에 생강즙을 타서 입에 물었다가 마시면 도움이 된다.

장맛비도 아닌데 언제부터 오기 시작했는지 모르지만 참 질기게도 비가 온다. 멀리 이웃집 밭에서 자라는 토란잎으로 굴러 떨어지는 빗방울을 보니 어린 시절에 밖에서 놀다 비가 오면 토란잎으로 몸을 가리고 집으로 뛰어 들어오던 기억이 떠올라 절로 웃음이 난다. 어서 비가 그치고 다시 온 세상에 생기가 넘쳤으면 좋겠다.

밥상에서 만나는 종기의 명약, **우엉**

양산 통도사의 말사 중에는 석남사라는 여승들의 도량인 사찰이 하나 있다. 언젠가 그곳에서 하루를 묵은 적이 있었는데 다음날 아침 공양간에서 아주 결이 곱고 생으로 무쳐 신선한 우엉채나물을 만났었다. 간장에 졸여 김밥에 넣어 먹는 우엉을 가장 좋아하던 나에게는 꽤 신선한 충격이 된 반찬이었기에 그 후로 가끔씩 그 우엉채 나물을 만들어 먹어보고는 하지만 그날의 그 훌륭한 맛을 흉내내기는 어려웠다.

우엉은 원래 일본인들이 좋아하는 뿌리채소로 우리는 별로 식탁에 올리지 않지만 요사이는 건강을 생각하는 시대적인 흐름에 부응하여 자주 나물반찬으로 해먹기 시작했다. 비타민과 단백질, 칼슘, 인 등이 조금 들어 있지만 대부분 소화가 잘 안 되니 어떻게 생각하면 영양학적으로 과히 좋은 식품이 아니라고 말해야 한다. 하지만 쓸모없어 보이는 섬유소가 인체 내 콜레스테롤의 양을 조절하여 동맥경화증을 예방하고, 혈당이 식후에 갑자기 올라가는 것을 막아주므로 당뇨에도 좋은 영향을 미치게 되어 아주 건강한 식재료가 될 수 있다.

또한 우엉은 80%의 수분을 함유하고 있으며 나머지 20%에도 많은 양의 식이섬유를 가지고 있으므로 100g당 62kcal의 열량을 내므로 비만이 걱정인 사람들이 먹으면 도움이 된다.

우리가 식재료로 보고 있는 우엉을 한의학에서는 우방근(牛蒡根)이라고 부르며 폐와 위를 이롭게 하는 한약재로 사용하고 있다. 『중약대사전』에는 맛이 쓰고 성질이 차다고 기록되어 있으며, 『동의보감』에도 우엉 부분이 실려 있는데 뿌리를 중풍, 종기 등에 사용하고 씨앗을 우방자 또는 악실이라고 하여 해독, 이뇨제 등으로 사용한다고 씌어 있다. 『본초급유』에서는 술에 담가 복용하면 풍을 제거하고 악성 종기를 치료한다고 하였다.

우엉은 보통 조림이나 튀김, 볶음, 무침 등으로 이용하는데 썬 뒤에는 식초에 담갔다가 사용하거나 쌀뜨물에 살짝 데쳐 쓰면 떫은맛을 제거할 수 있음은 물론이고 검게 변하는 것을 막을 수 있으며 향도 그대로 유지할 수 있다.

또 우엉은 껍질째 조리를 해야 맛과 영양이 훨씬 좋으므로 가능하면 표면을 가볍게 씻거나 칼등으로 문질러 사용하는 것이 좋다. 기름에 볶으면 단맛이 그 풍미를 더하며, 특유의 냄새가 나는 육류나 생선과는 그 궁합이 아주 좋으나 함유하고 있는 섬유질은 철분이 체내에 흡수되는 것을 방해하므로 가능하면 철분이 많은 식재료와 같이 조리하지 않는 것이 좋다.

율곡 이이 선생은 어머니 신사임당이 돌아가시자 실의에 빠져 3년 동안 앓아누워 몸이 무척 쇠약해졌다고 한다. 그러던 중 우연히 우엉의 약효가 무척 뛰어난 것을 알고 하루도 빼놓지 않고 밥상에 우엉을 두어 건강을 찾았다고 전해진다는 자료가 농촌자원개발연구소에서 내놓은 '농촌 구전 전통지식자원의 조사와 활용'에 있다.

다산 정약용 선생은 유배생활을 하는 동안 무를 즐겨먹었다고 하며 저서인 『목민심서』에는 무에 관한 예찬이 기록되어 있다. 뿌리채소가 조상들의 건강을 지켜왔음을 역사 속에서 찾아볼 수 있는 좋은 예라고 생각한다.

나도 이번 주말에는 아삭하게 씹히는 맛과 향이 훌륭한 우엉을 쇠고기에 돌돌 말아 졸인 우엉쇠고기말이조림을 만들어 찾아오는 손님들에게 대접해야겠다.

불로장생하는 신선의 음식, 잣

잣나무는 'Korean Pine'으로 불리니 한국을 대표하는 한국의 소나무라 하겠다. 바늘잎이 두 개인 소나무와는 달리 바늘 같은 잎이 5개가 달리므로 조선오엽송(朝鮮五葉松), 나무의 줄기가 붉은색을 띤다고 하여 홍송(紅松), 열매가 크고 영양분이 많아 신라시대부터 과실수로 심었다고 하여 과송(果松), 나무에 송진과 같은 기름이 많은 나무라고 하여 유송(油松) 등의 수많은 이름을 가지고 있다.

한방에서는 잣나무의 씨앗을 '해송자'(海松子), '송자인'(松子仁)이라 하는데 맛은 달고 성질은 따뜻하다. 몸에 부족한 진액(津液)을 생기게 하고 풍(風)을 제거하며 폐(肺)를 촉촉하게 하여 메마른 가을철에 잣을 먹으면 피부가 촉촉하고 윤기가 난다. 또 장을 윤활하게 하여 대변을 잘 나오게 하는데 특히 허약한 노인의 장이 무력해서 생기는 변비와 여자들의 산후에 생긴 변비에 좋다. 한약 중에 '오인환'(五仁丸)이라는 변비 치료 처방이 있는데 잣〔海松子〕, 측백나무 씨〔柏子仁〕, 산앵두나무 씨〔郁李仁〕, 복숭아 씨〔桃仁〕, 살구 씨〔杏仁〕로 구성되어 있다. 반대의 경우로 잣은 대변이 묽고 설사를 하는 사람은 많이 먹지 말고 조심해야 한다.

한국 전통요리를 하다보면 은근히 잣가루를 내야 하는 일이 많다. 차로 마시거나 죽을 쑤어 먹는 방법 외에 떡이나 과자 등에 곱게 가루 내어 얹기도 하고 육류의 조림 끝에 접시에 담아낼 때도 가끔은 잣가루를 고명처럼 뿌리기도 한다. 쉽게 생각하고 믹서 등에 갈다보면 잣은 제대로 가루로 만들어지지 않고 뭉쳐서 떡처럼 되니 그만큼 지방이 많다는 이야기다. 잣에는 지방이 무려 65% 정도 함유되어 있으며 칼슘이나 인, 단백질, 철분 등도 풍부하여 하루에 20알 정도를 섭취하면 몸 안의 노폐물을 제거하고 콜레스테롤을 낮추는 등의 성인병 예방 효과가 있는 훌륭한 식품이지만 다른 식품에 비해 100g당 640kcal 정도의 열량을 내므로 많이 섭취하는 것은 주의해야 한다.

특히 잣에 들어 있는 비타민E는 나빠진 시력을 회복시켜주며 모공이 단단해져 탈모에 도움이 되고 빈혈 치료에도 효과가 있는 것으로 알려지고 있다. 또한 뇌세포와 신경조직의 발달에 필수 성분인 레시틴도 함유되어 있어 두뇌 개발의 효과가 있으며, 불포화 지방산은 피부 미용과 혈압 강하에도 좋은 건강식품이다.

또 잣은 술을 담가 먹기도 하는데 건강에 도움이 되는 것은 물론이려니와 그 향 또한 일품이다. 그래서인지 고려 때의 명종은 허약해서 고생을 했는데 건강해지기 위해 늘 잣으로 술을 담가 먹었다고 한다.

잣은 달고 따뜻한 성질을 가지고 있다. 폐를 촉촉하게 하여 마른기침을 멈추게 하는 등으로 폐의 건강을 지켜주는데, 『본초강목』에는 오래 복용하면 몸이 가벼워지고 수명이 늘어나며 늙지 않는다고 기록되어 있다.

잣은 날씨가 쌀쌀하고 건조한 가을철에 먹으면 더없이 좋은 음식이다. 조선시대에 쓰인 『산림경제』에는 잣과 호두, 꿀을 이용한 '봉수탕'(鳳首湯)을 소개하고 있는데 '봉수탕'은 독이 없으며 먹으면 머리털이 검어지고 강장의 효과가 있다고 하였다.

잣(40g)과 호두(80g)를 아주 곱게 다진 다음 꿀(20g)에 개어서 항아리에 담아두고 따뜻한 물에 타서 차로 마시는 것으로 식후에 마시면 폐에 윤기를 주고 부드럽게 하므로 폐가 건조해서 생기는 마른기침에 특히 좋은 음식이다.

뿌리는 나의 힘, 마

우리는 부모에게 받은 선천의 기(氣)에 음식에서 얻는 후천의 기(氣)를 더해 자신의 건강을 유지해간다. 선천지기(先天之氣)는 우리 몸을 오장육부의 위치에 따라 상중하로 나눌 때 가장 아래쪽에 있어 하초(下焦)로 분류하는 신(腎)에서 출발하므로 모든 식물의 뿌리가 땅 아래에 자리하고 있음과 다르지 않다. 이러한 사실은 땅의 기운을 흠뻑 먹고 건강하게 자란 식물의 뿌리들이 사람의 건강에도 긴밀하게 연결될 수 있음을 의미한다.

식물의 뿌리는 그 기운이 가을에 가장 왕성한데, 가을은 건조한 계절로서 자연계의 모든 생명체들이 추운 겨울에 대비해 영양분과 수분을 땅속뿌리로 이동시키고 그들의 지상부는 시들어가기 때문이다. 우리의 몸도 자연현상과 상응(相應)하므로 가을에는 안으로 수렴하면서 건조해진다. 특히 촉촉한 것을 좋아하는 폐(肺)가 건조해지면 입은 마르고 마른기침이 나오는 등의 호흡기 질환이나 변비 등의 증세가 생기는 것은 물론이고, 피부도 같이 건조해져 관리를 잘 하지 않으면 노화가 일어날 것은 자명한 일이다. 그러므로 가을에는 원기를 크게 보하는 인삼에서 시작해 무, 우엉, 토란, 마, 당근, 연근 등 다양한 뿌리들이 식탁에 올라 우리의 건강을 지키게 된다. 그중 '마'는 선천지기(先天之氣)의 근간인 신(腎)과 후천지기(後天之氣)를 위해 일하는 소화기관인 비장(脾臟)은 물론이고, 우리 몸의 기(氣)를 주관하는 기관인 폐(肺)에 두루 좋은 뿌리로 알려져 있다.

마는 산에서 나는 좋은 약이라는 뜻의 산약(山藥), 산에서 나는 토란이라는 뜻의 산우(山芋), 맛이나 모양이 감자와 비슷하다 하여 서여 등 여러 이름으로 불린다. 맛은 달며 성질이 차거나 덥지 않고 평화로우므로 누구나 먹어도 좋고 늘 먹어도 좋은 대표적인 약재이며 음식의 재료로 분류할 수 있다. 보통은 음력 2월, 8월에 캐어 사용하는데 비장의 기능이 허약해서 오는 권태감과 무력감, 식욕 부진, 설사 등의 증상 개선에 좋은 식품이다. 폐의 기운이 허약하고 건조해서 오는 해수와 천식에도 효과가 있으며 신장이 허(虛)해서 생기는 요통이나 무릎이 시린 증상, 정액이 저절로 흘러나오는 증상, 조루증은 물론 소변을 자주 보거나 자신의 의지와는 상관없이 오줌을 싸는 증상, 음(陰)이 허(虛)해서 생기는 소갈증 등에 먹는다. 마에는 점액질, 사포닌, 전분, 비타민C 등의 성분이 포함되어 있으며 소화 계통에 현저한 작용을 나타내고, 혈당을 낮추고 항노화 작용을 하므로 수명 연장의 효과가 있다는 약리 보고도 있다. 마를 생으로 먹으면 신(腎)에, 익혀서 먹으면 비(脾)에 조금 더 치우쳐 보(補)하게 된다고 하며 비위가 약한 사람은 생으로 먹지 말고 익혀서 먹는 것이 좋겠다.

『삼국유사』에서 볼 수 있는 백제 30대 왕인 무왕의 이야기처럼 마에 얽힌 재미있는 전설도 있다. 어린 시절에 마를 팔아 생계를 꾸렸으므로 서동(薯童)이라 불렸던 무왕이 어찌어찌 하여 신라의 선화 공주와 결혼을 했다는 설화다. 마를 팔던 무왕 자신도 마를 많이 먹어 몸이 남성미를 풍기며 건강해졌을 것이므로 선화 공주의 마음을 살 수 있었던 것이라는 흥미로운 추측을 가능하게 하는 이야기다.

노쇠해진 부모님을 위해서나 건강한 남편을 위해, 아니면 끈기를 가지고 공부해야 하는 아이들을 위해 다양한 마 요리를 식탁에 올린다면 가을 식단이 더욱 건강해지고 풍요로울 것이다.

뿌리는 나의 힘, 무

더운 여름에 제대로 쉬지 못하고 일을 계속 하다보면 나는 가을이 깊어가면서 언제나 감기와 함께 겨울을 맞게 된다. 소화도 잘 안 되고 입맛이 떨어져 제대로 밥을 먹지 못하여 기운까지 딸리게 되니 엎친 데 덮친 격으로 몸은 더욱 힘들어지고 그런 날이 며칠간 이어지면 나는 어머니 생각에 저절로 눈물이 난다. 잔기침이 그치지 않고 오래가면서 목이 너무 아플라치면 무채를 넉넉히 썰어 넣고 지은 무밥이 그리워 어머니 생각은 더욱 간절해진다.

쌀보다 무를 훨씬 많이 넣고 하였지만 다른 어떤 맛있는 반찬 따윈 필요 없이 양념간장 하나면 충분한, 어머니가 해주시던 무밥. 먹고 나면 가벼운 감기나 몸살, 소화불량 따윈 금방 뚝 떨어지던 무밥. 그 무밥 생각이 간절하게 나는 걸 보면 이제 드디어 인삼보다 더 좋다는 '가을 무'의 계절이 돌아온 것이 실감이 난다.

우리나라에서처럼 무를 즐겨 먹는 중국에도 무에 관한 재미있는 일화가 전해온다. 한 가난한 두부장수가 있었는데 두부를 먹고 체해서 온갖 방법을 다 써보아도 낫지 않아 고생을 하던 어느 날이었단다. 두부를 사러 온 사람과 이야기를 하던 중 실수로 무국을 두부에 엎질렀는데 엉겨가고 있던 두부가 다시 풀어지는 것이 보였단다. 그래서 그 두부장수는 두부를 먹고 체했으니 무국을 마시면 혹시 효과가 있지 않을까 싶어 무국을 끓여 마셨는데 정말로 씻은 듯이 나았다고 하니 무에 소화를 돕는 작용이 있음을 알려주는 일화다.

생식과 숙식이 모두 가능한 무는 맵고 서늘한 성질을 가졌지만 위와 폐에 이로운 식품이다. 그래서 소화를 돕는 것은 물론 식욕을 증가시키며 섬유질이 많아 위장운동을 촉진시켜 변비가 있는 사람에게도 좋고, 담을 삭이고 기침을 그치게 하는 작용이 있으며 열을 내리고 갈증을 풀어주는 이뇨작용도 있다. 그러므로 복부가 더부룩하면서 소화가 잘 안되는 사람이나 만성기관지염을 앓거나 오래된 가래기침이 있는 사람이 먹으면 아주 좋은 식품이다.

하지만 인삼을 먹고 두통이나 어지럼증, 구토 등이 생겼을 때 무를 갈아 즙을 내어 먹으면 그 증상이 해소된다고 하니 아무리 좋은 무라도 인삼과 같이 먹는 일은 없어야 한다.

무를 이용한 음식으로 무밥도 좋지만 요즘같이 맵지 않고 물이 많아 무맛이 좋을 때는 역시 제철인 유자를 청으로 만들어 무와 동량으로 섞어 샐러드로 만들어 먹으면 좋다. 새콤달콤하니 그 맛이 좋아 생무를 잘 먹지 않는 아이들도 잘 먹는다. 김장이 끝나고 좀 한가하여 시간이 있을 때는 무를 넉넉하게 준비해 조청으로 만들어두었다가 음식에 이용하면 바이러스를 억제하는 효능의 무가 우리를 건강하게 지켜줄 것이다. 그렇게 만든 조청에 다시 무와 가을 견과류를 넣고 약한 불에서 오래 졸여놓으면 그 어떤 간식이나 후식 혹은 다식과 비교하여 뒤지지 않는 좋은 무양갱이 된다.

『동의보감』에 식약동원(食藥同源)이라 하여 음식과 약은 그 뿌리가 같으니 약은 질병에 걸린 다음에 먹는 것이고 좋은 음식을 먹어 질병을 예방하면 약을 따로 먹을 필요가 없다고 하였다. 그러니 평소에 질병에 걸리지 않게 질 좋은 음식으로 우리의 건강을 지키는 것이 지혜로운 식생활을 하는 것이다.

뿌리는 나의 힘, 연근

연(蓮)은 진흙탕 속에 뿌리를 내리나 오염되지 않으며 그 정갈하고 기품 있는 모습을 물 위로 드러내니, 오히려 자신의 순결함과 청초한 향으로 수질을 정화하고 세상의 온갖 악취로부터 우리를 자유롭게 한다. 그래서 연꽃이 무리지어 피어 있는 곳에 서면 기쁘고 평화로워지게 된다. 불가에서나 유가에서 연꽃을 일러 부처나 군자로 비유하는 의미를 알 것 같기도 하다. 연은 진흙 속의 뿌리로부터 꽃, 잎, 열매에 이르기까지 약재나 식재료 혹은 차의 재료로 쓰이니 어느 것 한 가지도 버릴 것이 없이 유용하다. 자연을 고스란히 사람의 몸 안으로 넣는 것이 요리라고 정의한다면 연이야말로 가장 훌륭한 식재료가 아닐까 생각한다.

대부분의 식물은 어떠어떠한 식물의 잎 혹은 어떠어떠한 식물의 꽃, 열매(씨앗), 뿌리 등으로 불리지만 연은 좀 다르다. 연잎은 하엽(荷葉), 연꽃은 연화(蓮花), 연의 씨앗은 연실(蓮實) 혹은 연자(蓮子), 연의 뿌리는 연근(蓮根), 연근의 마디는 우절(藕節), 연꽃의 수술은 연예수(蓮

藥鬚), 열매를 담고 있는 집은 연방(蓮房), 연의 줄기는 연경(蓮莖) 등 등 연의 각 부위는 모두 저마다의 이름을 가지고 있다. 그뿐 아니라 그 하나하나는 제각각 훌륭한 효능이 있으므로 그 총체인 연은 더욱 훌륭하다.

연꽃이 피었다 지고 나서 연잎마저 단풍이 드는 가을이 되면 이제는 바야흐로 연근의 계절이다. 우리가 흔히 조림으로 해먹는 연근은 생으로 먹을 때와 익혀서 먹을 때의 생리효능이 조금 다르다. 익혀서 먹으면 소화기를 튼튼히 해주고 오장을 보호해주며 오래 계속해 먹으면 마음이 평화로워져 화를 내지 않게 된다고 한다. 연근을 생으로 먹으면 혈액순환이 잘 되게 해주며 몸의 어혈을 풀어주고 가슴이 답답하면서 갈증이 나는 증상에 도움이 된다. 또한 코피를 멎게 하고 토혈을 멈추게 하며 술독을 풀어주는 효과도 있다. 특히 연근의 마디 부분은 생으로 먹으면 지혈효과가 뛰어나 코피와 각혈, 토혈, 변혈, 혈붕, 혈리(血痢) 등 각종 출혈증이 있을 때에 쓰면 매우 좋다고 한다.

내가 어린 시절에 살던 강원도에서는 연을 쉽게 볼 수 없었다. 연근 조림을 처음 대했을 때 받은 낯설기만 하던 느낌 밑바닥에는 어쩌면 늘 먹던 음식이 아니라는 생경함을 넘어 먹고사느라 바빴기에 다양한 조리법을 생각할 겨를이 없이 그저 졸여서 먹었던 선조들의 생활방식이 있었을 것이다. 하지만 연근이 이처럼 우리 몸에 좋은 약이 된다 하니 좀 더 쉽고 맛있게 먹을 방법을 생각해봄도 좋을 것 같다.

연근이 첫 출하되기 시작하는 시기는 8월이다. 이즈음의 연근에는 수분이 많이 함유되어 있기 때문에 생으로 먹으면 조금 덜 단 배를 먹는 것 같은 아주 훌륭한 식감을 준다. 그때의 연근은 과일처럼 생으로 먹거나 초절임을 해도 훌륭하고, 얇게 저며 다른 채소와 함께 샐러드로 해먹어도 좋다. 연하고 물이 많던 연근도 시간이 지나면 점점 섬유질의 질감이 늘어나므로 조림으로 식탁에 올리면 좋을 것이지만, 연근의 구멍에 쌀알을 넣어 밥으로도 해먹고 말려서 가루로 만들어 두었다가 떡을 해먹거나 죽으로도 해먹는다. 그래도 남는 연근이 있다면 얇게 저며 잘 말린 후 덖어(볶아) 차로 마셔도 좋다.

몸을 보하기 위해 우리가 먹는 약재인 인삼도 좋고 녹용도 좋다. 하지만 어쩌다 약으로 복용하는 것보다는 비용도 저렴하고 맛도 좋고 약효도 좋아 밥상에 올려놓고 늘 먹을 수 있는 연근 같은 것이야말로 집 주변에서 흔히 구할 수 있는 보약이 아닌가 생각한다.

한 방울의 물로도 잔은 넘친다, **부추**

봄을 한 마디로 표현한다면 꽁꽁 얼었던 땅을 뚫고 올라오는 새싹의 힘이라고 말하고 싶다. 겨우내 땅 속에 응축되었던 양기가 스프링처럼 일어나는 계절이라 봄을 'spring'이라 부르는 서양의 정서에도 동양의 철학이 녹아 있는 것이리라.

사람도 자연의 일부이니 양기가 강해지는 계절의 변화에 따라 몸 안에 응축되었던 기(氣)의 순환이 활발해지고 나무[木]처럼 우리의 몸도 빠르게 바뀌어야 한다. 그러나 사람의 몸은 자연의 변화 속도를 따라잡지 못하므로 밥맛이 없다거나 나른하고 쉽게 졸린다거나 하는 등 춘곤증을 호소하게 되는 것이다.

봄에 춘곤증을 물리칠 수 있는 식물들로 냉이, 쑥, 돌나물, 취나물, 두릅 등 수많은 것들이 있지만 그중에 으뜸을 꼽으라면 단연 부추다.

부추는 한의학에서 구채라고 하는데 양기를 북돋워준다 하여 기양초(氣陽草)라고도 부른다. 매운 맛을 가지고 있으며 그 성질이 따뜻하고, 『동의보감』에서는 간과 신장을 이롭게 하는 식물로 분류하고 있다. 신(腎)이 허(虛)해서 오는 양기 부족이나 위가 냉해서 오는 복통[胃寒腹痛]에 효능이 있음은 물론 허리와 무릎이 시고 아픈 데도 효과적이며 해독하는 작용도 뛰어나다. 그러므로 봄에 막 올라오는 부추를 잘라다가 밥상에 올린다면 겨우내 움츠리고 있던 우리의 몸이 기지개를 켜고 일어날 것임이 틀림없다.

부추의 씨도 가구자 또는 구채자라 하여 약용으로 사용한다. 정력을 강화하고 뼈와 근육을 튼튼하게 하여 허리가 아픈 증상에 좋고 무릎을 튼튼하게 만드는 효능이 있다. 또 정액이나 소변이 쉽게 흘러나오는 것을 억제하는 효능도 있어서 밤에 소변이 잦거나 야뇨 증상이 있는 경우, 아랫배가 차거나 뼈가 시리고 아픈 증상에도 쓰인다.

어린 시절 외가에 가면 뒤뜰 장독대 돌 틈마다 하얀 꽃을 달고 있는 부추를 볼 수 있었다. 바지런하셨던 할머니께서는 한 뼘 정도 자라면 잘라다 집에서 담근 간장에 무쳐도 주시고, 오이가 나올 때면 오이소박이로 만들어주셨고, 비오는 어떤 날에는 전을 부쳐 주기도 하셨다.

할머니께서 만들어주셨던 많은 음식들 중 결코 잊지 못할 음식이 하나 있으니 그것은 다름 아닌 부추죽이다. 초등학교 저학년의 어느 무렵이었는데 배가 아프고 설사가 나서 배를 움켜쥐고 화장실을 들락거리게 되었다. 그런 내게 할머니께서는 파란색이 예쁜 부추죽을 쑤어주셨는데 그 죽을 먹고 한잠 자고 일어나니 말끔하게 나았었다. 그날 이후로 부추죽은 내가 기억하는 최초의 '약이 되는 음식'이 되었다. 한글도 모르는 할머니께서 뒤란 장독대에 심으신 부추가 실은 '가정상비약'이 되었던 것이다.

하지만 아무리 좋은 음식이라도 시도 때도 없이 아무나 먹어도 되는 것은 아니다. 우리가 약을 꼭 가려서 먹어야 하듯이 약성이 강한 음식일수록 먹지 않아야 할 사람과 먹지 말아야 할 때를 가려야 한다. 요 며칠 바쁘게 지내던 나는 입에서 당기고 몸에 좋다며 가리지 않고 마구 먹은 음식으로 혹독한 값을 치렀다.

봄을 타서 그런지 입맛이 없던 내 눈에 막 올라온 부추가 보여 베어다가 나물로 무쳐 비빔밥으로 해먹고 탈이 났던 것이다. 뒷머리가 당기면서 아프기 시작하더니 온몸에 열이 나면서 어깨는 내려앉을 듯 무겁고 옆에서 말을 거는 사람에게 이유도 없이 화를 냈다.

병원에서도 이유를 모른다 하여 곰곰 생각해보니 최근에 받은 스트레스로 입이 마르고 찬물을 찾던 내가, 부추를 먹은 것이 화근이 되었던 것이다. 한 방울의 물이 잔을 넘치게 하듯 우리 몸에 좋지 않은 기운이 잔뜩 쌓였을 때 먹는 음식 하나로도 큰 화를 부를 수 있으니 정말 조심할 일이다.

장독대에 부추를 심어놓고 먹는 사람과는 양기를 논하지 말라는 말이 있으니 이 봄에 양기가 부족하다 싶으면 부추를 열심히 먹을 일이다. 유닌히 금슬이 좋으셨던 할머니와 할아버지의 은밀한 비밀도 장독대의 부추에 있었던 것은 아닐까 하는 생각을 잠시 해본다.

과자와
어린이 건강*

임종한

아이들의 아토피 질환이 늘고 있다. 정부 연구기관의 자료를 인용하여도 취학 전 아동의 아토피 경험율은 40%에 육박하고 있다. 어린이들의 경우에는 성인들에 비해서 면역 기능과 독성 물질에 대한 해독 능력이 완전히 발달되지 않은 상태에 있고, 상대적으로 체중 당 흡입하는 독성 물질의 농도가 높기 때문에 오염 물질에 더욱 취약할 가능성이 높다고 알려져 있다. 특별히 어린이들이 많이 먹는 과자에 어린이들에 유해한 것으로 알려진 인공색소(적색 2호, 적색 3호, 황색 4호, 황색 5호), 표백제 아황산나트륨, 보존제 안식향산나트륨, 조미료 MSG(Mono-Sodium Glutamate) 등이 임상실험을 통해 아토피질환을 유발하는 것으로 밝혀져

* 녹색신앙정론지 '새하늘 새땅' 8호에 게재한 글입니다.

충격을 주고 있다.

3월 8일 KBS 〈추적 60분〉 '과자의 공포, 우리 아이가 위험하다', 3월 17일 MBC 〈손석희의 생방송 100분 토론〉 '과자의 유해 논란'에서 과자의 위해성에 대해 다룸으로써 사회적인 관심을 집중적으로 받고 있으며, 시민들의 불안이 커짐에 따라 보도 이후 과자 소비량이 10% 정도 감소되고 있다는 보도도 나오고 있다.

저자는 3월 17일 MBC 〈손석희의 생방송 100분 토론〉에 참여하면서 또 이번 논란을 거쳐 여러 형태의 자문에 응하면서, 과연 과자에 포함된 식품첨가물이 어린이들의 아토피질환과 연관성이 있다는 사실을 입증하는 여러 증거들이 있다는 것을 알렸다. 신뢰할 만한 객관적인 자료가 있다면, 보다 구체적으로는 특정 식품첨가물로 인해 어린이들의 아토피, 천식 등 알레르기질환의 발생이 증가된다면, 이로 인해 천식, 발작 등으로 생명의 위험을 받고 있는 어린아이들이 있다면, 아토피질환으로 어린이와 그 가족들이 병원 치료 부담 등 여러 피해를 겪고 있다면, 이는 분명 사회적으로 바로 잡아야 할 문제가 아닌가 싶다. 한쪽에서는 과자로 돈을 버는 식품업체가 있고, 다른 한쪽에서는 과자로 인한 부당한 피해를 겪는 시민들이 있다면, 이는 사회정의에 비추어 보아서도 큰 문제다. 그리고 인체에 유해한 물질이 시중에 유통됨으로써 온 사회가 건강 피해와 더불어 이로 인한 부당한 사회적 비용을 부담하고 있다면 당연히 이는 바로 잡아야 한다.

과자의 유해성 논란이 객관성이 결여된 주장이고, 언론의 선정적인 보도로서 사실과는 관계가 먼 것인지, 아니면 그동안 문제가 되었던 것이 이에 관련한 연구 성과가 축적되면서 제기된 정당한 주장인지를 면밀히 살펴보아야 할 것 같다.

사실 산업화 과정에서 무분별한 화학물질의 사용으로 시민들의 피해가 커져가고 있으며, 특별히 우리 자녀와 다음 세대에 그 피해가 집중됨으로써 화학물질의 피해는 이제 산업문명의 지속 여부를 가늠하는 중요한 문제로 부각되고 있다. 이제 신앙의 눈으로 무분별한 화학물질의 사용과 환경 파괴에 제동을 걸고, 사회적·생물학적 약자의 건강을 지키며, 하나님이 우리에게 주신 창조세계를 지킬 수 있는지 현실에 눈을 돌려야 하는 것이 아닌가.

이번에 문제가 제기된 물질은 인공색소(적색 2호, 적색 3호, 황색 4호, 황색 5호), 표백제 아황산나트륨, 보존제 안식향산나트륨, 조미료 MSG 등이다. 그중 타르계 색소인 적색 2호는 사람에게 암을 일으킬 가능성이 있기에 1976년 이후 미국에서는 사용 금지되었다. 1983년 미국 식약청(FDA)의 요청에 의해 쓰인 보고서에 다르면 과일 칵테일의 체리, 과자에 들어가는 인공색소 적색 3호는 이것이 쥐에게서 갑상선 종양을 일으킨다고 설득력 있는 증거로 밝히고 있다. 인공색소 황색 4호도 고농도 노출 시 심장질환의 발병 가능성 때문에 역시 1959년 이후 사용 금지되었다. 황색 5호는 인공색소 중 두 번째로 널리 쓰이는데, 이 색소는 아스피린에 민감한 사람들에게 알레르기 반응을 일으킬 수 있다.

인공색소는 자연계에서 얻어지는 것이 아닌 합성화학물이다. 캔디, 청량음료, 젤라틴 디저트 등에서 주로 발견되는 이들 인공색소는 영양학적 가치가 거의 없다. 그러므로 모든 인공색소는 가급적이면 쓰지 않는 것이 좋다. 인공색소는 민감한 어린이들에게서 과잉행동장애를 가져다줄 수 있다. 이들 인공색소는 천연 색소가 사용되지 않는데서만 사용됨을 의미하는 것이다.

아황산염은 식품에서의 세균 발육 억제, 갈변의 방지, 밀가루 반죽의 품질 개선, 표백작용을 위해 사용되는데, 최종 제품의 외관만을 개선하기 위하여 사용되는 '화장품'이라는 비난을 받아왔다. 아황산염은 물에

녹으면 강한 산성을 나타내기 때문에 인체에 들어갈 때 식도를 훼손하고 위 점막을 자극해 통증을 일으키며, 신경염, 만성기관지염, 천식 등을 유발하기 때문에 과다 사용은 규제하고 있다. 미국에서는 이미 1980년 대에 천식환자 중에서 아황산염의 피해로 천식 발작을 일으키고 사망한 사건이 여럿 발견되어, 식품에 아황산염이 포함되어 있으면서도 이를 표기하지 않은 제품들이 전량 회수되기도 했다. 하지만 국내에서는 아황산염이 잘 표기되지 않은 경우도 많으며, 과일 주스, 물엿, 포도주, 잼 등 여러 제품을 통하여 아황산염을 섭취하게 되기에 1일 섭취 한계량을 초과하여 천식 발작에 이르는 경우도 있다. 보존료로 사용되는 안식향산나트륨은 미생물의 증식으로 일어나는 식품의 부패나 변질을 방지하기 위하여 사용된다. 민감한 어린이나 십대들에게서 과잉행동반응을 유발할 수 있다. 하루 섭취량이 5mg/Kg인데, 주스, 청량음료, 강장제, 파스타 등 청소년이 접하는 여러 제품에 안식향산나트륨이 포함되어 있어, 청소년들은 1일 섭취허용량을 초과하여 안식향산나트륨의 피해에 노출될 가능성이 있다. 어린이와 청소년의 건강을 보호하기 위해 사용 금지 혹은 엄격히 제한해야 할 식품첨가물 중의 하나다.

조미료로 흔하게 사용되는 MSG(Monosodium glutamate)는 1960년대에 많은 양의 MSG가 어린 쥐의 뇌 신경세포를 상하게 했다는 사실이 드러났다. 주의 깊은 연구결과는 특정한 사람들에게서 MSG에 민감함을 보여준다. 반응에는 두통, 메스꺼움, 허약, 팔뚝과 목덜미 부분에 타는 듯한 기분 등이 있다. 어떤 사람들은 숨을 허덕이고, 심박 수에 변화가 오며, 심박동수에 변화가 오며 호흡 곤란을 호소해왔다. MSG에 민감한 사람이 있으므로 업계에서는 MSG 사용 여부와 사용량을 표시하여 만약에 발생할 수 있는 건강 피해를 예방할 수 있게 해야 한다.

핫도그나 햄, 소시지, 베이컨에 붉은 빛을 유지하고 방부제 역할을 해서 보존 기간을 늘려주는 식품 첨가물이 아질산나트륨(Sodium Nitrite)이다. 특별히 음식 속에 아질산나트륨을 넣었을 때, 작은 양의 발암물질(Nitrosamines)을 형성할 수 있기에 사람들에게서 발암 가능성을 높여주어 1970년대 후반부터 독일에서는 아질산나트륨 사용을 금지시켰다. 이상이 식품첨가물 중에서 건강위해성이 분명해서 사용 금지 혹은 사용을 엄격히 제한할 필요가 있는 것들이다.

식품첨가물의 역사를 살펴보면, 2) 착색제(Butter yellow, Green 1, Green 2, Orange 1, Orange 2, Orange B, Red 1, Red 2, Red 4, Red 32, Sudan 1, Violet 1, Yellow 1 and 2, Yellow 3, Yellow 4), 3) 착향료(cinnamyl anthranilate, coumarin, oil of calamus, safrole), 4) 감미료〔cyclamate, ducin (p-ethoxyphenylurea)〕, 5) 보존료〔DEPC(diethyl pyrocabonate), monochloroacetic acid, thiourea〕, 6) 소포제(Cobalt salts), 7) 항산화제〔NDGA(nordihydroguaiacetic acid)〕, 8) 유화제〔Myrj45(polyoxy ethylene-8-strearate)〕 등은 모두 처음에는 안전하다고 인정되었다가, 나중에야 유해성이 입증되어 사용이 금지된 첨가물들이다. 말하자면 식품첨가물의 역사는 식품 사고의 역사라고 해도 과언이 아닌 것이다.

과자 속의 식품첨가물로 인한 건강 피해의 대다수는 어린이들로 보고가 되고 있는데, 이는 어린이들의 면역 체계, 유해 물질의 대사 및 해독, 배설 기능이 아직 발달하기 전이어서 체내에 유입된 첨가물들이 어린이 체내에서 제거되지 아니하고 이상 면역 반응을 일으키기 때문으로 파악되고 있다.

앞서 어린이들에 아토피, 천식 등 이상 면역 반응을 일으키는 8가지 식품첨가물 등을 살펴보면, 인공색소, 단맛을 내는 감미료, 발색제, 보존료 등으로 어린이들에게 영양적 가치는 없으면서 단지 판매를 위해 색깔을 입히거나 유통기간을 늘리기 위한 것이 전부여서, 이것들이 과연

식품에 첨가되는 것을 허용하는 게 과연 타당한 것인지 의심스럽게 한다.

또한 최근의 임상연구를 통하여 피부반응검사, 섭취를 통한 직접 유발검사, 유발검사 후 임상 호전 여부의 관찰을 통하여 아토피가 심한 어린이들이 인공색소, 안식향산나트륨, 아황산염 등에게서 이상면역반응을 보임을 입증할 수 있었다. 이들 색소가 어린이 아토피질환을 일으키는 유일한 원인이라고 할 순 없지만, 아토피질환 유발의 중요한 원인임을 밝힐 수 있었다. 이제 과학적으로 입증된 자료가 확보된 만큼, 어린이 아토피질환을 유발하는 식품첨가물은 사용 금지하거나, 사용을 제한하고, 사용되었다면 그 사용 여부를 분명히 표시해야 할 것이다.

어린이들에게 안전한 첨가물만을 허용하여, 어린이들이 안심하고 과자를 먹을 수 있고, 아토피 및 천식질환으로 고통당하지 않고 건강하게 생활할 수 있게 보다 밝은 미래를 보장해주는 일은 우리 사회 모두가 해야 할 일이고, 어른들의 책임이기도 하다.

과학적으로 타당성이 있는 자료를 근거로 이제 불필요한 식품첨가물로 인해 어린이 피해가 반복되지 않도록 정부는 결단을 내려야 할 때이다. 만약 과자를 먹어서 아토피나 천식이 심해진 어린이 사례가 있으면 식품첨가물 때문인지를 밝힐 수 있으므로 원인을 밝혀서 같은 피해가 다른 어린이들에게 발생하지 않도록 알리는 일 또한 중요하다. 원인을 밝히면 그 어린이의 아토피질환의 치료도 물론 가능해진다. 유해한 식품첨가물이 들어 있지 않아도 영양 가치가 있고 또 어린이들이 맛있어 하는 과자를 만들어서 보급할 필요가 있다. 성인들이 노력한다면, 어린이들의 건강을 지켜주는 일은 그다지 어려운 일이 아니다. 양심 있는 시민들이 해야 할 일이라면 우리 그리스도인이 먼저 어린이들을 보호하고 지키는 일에 앞장서자.

생명식탁은
이렇게 차리자*

윤마태

"하나님이 자기 형상 곧 하나님의 형상대로 사람을 창조하시되 남자와 여자를 창조하시고 하나님이 그들에게 복을 주시며 하나님이 그들에게 이르시되 생육하고 번성하여 땅에 충만하라, 땅을 정복하라, 바다의 물고기와 하늘의 새와 땅에 움직이는 모든 생물을 다스리라 하시니라 하나님이 이르시되 내가 온 지면의 씨 맺는 모든 채소와 씨 가진 열매 맺는 모든 나무를 너희에게 주노니 너희의 먹을거리가 되리라 또 땅의 모든 짐승과 하늘의 모든 새와 생명이 있어 땅에 기는 모든 것에게는 내가 모든 푸른 풀을 먹을거리로 주노라 하시니 그대로 되니라." (창 1:27-30)

* '농촌과 목회' 2011년 여름호(통권 50호)에 게재된 글입니다.

위의 성경 말씀은 천지를 창조하시고 하나님께서 인간에게 주신 최초의 명령입니다. 하나님이 만드신 세상에서 '이렇게 살아가라' 는 '삶의 명령', 즉 '문화 명령' 입니다. "생육하고 번성하여 땅에 충만하라. 땅을 정복하라. 모든 생물을 다스리라."

그런데 우리는 그동안 27-28절에만 관심을 집중했습니다. 이런 문화 명령을 감당할 사람들에게 주신 먹을거리 명령에는 별로 관심을 기울이지 않았습니다. 바로 29절 말씀입니다. 하나님이 이르시되 "내가 온 지면의 씨 맺는 모든 채소와 씨 가진 열매 맺는 모든 나무를 너희에게 주노니 너희의 먹을거리가 되리라."

요즈음 우리 주변에서 건강으로 어려움을 겪고 있는 수많은 사람들을 보면서 왜 정통교회는 성경적인 건강법으로 이들을 돕지 못할까? 마치 성경적인 건강에 대한 관심은 성통교회에서 이단으로 경계하는 모 교단의 전유물이 되었을까? 그들이 주장하는 성경적인 건강법을 율법적인 것으로 치부하고 무시하고 있을까 하는 아쉬움을 갖게 했습니다. 이제는 정통교회가 성경적인 건강법에 대한 관심과 실천을 회복해야 합니다.

그래서 제가 시무하는 천안서부교회에서는 생명식탁교육원을 설립하여 다음과 같은 사명선언문을 제정하게 되었습니다.

생명식탁교육원 사명선언문

"창세기 1장 27절에 '하나님이 자기 형상 곧 하나님의 형상대로 사람을 창조하시되 남자와 여자를 창조하시고' 28절에 '하나님이 그들에게 복을 주시며 하나님이 그들에게 이르시되 생육하고 번성하여 땅에 충만하라, 땅을 정복하라, 바다의 물고기와 하늘의 새와 땅에 움직이는 모든 생물을 다스리라 하시니라'고 삶(문화)의 명령을 주셨습니다. 이 명령을 수행해야 할 하나님의 형상을 따라 지음받은 사람들에게 29절에 먹을거리 명령을 주셨습니다. '하나님이 이르시되 내가 온 지면의 씨 맺는 모든 채소와 씨 가진 열매 맺는 모든 나무를 너희에게 주노니 너희의 먹을거리가 되리라.' 이와 같은 원리를 실생활에 적용하므로 전인적인 하나님의 치유를 경험토록 하여, 영과 혼과 육이 온전히 건강함으로 하나님이 주신 삶의 명령을 바르게 최선을 다해 수행하도록 돕는 것이 생명식탁교육원의 사명입니다."

그리고 아래와 같이 구체적인 수련회를 기획하여 2010년 3월부터 진행하고 있습니다. 그 안내문은 다음과 같습니다.

"천안서부교회 생명식탁(生命食卓)교육원은 영과 혼과 육이 온전히 건강하여져서 하나님이 주신 삶의 명령을 바르게 최선을 다해 수행하자는 목적으로 2010년에 설립된 기관입니다. 생명식탁 수련회는 성경적인 치유사역을 30여 년간 펼치시면서 수많은 암환자를 치유한 최사라 전도사와 천안서부교회(예장통합 / 담임 윤마태 목사)가 한국교회를 섬기는 프로그램으로 진행하고 있습니다. 건강에 어려움을 겪고 있는 많은 성도들이 이단에서 운영하는 건강치유원을 이용하고 때로는 불교에서 시행하는 템플스테이에 참가하는 현실을 안타깝게 여기면서 성경적인 건강 치유법을 교회가 앞장서서 실시하고 보급하려고 시작하게 된 것입니다. 이미 생명식탁 수련회에 참여하여 교육을 받고, 배운 대로 식탁과 생활습관을 실천하여 놀라운 건강의 회복을 경험한 분들의 간증과 체험담을 들으실 수 있습니다. 생명식탁 세미나에 참여하셔서 영과 혼과 육의 온전한 건강을 회복하시고 우리 주변에 건강으로 어려움을 겪고 있는 다른 사람을 섬기는 일에도 헌신하시기를 바랍니다. 성도 여러분들을 생명식탁 수련회에 기쁨으로 초대합니다."

- 일시 : 분기별 1회 1박 2일 / 오후 2시~익일 오후 1시까지
- 인원 : 선착순 100명(신청서를 작성하여 사무실에 접수)
- 회비 : 5만원(교재, 체험식단 3끼, 수련회 준비비 등)
- 입금 : (농협중앙회) 317-0000-2805-11 (천안서부교회)
- 문의 : 천안서부교회 생명식탁교육원 ☎ 041-553-4205(6)

생명식탁교육원에 참가하려면

- 생명식탁교육원의 교육목표에 동의하셔야 합니다(등록카드 작성 제출).
- 교육원에서 배우신 것을 꼭 실천하셔야 합니다.
- 기회 있는 대로 다른 사람을 섬기셔야 합니다.

주요 교육내용

- 아침 식단 / 점심 식단 / 저녁 식단
- 김치 담그기 / 된장 담그기 / 간장 담그기

– 야채스프 / 커피관장 / 차 만드는 법 / 자연염색 / 소독수 만들기

이미 많은 단체와 기관에서 여러 가지 건강치유 프로그램을 진행하고 있습니다. 그러나 언제까지 이단이나 타 종교 그리고 상업적인 목적으로 운영되는 곳에 건강치유를 맡길 수 없습니다. 이제는 한국교회가 선교적인 관점에서 이를 실천해야 할 때가 되었기에 천안서부교회는 한국교회를 섬기는 마음으로 생명식탁 수련회를 실시하게 된 것입니다.

쉽게 누구나 실천할 수 있는 성경적인 식단을 소개하고 훈련하여 각 교회와 가정에서 실천할 수 있도록 하는 것이 생명식탁교육원의 목표입니다. 우선 식단의 기본 원칙을 소개하면 다음과 같습니다.

아침 식단

아침 식단은 치유식단입니다. 특별히 환자들을 위한 식단입니다. 이는 꼭 실천해야 하는 식단이며 이를 실천할 경우 상당한 치유의 능력을 경험하게 됩니다. 이미 검증된 식단이기에 실천만 하면 효과를 경험할 수 있습니다.

청국장, 마, 녹차, 단호박, 고구마, 감자, 브로콜리, 파프리카, 알로에, 방울토마토/토마토, 비트, 달걀, 사과, 양배추, 김치, 현미쑥떡, 마늘대 무침, 버섯탕, 적채＋양파, 다시마, 생미역, 마늘(1-2가지 조정 가능)

1. 청국장 가루＋마가루＋가루녹차＋효소＋생수

   *아침 식사 중 제일 먼저 먹고 단호박을 먹는다.

2. 단호박

3. 브로콜리, 토마토, 사과, 파프리카, 비트, 마늘(된장, 당근, 전분), 알

아침 식탁

　　로에(사포나리아), 삶은 달걀, 고구마, 감자, 쑥떡, 김치

　4. 양배추

　　　① 채 썰어 팔팔 끓인 물에 얼른 넣고 꺼낸다(살균).

　　　② 된장으로 약간 간을 한다(안 하면 더 좋음). + 참기름 + 깨

점심 식단

　점심 식단은 건강을 위한 식단입니다. 제철에 나는 재료를 사용하여 식탁을 준비하면 됩니다. 물론 생명식탁의 모든 재료는 유기농을 원칙으로 합니다.

　- 기본 식단 : 밥(잡곡을 섞은 현미 밥), 채소를 이용한 쌈이나 나물(1-2가지), 전, 김치 등

　- 음식의 간을 심심하게 한다. 채식을 위주로 다양하게 응용하여 먹는다.

점심 식탁

- 양념 방법은 크게 두 가지로

　① 나물류 : 된장+참기름(들기름)+깨(들깨)를 넣고 버무려 먹는다.

　② 샐러드 : 감식초+유기농 설탕 약간

쌈채소, 김치, 된장, 팽이버섯, 유채나물, 무말랭이, 적채, 양파, 톳, 무시래기, 당근, 애호박, 부추나물, 양배추, 감자전, 고추/전, 비름나물, 현미밥 (1-2가지 조정 가능)

저녁 식단

저녁식단은 쉼을 위한 식단입니다. 숙면을 취하기 위하여 최소한의 식사를 하는 것입니다. 요즈음 현대인들의 문제는 저녁에 과식하고, 늦게 식사하는 것입니다. 이는 비만과 모든 질병의 원인이기도 합니다.

- 기본식단 : 죽(들깨죽, 야채죽 등 다양하게 응용한다)이나 보리빵, 통
  밀 빵 등
- 과식하지 말고 간단하게 먹는다.

  야채죽/잣죽/들깨죽, 백김치, 배추무침, 팽이버섯, 깻잎된장장아찌, 깍
두기, 매실장아찌, 두부, 무나물, 케일무침

또한 식단과 함께 병행하는 중요한 원칙들이 있습니다.

야채스프를 상용합니다

일본인 다테이시 카즈(立石 和, 1929~2001)가 개발한 것입니다. 우리
봄을 구성하고 있는 세 가지 성분 체세포, 칼슘, 콜라겐(경단백질)의 균
형이 무너지면 병에 걸립니다. 야채스프는 자연에서 얻은 채소를 이용해
서 체세포, 칼슘, 콜라겐 성분의 균형을 잡아주어 건강을 지키는 효과를
발휘합니다. 또한 건강한 사람도 야채스프를 복용하면 질병을 미리 예방
하고 피로를 없애주며 피부 노화 방지 등에 탁월한 효능을 누릴 수 있습
니다. 야채스프의 재료는 우리 주변에서 쉽게 접할 수 있는 채소로서 우
엉, 당근, 무청(시래기), 무, 표고버섯 등 5가지 재료에서 추출하여 만들
기 때문에 부담이 없으며, 사람의 몸에 필요한 영양분이 듬뿍 들어 있습
니다. 야채스프의 효능은 다음과 같습니다.

① 면역 능력을 강화시켜준다.

② 산성 체질을 알칼리성 체질로 바꾼다.

③ 피를 맑게 하고 관상동맥, 모세혈관을 확장하여 망가진 체세포를 소생
  시킨다.

④ 피부를 곱고 윤택하고 탄력 있게 하며 각종 질병이 예방되고 치료에 도
움을 준다.

⑤ 몸의 기능이 회복되며 원기가 왕성해지고 피곤함이 사라진다.

⑥ 흰머리, 피부병, 치매, 기미, 골다공증 등이 예방되고 치료에 도움을
준다.

⑦ 각종 부인병, 성인병, 고혈압, 당뇨, 변비 등의 예방과 치료에 도움을
준다.

⑧ 각종 암에 대하여 예방과 치료에 도움을 준다.

야채스프는 인체에 들어와 30가지 이상의 항생물질을 생성하는데 야
채스프 속의 아차치로신과 콜라겐이 암세포 주위에 모여들어 둘러쌈으
로써 암세포가 활동을 못 하고 고사하게 됩니다. 즉 야채스프는 체세포
의 증식 강화 촉진과 백혈구, 혈소판의 증강과 T세포의 작용을 3배 증가
시킵니다.

커피관장을 실시합니다

커피관장은 노폐물의 배설, 토증의 완화, 간에 쌓인 독소 제거에 효과
가 있습니다. 커피관장의 역사는 세계 제1차 대전 중 독일의 간호사들이
진통제가 부족한 상태에서 부상병에게 커피를 관장액에 부어 관장을 한
결과 환자들의 고통이 멈추는 것을 경험하며 시작됐습니다. 괴팅겐 의과
대학 교수들은 동물실험을 하다가 직장에 커피를 넣었더니 담관이 열리
고 담액의 분출이 증가됨을 보게 되었습니다. 막스 거슨 박사는 유기농
으로 재배한 녹즙을 마시게 되면 조직에 쌓여 있는 독이 혈액으로 스며
드는 것을 발견했습니다. 이들 독은 간에 의해 걸러져야 하는데 그렇데
되면 간이 독으로 인해 부담을 입게 됩니다. 거슨 박사는 인체가 즉시 독

을 배설할 수 있도록 도움을 주기 위해 커피관장을 적극적으로 활용했는데, 식사요법과 더불어 커피관장은 막스 거슨의 암 치료법에서 가장 중요시되는 치료법이 되었습니다. 커피관장의 효능은 다음과 같습니다.

① 커피관장의 해독 작용 : 담관을 열어주고 담즙 분비를 촉진시켜 산성, 독성물질을 씻어내려 간 기능을 활성시켜 해독 작용을 촉진한다.
② 커피관장의 통증 완화 작용 : 통증이 심한 경우 커피관장으로 통증이 줄어들어 진통제의 양을 줄이거나 먹지 않아도 되게 한다.
③ 커피관장의 활성산소 배출 작용 : 커피 중 팔미트산이 간의 글루타치온 S 전이효소의 활동을 증진시켜 전차친화성 활성산소와 결합하여 방광에서 활성산소를 배출한다.

김치 담그기, 간장 담그기, 된장 담그기, 차 만들기, 천연염색, 소독수 만들기 등을 교육합니다

하나님이 주신 최상의 재료를 가지고 건강밥상을 준비하여 건강을 유지하고 회복하는 것입니다. 건강함으로 하나님과 이웃을 섬기는 사명을 감당하는 것이 생명식탁의 최종 목표입니다.

이와 같은 생명식탁을 실천하기 위해서는 유기농 먹을거리가 확보되어야 합니다. 그러므로 농촌교회와의 협력과 연대가 절대적으로 필요합니다. 신뢰할 수 있는 먹을거리를 안정적으로 공급하고 공급받으므로 병든 도시민을 살리고, 농촌을 살리는 생명운동이기도 합니다.

그동안 한국교회는 선교명령에 지대한 관심을 기울였습니다. 땅 끝까지 복음을 전하는 일에 매진한 결과 세계 2위의 선교사 파송국가가 되었습니다. 그러나 상대적으로 교육 명령에 소홀했습니다. 신명기 6장을 통해서 우리에게 주신 쉐마(신명기 6:4-9)를 목숨처럼 소중히 여기고 실천한

유대인들처럼 이제는 우리의 자녀를 하나님의 방법으로 키우는 데 관심을 기울여야 합니다. 또한 우리에게 최초로 주신 문화 명령, 즉 세상을 살아가는 삶의 원리를 철저히 회복해야 합니다. 그리스도인들이 세상으로부터 세상이 감당치 못할 사람으로, 비록 이 땅에 살지만 하늘의 기준으로 살아가는, 그래서 이 세상을 선도해나가는 삶으로 회복되어야 합니다. 그리고 이를 수행해야 할 사람들에게 주신 먹을거리 명령을 실천하여 하나님이 우리에게 주신 하나님의 나라를 회복하고 건설하는 막중한 사명을 건강한 몸과 정신으로 그리고 하나님이 주신 영성으로 충성되이 감당해야 할 것입니다.

쉽게 편하게 그리고 욕망을 충족시키며 살아가려는 현대인들에게 하나님께서는 질병을 통하여 경고하고 계십니다. 그러므로 생명식탁운동은 하나님의 방법으로 살아가도록 훈련하는 신앙 회복 운동임을 확신하며, 이 땅의 모든 교회가 성경적인 생명식탁을 통하여 육과 혼과 영이 함께 건강하여, 하나님이 우리에게 주신 하나님의 나라를 회복하는 거룩한 사명을 온전히 감당하는 그 날을 꿈꾸며 생명식탁사역을 계속할 것입니다.

4부

생명밥상운동 10년

진행한 생명밥상 사례 발표회와 농촌과 목회 50호에 소개된 것 가운데 일부입니다.'

생명밥상운동 10년
회고와 전망*

유미호

오늘 우리는 세 가지 심각한 위기 앞에 서 있습니다. 식량(Food)과 에너지(Energy) 그리고 물(Water)의 위기입니다. 상황을 간단히 설명하자면 각 단어의 앞글자만 순서대로 따놓으면 된다고 합니다. 'FEW', 세 가지 모두 '거의 없음'의 지경에 이르렀다는 이야기입니다. 물론 '없음'은 단순히 석유와 지하수, 식량의 부족만을 말하는 것이 아닙니다. 현재 빠르게 진행되고 있는 기후 붕괴와 사막화, 대규모 종의 멸종에서 볼 수 있듯 지구 생명 전체의 적자(Earth deficit)가 될 가능성이 크다는 게 문제의 심각성입니다.

이러한 위기의식과 성찰 속에서, 기독교환경운동연대(www.green-

* '농촌과 목회' 2011년 여름호(통권 50호)에 게재된 글입니다.

christ.org)는 1982년에 '한국공해문제연구소'로 첫 발을 내딛은 후 지금까지 교회 내의 신앙적 환경운동은 물론 사회 속에서의 환경운동을 활발히 벌이고 있습니다. 교회 내의 대표적인 활동으로는 생명이 고통 받는 세상에서 녹색그리스도인과 녹색교회를 세우는 일이 있습니다. 1998년 이후 시작된 녹색교회운동은 6월 첫 주일로 지키는 환경주일 성수를 비롯하여, 창조신앙에 바탕을 둔 다양한 실천 활동으로 전개되고 있습니다. 부설 '한국교회환경연구소'가 있어, 신앙인들을 위한 '환경통신강좌'와 기독교환경대학 그리고 생활속환경교육을 실시하여 보다 전문적이고 활동적인 교회 내 환경지도자들도 양성하고 있습니다. 그리고 몇 년 전부터는 교회들과 함께 기후 변화 대응에 집중하고 있는데, 재생지 사용 등을 통한 에너지 절약, 대중교통 이용 및 친환경 십자가 캠페인, 교회 숲 가꾸기 그리고 오늘 이야기하고자 하는 생명밥상운동 등이 그에 속합니다.

이 가운데 생명밥상운동이 싹튼 것은 기독교환경운동이 20년을 맞이한 해인 2002년의 일이었습니다. 성년의 나이가 되어서야 생명을 살리는 먹을거리에 대해 고민을 시작하였다니 뒤늦은 출발이라 지적할 분이 계실지 모르겠습니다. 하지만 그 일은 성년이 되어 철들지 않으면 할 수 없는 일이었습니다. 아니 우리가 먹는 밥이 우리의 몸 상태뿐 아니라 정신과 신앙의 양태를 결정짓는다는 것을 깨달아 아는 것은 성년이 되어도 그리 쉽게 할 수 있는 일은 아니란 생각이 듭니다.

"밥 한 그릇의 의미를 아는 자는 하나님을 안다 / 밥 한 그릇을 아무 깊은 뜻 없이 먹는 자는 / 하나님도 그렇게 아무 뜻 없이 게걸스럽게 먹게 되어 / 하나님의 거룩을 범하고 자기 생명을 상하게 한다 / 밥 한 그릇 앞에서 감사할 줄 모르고 옷깃을 여밀 줄 모르면 / 지존자 하나님 앞에서도 / 감사할 줄 모르고 경외하는 마음을 익히지 못한다."

(김경재, 『그리스도의 영성훈련』 중에서)

생명밥상운동을 시작한 이유[01]

밥상을 차려 먹는 일은 생명을 위한 가장 기본적인 일입니다. 그런 일까지 운동으로 펼쳐야 할 만큼, 당시 그리스도인과 교회의 밥상은 생명을 살리는 생명의 밥상이 아닌 생명을 해하는 죽임의 밥상으로 변해 있었습니다. 죽임의 밥상은 오염된 먹을거리를 올려놓고 폭식하거나 음식을 소중히 대하지 않고 남김으로 몸을 더럽히고 자연과 이웃이 굶주리고 신음하게 하고 있었습니다.

본래 우리가 태어나 처음 먹게 되는 엄마 젖부터 노년의 식사에 이르기까지의 밥상은 늘 풍성했습니다. 하지만 현실에선 넘쳐나는 음식 가운데 땅에서 난 진정한 먹을거리를 찾아보기 힘들어졌습니다. 때론 찾지도 않은 채 에덴동산에서 저질렀던 죄를 반복하곤 하였습니다. '먹음직도 하고 보암직도 한' 것만을 고릅니다. 주신 그대로 자연에서 온 것이 아닌 한 번 이상 가공된 것을 골라, 밥상에 올리는 것이 더 익숙합니다.

가공식품은 식품이라기보다는 차라리 화학약품이라고 하는 것이 옳습니다. 간편한 것, 빠른 것, 맛있는 것, 부드러운 것, 달콤한 것, 오래 먹을 수 있는 것, 보기에 아름다운 것을 찾는 이들을 만족시키려 하다 보니 무려 500여 종에 달하는 방부제, 발색제, 인공색소, 인공조미료 등의 화

---

01 생명밥상운동에 대한 더 자세한 내용은 계간지 『샘』(2006년 봄호)에 기고한 필자의 「몸과 마음 땅을 살리는 생명밥상」이란 제목의 글이나 생명밥상지도자교육 자료집 그리고 『풍성한 생명, 지금 여기』(한국교회환경연구소 발행) 교재 가운데 밥과 관련된 부분이나 본회 홈페이지 '생명밥상 빈 그릇' 란을 참고하십시오.

학첨가물이 들어갑니다. 더구나 복합적으로 들어간 화학첨가물은 서로 상승작용을 일으켜 더 유해를 가합니다. 이들 물질들은 식품위생법에 따라 반드시 물품 뒤에 표기토록 되어 있지만 눈에 잘 띄지 않을 뿐 아니라 우리 스스로 그 위험성을 간과하곤 합니다.

밥상에 올라오는 채소는 철없이 유통되다보니 햇빛과 땅의 기운을 듬뿍 받지 못하고 바람결도 느끼지 못한 채 키워진데다 농약과 화학비료 범벅입니다. 육류 역시 더 이상 자연 속에서 그들 본연의 먹이를 먹고 자라난 고기가 아닙니다. 밀집된 축사, 계사에서 첨가물이 많이 든 사료를 먹고 자라 영양도 빈약하고 독성물질의 농도가 높은 육류들입니다. 사육 시설에서 고도의 스트레스를 받아 공격형의 저항호르몬이 가득합니다. 또 생선 역시 양식된 것들이어서 항생물질이나 항균제가 투여된 것이기 쉽고, 자연산일지라도 바다 오염으로 중금속과 환경호르몬의 오염에서 자유롭지 못한 것들입니다.

그런데다 대부분 수입된 것들입니다. 식량 자급률이 26.9%인데, 그나마 쌀을 빼면 5%에 불과합니다. 밥상에 오르는 것 대부분이 '수입산' 이라 해도 과언이 아니라 할 수 있습니다. 그것도 중국산. 배추, 파, 마늘의 경우는 수입량의 거의 100%가, 고추, 양파, 당근 등은 95% 이상이 중국에서 수입되는데다, 칠레에서 온 포도, 필리핀에서 온 바나나, 미국에서 들어온 밀에 쇠고기까지(국민 1인당 식품 이동거리 3228t·km)……. 그러다보니 에너지 소비도 커지고 이산화탄소 배출도 많아져 기후 붕괴로 인한 자연 재앙을 초래하는 밥상이 된 것입니다.

그리고 중요한 건 밥상 위에 올라가는 음식만 생명을 해하는 것이 아니라 밥을 먹는 이의 마음과 영혼도 병들어 있었다는 것입니다.

자신이 먹는 음식이 언제 어디서 난 것인지조차 모르는 이들이 허다했습니다. 육식을 즐기는 이들이 다소 폭력적이었고, 인스턴트, 패스트푸드에 길들여지면 평정심을 잃고 정신분열증을 앓게 되는 것도 알게 되었습니다. 잘못된 음식은 몸은 물론 마음의 병을 유발할 뿐만 아니라 밥을 가벼이 여기게 해서 남겨 버리는 음식이 늘어나게 했음을 알게 된 것입니다. 죽임의 밥상을 차리다 결국 맞게 될 종말에 대한 두려움은 전혀 없어 보였습니다. 그래서 그냥 보고만 있을 수 없었습니다.

물론 처음에는 음식물 쓰레기를 줄이려는 동기에서 시작했습니다. 2002년 정부가 음식물 쓰레기의 직매립을 금지시켜 그 발생량을 줄이기 위해 시작한 것입니다. 하지만 첫 해 사업부터 그것은 음식물 쓰레기 발생량 감소를 넘어 오염되지 않은 음식을 먹겠다는 것이 아니라 인간과 환경을 살리고 하나님의 창조세상을 회복하는 차원 높은 운동으로 발전되었습니다. 다른 말로는 영성회복운동이라 할 수 있었습니다. 하루 세 끼 식사만 잘해도 나도 살고 너도 살고, 우주가 되살아날 수 있다고 여겼기 때문입니다.

천천히 씹어서 / 공손히 삼켜라 / 봄부터 여름 지나 가을까지 /

그 여러 날들을 / 비바람 땡볕 속에 익어온 쌀인데 /

그렇게 허겁지겁 먹어서야 / 어느 틈에 고마운 마음이 들겠느냐 /

사람이 고마운 줄을 모르면 / 그게 사람이 아닌 거여.[02]

02 이 시는 운동을 기획하는 단계에서 발견한 이현주 목사의 '밥 먹는 자식에게' 입니다. 운동의 취지를 고스란히 담고 있어서 고인이 된 채희동 목사를 통해 2, 3절 가사를, 이재민 씨를 통해 곡을 덧붙여 생명밥상 노래로 불렀습니다. 2, 3절은 다음과 같습니다.
　2절 - 주님을 모시듯 / 밥을 먹어라 / 햇빛과 물과 바람 농부까지 그 많은 생명 / 신령하게 깃들어 있는 밥인데 / 그렇게 남기고 버려 버리면 / 생명이신 주님을 버리는 것이니라 / 사람이 소중히 밥을 대하면 / 그게 예수 잘 믿는 거여
　3절 - 밥되신 예수처럼 / 밥되어 살거라 / 쌀 보리 밀 옥수수 물고기에 온 만물들은 /

생명밥상운동의 다섯 축[03]

생명밥상운동은 다섯 개의 축이 있습니다. 생명의 양식인 주님을 섬기는 '신앙' 운동, 자신의 몸과 마음을 돌보는 '건강' 운동, 창조세계를 살리는 '살림' 운동, 청빈을 실천하는 '경제' 운동, 작은 사랑을 나누는 '나눔' 운동이 그 축입니다.

하나하나 살펴보면, 첫 번째는 '신앙'의 축입니다. 이 축은 생명의 양식인 주님을 섬기는 신앙운동이라는 고백을 담고 있습니다. 한 톨의 낟알에는 햇빛과 바람, 비와 흙, 농부의 땀과 수고가 들어 있으며, 하나님의 은총이 담겨 있기 때문입니다. 그리고 다른 생명으로 나의 생명이 살아가는 밥상은 거룩한 성찬이기 때문입니다. 고로 감사함과 기쁨의 마음으로 밥상을 대하는 것은 생명을 경외하는 신앙의 작은 실천이라 할 수 있습니다. 깨끗하고 안전한 음식을 먹고, 남김없이 비우면 하나님의 거룩한 성전인 우리의 몸을 지키고 다른 생명을 지키게 되는 것입니다.

두 번째는 '건강'의 축입니다. 안전한 먹을거리로 자신의 몸과 마음을 돌보는 건강운동이라는 고백을 담고 있는 축입니다. 생명의 밥상을 차림으로 우리는 화학비료와 농약으로 재배된 먹을거리, 유전자조작식품, 인스턴트식품들로 인해 더럽혀지고 병들어가고 있는 몸을 지킬 수 있습니다. 적당량을 만들고 덜어 먹으면 과식하지 않게 되어 비만 등 성인병을 예방할 수 있고, 밥상에서 절제를 배울 수 있게 되어 마음을 평안하게

자신을 제단위에 밥으로 드리는데 / 그렇게 사람들만 밥되지 않으면 / 어느 누가 생명 세상을 열겠느냐 / 사람은 생명의 밥을 먹고 밥이 되어 사는 거여

03 2004년과 2006년에 발행된 교회를 위한 생명밥상 교육 자료와 소책자 『몸과 마음을 살리는 생명밥상』에 기록된 내용입니다.

다스릴 수 있습니다. 내 몸과 마음, 지구의 건강은 생명밥상을 차리고 음식을 남기지 않겠다는 작은 실천에서 시작됩니다.

세 번째는 '살림'의 축입니다. 창조세계를 살리는 살림운동이라는 고백입니다. 우리나라의 남은 음식물은 음식물의 특성상 심각한 수질 오염과 토양 오염을 유발하며, 소각할 경우 비용 증가는 물론 불완전 연소로 유해물질이 다량 발생합니다. 생명밥상을 차리는 것은 우리 땅이 화학비료와 농약으로부터 오염되는 것을 막음으로써 환경 문제의 근본적인 해결책을 마련합니다. 토양의 오염으로 인해 고통 받는 많은 생명들의 고통을 덜어주며, 창조세계를 회복할 수 있게 합니다.

네 번째는 '경제'의 축입니다. 청빈을 실천하는 경제운동이라는 고백입니다. 우리나라 남은 음식물의 경제적 손실 가치는 1년에 15조 원(2011년 현재 20조 원)으로 우리나라 한 해 자동차 수출액에 해당합니다. 버려지는 남은 음식물의 양을 20%만 줄여도 연간 3조 원을 절약할 수 있습니다. 생명의 밥상을 차리고 남김없이 먹는 작은 실천만으로도 국가 경제에 큰 보탬이 되며, 하루에 일용할 양식을 구하라 하신 주님의 말씀을 따르는 것입니다.

끝으로 다섯 번째는 '나눔'의 축입니다. 굶주림에 고통받는 이들과 작은 사랑을 나누는 나눔운동이라는 고백입니다. 우선 북한에서는 연간 7살 미만의 어린이 4만 명이 심각한 영양 결핍 상태에서 죽어가고 있습니다. 우리가 누리는 풍요로움이 다른 이들의 생명을 빼앗는 폭력임을 깨달아야 합니다. 단순 소박한 밥상을 차려 남김없이 먹겠다는 다짐은 "네 이웃을 네 몸과 같이 사랑하라" 하신 주님의 말씀을 따르는 가장 기본적인 실천입니다.

이 다섯 개의 축은 생명밥상운동이 단순한 먹을거리 운동이 아니라 생명 살림의 운동을 하면서, 어떠한 유혹에도 휘둘리지 않고 지속적으로 실천하도록 해주는 힘이라 할 수 있습니다.

주요 실천 내용

생명밥상운동이 그동안 교회들과 더불어 걸어온 길은 대체로 이러합니다.[04]

■ 주말농장 및 상자 텃밭을 이용한 도시 농업

아파트 베란다나 옥상, 콘크리트 앞마당과 골목에 상자로 살아 있는 텃밭을 꾸미거나, 인근 지역에 있는 친환경 주말농장에 참여하여 자신의 먹을거리를 직접 생산해오고 있습니다.

■ 생명밥상 빈 그릇 서약

교회적 차원에서 예배 때 '생명의 밥을 남김없이 먹겠다'는 서약식을 한 후, 교회 주방에 포스터 혹은 현수막을 걸어놓고(때론 중직자들이 직접 피켓을 들고 서 있으면 더욱 효과가 좋습니다), 매주 배출되는 음식물 쓰레기 양을 측정, 배출량을 최소화합니다. 또한 최소로 발생된 음식물 쓰레기는 지렁이 화분이나 EM 발효액을 통해 퇴비화하게 하고 있습니다.

■ 생명의 쌀 나눔

'도시 교인은 농촌 교인의 생활을, 농촌 교인은 도시 교인의 건강을'

---

04 기독교교육연구원에서 발행하는 「교육교회」 2010년 3, 10월호에 '몸과 마음, 땅을 살리는 생명밥상 교육'과 '흙과 함께 생명을 살리는 교육'이라는 제목으로 필자가 기고했던 내용들 가운데 일부를 정리해 놓았습니다.

책임지겠다는 마음으로 도시교회와 농촌교회가 '생명의 쌀 나눔' 협약을 체결하고 교회 밥상을 시작으로 교인 가정의 밥상까지 국내산 유기농 쌀로 바꾸어가도록 이끌고 있습니다.

■ 안전한 먹을거리

하나님의 영이 거하는 거룩한 성전인 몸을 위한 밥상인 만큼 깨끗하고 안전한 먹을거리를 밥상에 올리기 위해 힘쓰되, 먹을거리에 대한 속임 사건이 반복되지 않도록 늘 감시하며 변화를 요구하는 일을 훈련합니다.

■ 지구를 위한 식사

- 육식을 줄이고 채식밥상 차리기(고기 없는 주일) : 한 사람의 채식이 매년 1인당 1,224평의 나무를 살려, 50년이면 1인당 약 6만 평 이상의 숲을 보호할 수 있습니다. 7명의 그리스도인이 한 주에 하루 온전히 채식한다면 한 사람이 완전 채식하는 것과 동일한 효과를 낼 수 있으니 성도들과 '고기 없는 주일'(Meat-Free Sunday) 캠페인을 통해 일상적인 채식 실천까지 유도하고 있습니다.
- '가까운 먹을거리'로 차리기: 온실가스를 많이 배출하는 수입산과 가공식품이 가득한 밥상은 지구를 점점 열받게 합니다. 아직 시작 단계지만, 교회 밥상에 올라가는 음식의 이동거리를 살피고 그 거리를 줄이도록 하고 있습니다. 특정 지역에서 농민들이 생산한 먹을거리를 가능한 한 그 지역 안에서 소비하는 것을 촉진하는 로컬 푸드 활동입니다.

■ 생명의 간식 먹기

교회 학교에서 먹을거리 교육을 실시한 후 유해식품(사탕, 과자, 탄산음료, 햄버거와 피자 등 인스턴트식품) '안 먹이기 운동'이나, 간식 교사를 두고 아이들 입맛에서 멀어지고 있는 자연식과 전통음식으로 만든 생명의 간식 '먹이기 운동'을 전개합니다. 깨끗하고 생산자를 확인할 수 있는 재료를 구해 함께 음식을 만들어 먹게도 합니다.

■ 교감하는 먹을거리

생명밥상을 차리는 것은 나 혼자 잘 살자는 것이 아니라 나와 연결고리를 맺고 있는 사람과 자연이 모두 다 같이 잘 살게 하는 것인 만큼 도시와 농촌교회가 서로 교류하는 것이 중요합니다. 비록 미약한 수준이지만 서로 자매결연하고 서로 방문할 것을 권면해왔습니다. 도시교회의 경우 생산지를 견학한 후 추수 때에는 방문했던 농촌 교우들이 와서 농민시장을 열게 하는 등 도농직거래를 하도록 하고 있습니다.

■ 생명밥상 교육

생명밥상의 성패는 교육에 달려 있습니다. 2002년부터 지도자교육은 물론 교재를 통한 교육이 지속되고 있습니다.

이를 연도별로 다시 늘어놓으면 다음과 같습니다.

2002	교회를 통한 음식물 쓰레기 줄이기 - 생명밥상운동
	생명밥상 수칙 제정 / 음식물 쓰레기에 대한 기독인 의식조사/ 시연회 / 교육 / 시범교회 및 가정운영(25교회 205가정, 퇴비화 실험 - 35가정)
2004	몸과 마음, 땅을 살리는 생명밥상운동
	생명밥상 교육 교재 발간(장년용, 어린이용) / 강연회(53개 교회 250명) / 시범교육(교재 교육 - 90여 교회 장년 5,000명, 어린이

	4,800명, 강의 교육 – 16교회 2,530명; 총 12,330명) / 우수교육 시상 및 간식경연 대회
2005-6	생명밥상 빈 그릇 서약(11,500명의 서약부, 제3세계 굶주리는 어린이들에게 전달) 홍보 및 교육 책자 보급/ 5개 지역 지도자 교육
2006	생명의 쌀, 거룩한 밥상 운동 교재를 통한 '생명밥상' 시범교회 및 교회학교 리더교육 / 지렁이 화분과 EM 발효액을 활용한 음식물 쓰레기 퇴비화 교육 및 실천
2007-8	생명의 쌀 나눔 생명밥상운동('생명의쌀나눔 기독교운동본부'와 연계 – 발족 예배 및 협약식(도시교회 20곳), 도농교회 간담회 / 생닝밥상 시노자 교육
2009-10	교회 밥상의 푸드마일리지 조사 및 기후 변화 대응 먹을거리 캠페인(지역 먹을거리) / 생명밥상 지도자 교육(연 40~50명 수료)
2011-	'고기 없는 주일' 캠페인

　연도별로 살펴보다보니, 이러한 생명밥상운동이 있게 된 바탕에 1998년부터 시작된 녹색교회운동과 생태적 삶을 추구하는 영성운동이 커다란 힘이 되었음을 깨닫게 됩니다. 그리고 무엇보다 2000년 들어 개신교 여성수도공동체인 동광원의 1천여 평의 땅에서 운영했던 주말농장의 경험과 회원들과의 교제가 잃어버렸던 흙에 대한 소중한 기억을 떠올리며 몸과 마음을 생태적 삶을 향하게 해주었다는 생각을 분명하게 해줍니다.

　그리고 무엇보다 이 생명밥상운동은, 때때로 지난 구제역 사태와 같이 극도로 심각한 위기에 몰린 밥상을 보면, 공동의 주제를 놓고 정보를 나누고 모임을 꾸려 성명을 발표하는 등 저항하는 일에도 적극 나서곤 했던 생명밥상위원들이 계시기에 가능한 일이었습니다. 김용웅, 김은미, 김명현, 문선경, 민경숙, 박영숙, 서범석, 신현숙, 안상님, 유미호, 이경자, 이숭리, 이승원, 이채영, 정명자, 조옥향, 조은주, 주미덕, 최성순, 최옥희, 한현실(가나다순). 이들 위원들과 매년 이 운동에 참여해 오신 교회들에게 이 자리를 빌려 감사의 마음을 전합니다.

생명밥상운동의 방향과 원칙

그리스도인과 교회들이 차려온 생명밥상 차림의 방향과 원칙은 다음과 같습니다.[05]

■ 몸에 좋고 지구에 좋은 것은 철 따라 주어집니다

주님은 철따라 풍성한 음식을 주십니다. 하우스 농사는 에너지 소비가

---

[05] 이 운동의 신앙적 근거가 되어준 말씀은 다음 성경구절에서 찾아볼 수 있습니다. 창 1:29, 창 9:3-4, 출 16:16-20, 마 6:11, 요 6:51, 고전 3:16-17, 요 6:12-13. 그리고 이 일에 함께 하고 있는 이들이 드리는 기도문에도 잘 드러나 있습니다. 기도문의 내용은 다음과 같습니다.

· 밥을 생산하는 이의 기도: "이 세상에 생명의 밥이 되신 주님! 여기 한 그릇의 밥을 생산하는 저희에게 밥은 곧 생명이라는 고백을 드릴 수 있게 하시옵소서. 밥을 돈으로 보며 밥을 독점하는 일이 없게 하시고, 우리가 만드는 밥 한 그릇은 사람과 자연과 하나님의 기운이 깃들어 있는 거룩한 밥임을 알게 하시옵고, 내가 만드는 밥으로 사람을 살리고 자연을 살리며 하나님을 위한 거룩한 창조의 행위가 되게 하시옵소서. 우리에게 밥으로 오신 예수 그리스도의 이름으로 기도하옵나이다. 아멘."

· 밥을 먹는 이의 기도: "이 세상에 생명의 밥이 되신 주님! 지금 내 앞에 놓인 밥을 대할 때 주님의 살과 피를 먹고 마시는 마음으로 대하게 하시고, 주님을 내 안에 모시듯 공손하고 거룩하게 먹게 하시옵소서. 이 세상에 모든 생명은 밥을 먹고 살다가 자신을 밥으로 내어놓듯이 저희들도 이 거룩한 밥상 앞에서 나 자신을 번제물로 드릴 것을 고백하게 하시고, 우리의 삶 속에서 사랑하는 이웃의 밥이 되어 살아가게 하시옵소서. 우리에게 밥 되신 예수 그리스도의 이름으로 기도하옵나이다. 아멘."

큽니다.

외식은 식품첨가물 등 유해물질에 그대로 노출되게 합니다.

하나, 국내산 유기농산물을 애용한다

둘, 제철음식을 먹는다

셋, 가공식품을 삼간다

넷, 외식을 최대한 줄인다

■ 깨끗하고 단순한 밥상은 주님을 기쁘게 합니다

수입 밀, 콩, 옥수수는 농약과 유전자 조작으로 좋지 않습니다.

대단위 축산은 지구온난화와 사막화 등의 피해를 입히고 있습니다.

다섯, 계획 구매하며 오래 보관하지 않는다

여섯, 단순하게 조리하여 먹을 만큼 담아낸다

일곱, 반찬수를 줄여 간소한 상을 차린다

여덟, 육식보다 곡식과 채소를 즐긴다

■ 감사하는 마음으로 먹으면 오병이어의 기적이 일어납니다.

굶주리는 이들이 수백만에 이르는데, 한 해 버려지는 음식물은 15조
원이나 됩니다.

모든 생명체는 흙에서 나서 흙으로 돌아가는 주님의 것입니다.

아홉, 생명 주심에 감사하며, 천천히 먹는다

열, 신음하는 이웃을 생각하며 소식한다

열하나, 남기지 않고 그릇을 깨끗이 비운다

열둘, 최소한으로 배출된 음식물 쓰레기는 재활용한다

이 수칙이 말하는 생명밥상을 한마디로 요약한다면 이렇습니다.

"쌀은 벼를 찧어 왕겨는 벗기고 속겨는 남겨둔 현미를 먹고, 제 땅, 국내에서 제철에 난 것들을 필요한 만큼만 구하여 요리해야 합니다. 그리고 음식을 먹을 땐 천천히 씹어 음식의 맛과 그 속에 담긴 햇빛과 구름, 흙과 벌레, 비와 바람, 농부의 땀방울 그리고 하나님의 은혜를 헤아릴 수 있어야 합니다. 그리고 생명밥상에서 얻는 힘은 다시 다른 생명에게 되돌려줌으로써 이 땅 지구가 하나님이 처음 만드셨던 에덴동산의 모습으로 아름답게 되살아나게 해야 합니다."

남은 과제 – 생명을 살아 숨쉬게 하는 밥상을 향하여

안타깝게도 10년 전 생명밥상운동을 시작할 때보다 밥상의 상황은 오히려 심각해졌습니다. 지난 해 말부터 2011년 현재까지의 상황만 봐도, 구제역 바이러스와 방사성 물질이 밥상을 오염시킬 생각만하면 두려움에 휩싸이게 됩니다. 그렇지 않아도 자유무역협정으로 전 세계가 무한경쟁의 장으로 급변하면서 물밀 듯 들어오는 수입산 농산물과 식품들이 우리의 밥상과 농업의 위기는 부추기고 있는데 큰일입니다.

우리는 전통 유대교가 무엇을 먹고 무엇을 먹지 않을지를 매우 중요하게 다루었음을 주목해왔습니다. 지금의 기독교는 그에 대한 관심이 줄고 겨우 과식을 피하는 것만 주된 윤리의 문제로 삼고 있는데,[06] 밥이 곧

---

06 중세시대에는 7대 죄악(탐식, 탐욕, 나태, 정욕, 교만, 시기, 분노) 중의 하나가 식탐이었습니다.

'생명'이니만큼 다시금 진지한 고민을 해야 한다고 생각합니다. 기후 붕괴 그리고 석유문명과 육식의 종말은 물론 종의 멸종까지 염려할 수밖에 없는 시대를 살고 있는 그리스도인으로서, 무엇을 먹고 무엇을 먹지 않아야 할 것인지를 깊이 성찰하고, 밥상의 변화를 통해 시대를 생태적으로 전환시켜냄이 마땅합니다.

다음 몇 가지는 생명밥상운동이 그간의 활동을 바탕으로 앞으로 새로이 혹은 더 집중해야 할 부분이라 생각되는 과제입니다.

■ 농업 살림과 함께 가는 생명밥상운동

지난 10년 동안의 생명밥상운동은 생명 살림의 운동으로서 전개되어 왔다고 할 수 있습니다. 화학밥상이 불러온 지구 재앙을 치유하는 밥상을 차리기 위해 애써온 것입니다. 많은 관심 속에서 나름대로 상당한 성과를 냈다고도 생각합니다. 하지만 아쉬운 점도 많습니다. 특히 생명밥상의 출발점이라고 할 수 있는 농사, 곧 농업 살림과 직접적으로 함께하지 못한 것 같아 아쉬움이 큽니다. 수십 년 이상 올곧게 농사를 지어온 기독인 농부의 마음이 담긴 쌀을 도시 생활자들에게 전하는 '생명의 쌀 나눔' 운동을 전개했었지만 도시교회의 벽이 높음을 절감한 바 있습니다. 가격과 신뢰의 벽은 도시교회 성도들이 건강한 삶을 위해 뜻 깊은 나눔을 할 수 없게 하였습니다. 바라기는 그간의 생명밥상운동이 밑거름이 되어 도시교회가 앞장서는 밥상 살림이 확산되어 생명 살림은 물론 농업 살림의 운동으로 전개되어나가길 소망해봅니다. 도시교회가 앞장서 생명 농업을 짓고 있는 농촌교회와 자매결연하여 직접 교류한다면 믿음 안에서 서로의 생활과 생명을 책임져주는 건강한 공동체가 이 땅에 뿌리내릴 것입니다.

　요즘은 '못 먹어' 죽는 경우보다 '잘 못 먹어' 죽는 경우를 자주 봅니다. 이제는 건강한 유기농 음식을 먹어야 한다는 걸 모르는 사람은 별로 없는 것 같습니다. 문제는 가격이 비싸서 값싼 패스트푸드나 편의점의 가공식품으로 한 끼를 때울 수밖에 없는 이들이 있다는 것입니다. 교회가 주변을 둘러보아 그런 사람들이 없는지 살피고 돌봐야 하지 않을까 싶습니다. 미국의 한 마을의 예는 우리에게 좋은 길을 가르쳐주고 있습니다. 흑인과 빈민층이 많이 모여 사는 곳에서 행하고 있는 일인데,[07] 옥상이나 유휴지를 활용해 농산물을 생산하고 거기서 생산된 신선한 채소를 가난한 이들에게 나눠주는 일, 도시 농사에 열심이라고 합니다. 우리도 주변을 살펴 생명의 밥을 나누는 일을 하되, 특히 도시 농사에서 나눔을 통한 희망을 찾아갈 수 있기를 바랍니다. 우선은 교회 안에 '도시농사위원회'를 두고 잃어버린 창조 때의 '흙'에 대한 기억을 되살려 건강한 삶을 살아내는 것도 좋을 것입니다. 독일엔 8가구에 1개씩 반드시 '클라인 가르켈'이라는 도시 텃밭을 만든다고 합니다. 그곳에서 먹을거리를 자급할 뿐 아니라 친목을 도모하고 공동체도 형성한다니 도전해볼 만합니다. 혹 공간이 없고 마땅히 흙을 구하기 힘들다면 상자 텃밭으로라도 출발할 일입니다. 작은 상자 안에도 생명의 비밀이 있고 그것을 살리는 가운데 삶의 기쁨도 가득해질 테니까 말입니다.

---

07 샌프란시스코 웨스트 오클랜드 지역의 젊은이들은 모든 사람이 건강한 음식을 먹을 권리가 있음을 중히 여기며, 시에서 빌린 땅에 손수 씨를 뿌려 유기농으로 재배하여, 신선한 채소를 먹기 힘든 주민들을 위해 직접 채소가게(피플즈 그로서리)도 차려 가난한 이들이 가격 때문에 먹지 못하는 일이 없도록 하고 있다고 합니다.

■ 지구에 희망을 주는 생명밥상운동

생명밥상운동은 벼랑 끝에 서 있는 지구를 위해서라도 더욱 힘을 내야 합니다. 음식은 모든 사람의 생활방식이나 문화구조와 연결되어 있고, 특히 육식산업의 경우는 다국적 산업화되어 있어 자본주의 모순을 여실히 보여줍니다. 그래서 채식이 갖는 의미가 큰 것입니다. 채식은 단순히 먹는 문제로만이 아니라 우리 몸은 물론 지구 환경 그리고 삶 전체를 깊이 보게 해줄 것입니다. 자본주의 문명이 극단적으로 발산하는 방향으로 치달아와 지금과 같은 기후 붕괴가 초래됐다고 볼 때, 채식은 덜 먹고 덜 소유하고 덜 집착함으로 근본 가치를 지향하는 영성운동으로 나가게 도울 것입니다. 우선은 교회가 '고기 없는 주일' 등의 채식 캠페인으로, 교회 밥상은 물론 그리스도인 가정의 밥상에 채식의 비율을 높여가는 일이 계속되기를 희망합니다. 날마다 흙에서 난 것, 특별히 건강한 흙에서 난 것을 먹는다면, 사는 동안 생명됨을 다하고 평화의 씨앗이 되어 하늘의 열매를 맺고 행복하게 다시 흙으로 돌아갈 수 있을 것입니다.

■ 식생활(생명밥상) 교육의 일상화

생명밥상운동이 처음 시작될 때 밥상을 차려 대접해오던 일을 개인적 차원에서 올해로 8년째 이어오고 계신 분이 있습니다. 안상님 목사님이신데, 지금까지 300회 이상의 생명밥상을 차려오셨고, 얼마 전 그 일을 기독여성살림문화원의 살림밥상으로 발전시켜내셨습니다. 가능하다면 이런 식생활 교육의 장이 개인적 차원이든 교회적 차원이든 여러 곳에서 실시되었으면 합니다. 교육은 생명밥상에 걸맞은 계절별 요리를 기본으로 하되, 식품첨가물, 환경호르몬, 유전자조작(GMO) 식품 문제 등 전통적인 식품안전에 대한 것에서부터 설탕과 소금의 섭취 문제, 육식문화의 문제 등 최근의 이슈와 미각교육은 물론 농(農)의 가치와 생태적 삶, 생명농업과 그 일을 이루어가는 농촌에 대한 관심과 교류를 주 내용으로 담아내었으면 어떨까 싶습니다. 텃밭 가꾸기도 필수 항목으로 가르친다면 더없이 좋을 것입니다. 그리고 한 가지 빠뜨려서는 안 될 것은 '밥을 통한 생활 영성수련' 부분입니다. 일상에서의 생명에 대한 성찰은 물론 밥, 물, 공기를 제공해주는 지구에 대한 깊이 있는 명상을 할 수 있게 해주어야 합니다.

생명밥상! 이것은 그리스도인이라면 누구든 일상 속에서 반드시 차리고 나눠야 할 밥상입니다. '거룩한 성전'인 자신은 물론 자연과 이웃의 몸과 마음, 영혼을 위해서라도, 지금까지 조용한 행보를 걸어온 생명밥상운동을 밑거름으로, 교회들이 더욱 힘 있게 전개해갈 수 있기를 기대해봅니다. 아이들이 살아갈 지구의 미래가 부디 악화일로에서 벗어나 풍성해지는 길로 들어설 수 있도록, 우리 모두가 지속적으로 관심을 갖고 실천한다면 우리의 밥상이 살아나고, 생명의 농업이 살아나고, 지구 생명도 반드시 되살아나게 되리라 믿습니다.

새문안교회의 생명밥상운동 이야기

이숭리

벌써 6년 전이다. 2005년 늦가을, 교회 제직부서 인선위원장께서 전화를 하셨다.

"권사님, 2006년도 친교봉사부를 맡아주셨으면 해서 전화했습니다."

아마 일 초도 지나지 않아 대답했을 것이다.

"그러지요."

전화 속의 장로님이 적이 당황해하시는 느낌이었다.

"친교봉사부장은 권사님들 중에 부장을 하시지 않은 분들로 순서대로 내려가고 있는 중입니다. 그래서 차례가 되어 전화했습니다."

"아, 그렇군요. 네, 알았습니다."

또 머뭇하시는 분위기가 잠시 느껴졌다.

"이 부장 일은 어려운 자리입니다. 매 주일 2,500명, 주중에도 수백 명 식사를 담당해야 해서 힘들기도 하고 문제가 많이 생기는 자리입니다."

"네, 잘 알겠습니다. 준비하겠습니다."

나에게서 나올 반응으로는 전혀 예상치 못한 대답이란 기분으로 장로님은 전화를 끊으셨다.

첫째, 생명밥상 수칙 이야기

나는 '살림'이라는 두 글자가 우리의 조상들이 우리에게 남겨준 단어 중에 가장 거룩한 단어라고 생각한다. 결혼을 하고 지금까지 40년을 밥상을 차리고 있다. 세월이 거듭되면 될수록 밥상이 단순한 밥상이 아니라는 것을 알게 된다. 밥상 위로 매일매일의 정치, 경제, 사회, 문화, 교육 문제가 밥과 반찬이 되어 뒤엉켜 올라온다. 이 살림의 주 터가 좁은 부엌 같지만 부엌에서 세계가 보인다. 세상의 어떤 사안도 밥상과 무관하지 않다. 그래서 밥상을 차리는 살림의 시간은 경건해지지 않을 수 없다.

밥상을 차리고 대하면서 우리의 신앙고백은 무엇이어야 할까? 이 시간이 예배가 아니고 무엇일까? "나는 매일 세 번 예배를 인도하는 거룩한 제사장(!)이다"라는 생각을 늘 해왔다. 친교부장이 되면서 제일 먼저 생명밥상 수칙을 만들어 친교실에 붙였다. 기독교환경운동연대의 생명밥상위원회가 오래전부터 내건 12개의 수칙을 우리 교회에 맞게 10개로 줄여서 포스터로 만들었다.

〈새문안교회 생명밥상 수칙〉

① 만물을 창조하고 보전하시는 하나님을 예배한다.

② 신음하는 피조물을 위하여 기도한다.

③ 자연에서 울려오는 하나님의 음성을 듣는다.

④ 단순 소박하고 불편한 삶을 즐긴다.

⑤ 일회용품을 줄인다.

⑥ 가공식품을 줄이고 제철음식을 먹는다.

⑦ 육식보다 곡식과 채소를 즐긴다.

⑧ 신음하는 이웃을 생각하며 소식(小食)한다.

⑨ 쓰레기 제로, 빈그릇운동에 동참한다.

⑩ 환경주일(매년 6월 첫 주)을 지킨다.

새문안교회 생명밥상 수칙을 만들어서 게시하였다.

이 수칙 하나하나를 늘 깊이 묵상하면서 경건한 마음으로 교회 밥상을 차리고, 또 생명밥상을 대하면서 우리는 목사님과 함께 공동목회(!)를 하고 있다고 자부심을 가지면 안 될까 감히 생각한 것이다.

둘째, 환경주일 이야기

우리 교회 달력에는 2006년까지 환경주일이 없었다. 공해(公害)라는 단어에서 시작한 환경 문제를 제일선에서 실감한 기독교 농민들이 일찍이 화학비료와 농약, 제초제를 사용하는 죽음의 농법을 거부하고 정농회를 발족시킨 것이 1976년이다. 1980년대에 그 농민들이 도시로 뛰어올라와 우리 살림하는 여성들을 붙들고 생명밥상을 역설했었다. 그에 답하여 의식화된 주부들이 소비자가 되어 한살림생협, 정농생협을 차례차례 발족시켰다. 교회 밖에서 일어난 반응이요 움직임이었다. 기독교계는 그 후 기독교환경운동연대를 발족시켜 활동해왔다. 그러나 역사는 20여 년이 넘었으나 교회 목회와의 연대는 묘연한 것 같아 보인다. 교단별로는 사회분과에서 환경 이슈를 관할하고 환경주일도 정하여 6월 첫째 주(예장통합)나 둘째 주(감리교)에 지키는 것으로 알고 있건만…… 조심스럽게 일개(!) 친교봉사부장이 당회에 건의서를 올렸다.

"우리 교회도 환경주일을 지키도록 합시다!"

이듬해인 2007년부터 환경주일이 우리 교회 교회력에 들어갔다. 그랬건만 환경주일이 되어도 목회 차원에서 기획된 것이 아니어서 그런지 행사도, 설교도 나오지 않는다. 매년 총회 사회부가 개최하는 환경주일을 위한 세미나(각 교회 목사님들이 대상)에 초청받지 않은 평신도인 나는 대전으로 대구로 쫓아다녔다. 자료집도, 포스터도, 또 행사의 아이디어도 얻어가지고 사회부에, 또 목사실에 정중히 진상(進上)을 한다. 환경주일에 환경설교가 교회 강단에서 울려퍼지기를, 우리가 이 시대를 살면서 마구 짓고, 아니면 모르고 짓고 있는 죄의 고백과 회개가 교회 마당 가득히 채워지기를 기도하면서 말이다. 내가 좀 수고를 하면 그렇게 채워진다. 진상이 없어도 계속 그렇게 되기를 더불어 기도한다. 2006년 환경주일 때부터 교회 마당에서 지금까지 이어지는 행사는 EM 발효세제를 한 병씩 나누어주는 것이다.

셋째, EM 발효세제 이야기

우리 친교실(식당)에서 자리를 제일 많이 차지하는 것이 세척기다. 많은 교회와 학교, 기관 등이 세척기를 사용하고 있다. 처음으로 친교실에 늘어가 본 날이었다. 그릇이 세척기를 다 통과한 후에도 다시 싱크대에 놓고 식기를 씻고 있는 광경을 보았다. 이상했다. 물어보니 세척기를 통과한 그릇이 아무래도 미끈미끈해서 다시 또 손으로 씻는다는 것이다. 왜일까?

세척기의 원리가 궁금했다. 그럴 수밖에 없는 세척기의 원리—우리 세척기에는 그릇이 통과하는 물탱크가 두 개가 있다. 첫 번째 탱크에는 자동 센서에 의해 세제가 유입된다. 이 세제는 '퐁퐁'의 50배(세제회사의 말)로 강력하다. 하지만 그래서 사실은 위험하기까지 하다. 두 번째 탱크는 그 세제를 헹구는 역할을 하고, 다음 세 번째 코스는 물이 샤워식으로 위에서 분사되면서 동시에 린스가 자동으로 떨어지도록 설계되어 있다. 두 번째 탱크 물은 얼마 되지 않아서 첫 번째 탱크와 같이 온통 비눗물이 되기 마련이고 이것을 해결하기 위해 세 번째 코스에서 물과 린스로 샤워를 한다.

그릇 세척실의 모습

우리 친교실의 세척기에서는 이 세 번째 코스에서 샤워물이 고장이 나서 린스가 그대로 묻어나오는데 그것을 모르고 있었다. 어느 세척기나 사용에 있어서 필수 과제는 필요한 수압과 동시에 충분한 양의 온수다. 그러나 우리 교회의 사정은 두 가지 다 충족할 수 없는 환경이었다. 과감하게 세척기에서 세제 호스와 센서를 모두 제거하였다. 이제부터 세척기는 뜨거운 맑은 물만 사용한다. 그 대신 80여 종의 유익한 미생물군인 EM(Effective Microorganisms) 배양액을 쌀뜨물에 일주일 동안 발효시킨 천연세제로 일단 설거지를 해서 세척기에 넣고 있다. 오랫동안 봉사해온 부원들에게서 환호와 감탄이 쏟아져 나왔다. 손으로 닦는 초벌 EM 세제 설거지 때 남김없이, 깨끗이 먹는 빈그릇운동이 선행되면 더 좋은 효과를 내게 되어 있다.

넷째, 빈그릇운동 이야기

음식물 쓰레기로 버리는 음식의 양이 15조 원을 넘고 북한 전체 인구가 1년 먹을 양이라고도 한다. 2006년 환경주일 주제가 '생명밥상 빈 그릇'이기도 했기에 포스터를 붙였다. 그리고 식기 반납 창구에 부원이 배치되어서 배식보다 더 정성껏 퇴식에 중점을 두었다. 음식을 남기지 않도록 배식에서도 양을 묻고, 퇴식 때는 감사 인사를 하며 생명밥상 친교(!)를 해나갔다. 미처 지키지 못한 분에게는 생명밥상 수칙을 인쇄한 옐로우 카드(!)를 슬그머니 손에 쥐어주고, 또는 빈 그릇 캠페인 카드, 빈 그릇 서약증 등을 나누어주었다. 주일 하루 음식물 쓰레기 배출량을 도표로 그려 벽에 게시하여 누구나 볼 수 있게 했다. 추수감사절에는 후원

생명밥상 빈그릇운동을 실천하고 있는 현장

하고 있는 농촌교회에서 농사지어 보내 준 새끼고구마를 작은 주머니에 담아, 빈 그릇으로 오시는 분들께 사은품으로 드렸다.

2011년 올 여름에는 대학부 선교팀이 강원도 폐광촌교회로 4박 5일 봉사를 다녀왔다. 교회 밖에 나가 차리는 밥상으로는 처음으로 생명밥상 포스터와 수칙을 만들어갔다. 개인용 스테인리스 컵에 '새문안교회 생명밥상'이라 인쇄해서 준비했다. EM 세제액도 발효시켜서 들고 갔다.

가자마자 짐을 풀고 재래시장에 나가 시장 조사를 했다. 매년 서울에서 사왔다는데 이번에는 지역 먹을거리(로컬 푸드)로 살아보자고 했다. 첫날 아침, 점심, 저녁 다 해먹었는데 빈그릇운동이니 찌꺼기가 하나도 없다. 수돗가에서 학생들이 저녁 설거지를 하고 있는데 구부정하여 걸음이 힘든 아주머니 한 분이 큰 깡통을 들고 들어오신다. 척 보니 뜨물(음식물 찌꺼기)을 가지러 오신 모양이다. 이를 어쩌나, 빈그릇운동을 하니 이런 경우가 생기는구나.

"어르신, 어쩌지요? 저희가요, 음식 남기지 않는 운동을 해서요, 찌꺼기가 하나도 없는데 어떡하지요?"

내 말이 끝나기도 전에 굽은 허리를 쭉 펴시면서,

"그럼, 그래야지! 암, 남기지 말아야지. 세상에 버리는 것들이 너무 많아. 이리 버리고 저리 버리고……."

이 어르신 예사 분이 아니시다. 이어서 이어지는 절약의 매뉴얼이 무궁무진하다. 자녀도 또 다른 가족도 없이 오로지 개만 기르며 사시는 분이라는데, 자신의 이름은 개엄마라고 하신다. 부르는 사람이 부르기 송구한데 그 이름에 전혀 개의치 않는 것을 보면 자존감이 있으신 분이다.

4박 5일, 우리 생명밥상팀은 개엄마와 밀월을 즐겼다. 음식물 찌꺼기가 하나도 없음으로 인해서 우리는 그분을 알아보았고, 그분은 빈그릇운동을 하는 우리를 가슴으로 받아들이셨다. 마지막 날 밤 수요일 저녁,

개엄마는 난생 처음으로 교회 예배에 참석하셨다. 우리를 만난 것이 너무 좋았다고 매주 교회에 나오시겠다며 서로 연락하자고 하셨다. 지난주에도 전화가 왔다.

"나, 교회 갔었어."

다섯째, 생명의 쌀 이야기

새문안교회에서 생명밥상을 잘 차렸다는 소문이 났는지 그 결과를 보고하는 기회를 주겠다는 연락이 왔다. 친교부장을 그만둔 다음 해인 2007년이었다. "생명밥상을 위한 기독교 농민과 도시교회 간의 대화모임"이란 주제하에 기독교 농민들을 만났다. 일 년 동안 열정을 가지고 생명밥상을 차린 이야기를 자랑스럽게 다 하고 난 뒤에 돌아온 질문은 하나였다.

"유기농 쌀을 잡수셨나요?"

"……"

유기농 쌀은 생각도 하지 못했다. 일단 쌀은 우리 교회가 지원하는 농촌교회에서 일괄 구입하는 것을 사용하기에 다른 생각을 하지 못했다. 그리고 비용도 부담스러울 것이라고 생각해서 미리 접어두기도 했다. 농촌의 기독농민들이 남보다 더 많은 정성을 들여서 생산한 유기농 쌀이 창고에 쌓여 있는 안타까운 상황 보고가 이어졌다. "농민교인은 도시교인의 건강을, 도시교인은 농민교인의 생활을" 뒷받침하는 생명 중심의 믿음으로 협동적인 삶을 구축하자는 제안이 이어졌다.

새문안교회에서 그해 4월에 '생명의쌀나눔 기독교운동본부' 를 발족하며 동시에 이에 동참하고자 하는 교회가 모여서 생명의쌀나눔 교회협약서에 서명식도 함께하기로 의견을 모았다. 담임목사님께 생명의 쌀, 유기농 쌀에 대해서 조심스럽게 이야기를 비쳤다. 그러나 조심스럽게 목사님이 대답하셨다. 가격 때문에 교회 차원에서는 좀 어렵겠다고. 새로운 친교부장과 함께 의논을 했다.

우리는 일 년에 네 번, 즉 부활절, 환경주일, 창립기념일, 추수감사절에 생명의 쌀을 먹는다는 내용으로 협약서에 사인을 했다. 다른 교회는 담임목사님 차원에서 참여하고 협약을 했으나 우리는 평신도 부장 둘이 용감하게(!) 참여하고 협약식을 치렀다. 이 네 번의 주일만이라도 생명의 쌀로 생명밥상을 차리기 위해 우리는 준비하고, 기도하며, 노력하고 있다. 생명밥상을 지키고 살려내려면 우리를 깨어있는 맑은 영혼으로 채워주십사고…….

기쁜교회의 생명밥상운동 이야기

손웅석

1. 교회 내에서 생명밥상을 차리게 된 동기

1) 목회적 동기 – 교인들의 건강에 대한 관심

기쁜교회는 경기도 평택시에 위치한 전형적인 중소도시의 지역교회다. 담임목사의 목회철학 역시 지극히 평범하고 일반적인 교회를 추구한다. 교인들에게 복음을 선포하고 말씀을 가르치며 그들을 섬기며 돌보며 함께 교제하며 훈련시킨다. 개척 아닌 개척교회를 해서 벌써 20년이 넘었다. 대부분의 시간들이 교인들의 영혼을 우선하는 목회였다. 그러나 언제부터인지 교인들의 몸과 삶에도 마음이 가기 시작했다. 병든 몸, 병든 삶이 눈에 들어오기 시작했다. 너무 많은 질병들을 안고, 싸우며 힘들어 하는 모습들에 마음이 아팠다. 원인이 무엇인가? 문제가 무엇인가? 환경의 문제, 특히 먹을거리에 문제가 있음을 알게 되었다. 오염된 먹을거리와 함부로 먹는 식생활의 문제가 보였다. 생명을 담은 먹을거리와 정성껏 받아먹음이 필요한 것이 보였다.

2) 신학적 동기 - 청지기의식

창세기를 공부하다가 창조 전승에 대한 깊은 인식을 얻게 되었다. 일반적으로 한국 교회는 구원 전승에만 강조를 두지 않나 싶다. 그러나 성경을 통해 주시는 하나님의 계획과 섭리는 좀 더 다양하다. 특별히 창조 전승은 현대 교회에 더욱 의미가 있다. 하나님의 창조, 생명, 섭리, 질서, 조화, 평화, 환경에 대한 관심을 불러일으킨다. 그 속에서 교회와 그리스도인의 역할과 사명이 바로 청지기직이다. 하나님이 주신 몸과 자연을 귀히 여기고 섬겨야 하는 것이다. 책임 있는 삶을 사는 것이다. 교회 안에 환경팀을 구성하여 발족시켰다. 그것이 2007년이다.

3) 상황적 동기 - 환경문제의 심각성

현대 사회의 가장 중요한 이슈는 '환경'이라 해도 틀리지 않을 것이다. 시민사회에서는 다양한 환경운동을 펼쳐왔다. 그중 하나가 '기독교환경운동연대'가 벌인 '생명밥상 빈 그릇 운동'이었다. 교회 주일 점심 공동 식사에 적용할 만한 좋은 기회였다. 매주 40리터 이상 나오던 음식물 쓰레기가 5-10리터로 대폭 줄어드는 성과가 있었다. 여기서부터 생명밥상운동이 시작되었다고 본다. 먹을거리를 함부로 대하던 태도에 경종을 울리고 회개하는 기회가 되었다. 먹을거리를 쓰레기로 버리는 것이 죄인 것을 알게 되었다. 밥상을 대하는 마음가짐에 변화를 가져오게 되었다.

2. 과 정

1) 환경팀 구성

먼저 교회 안에 환경에 대한 관심이 있는 이들을 찾아 환경팀을 구성
했다. 특히 질병(암)으로 인해 심각한 위기를 겪은 이들 중에 한 분을 팀
장으로 세웠다. 이 일에 열정이 있는 이들로 팀을 구성하는 것이 중요하
다고 보았다. 기대보다 뜨겁게 헌신해주었다. 지금은 10여 명의 팀원이
활동하고 있다.

2) 기독교환경운동연대의 '생명밥상 빈 그릇' 서약운동

교인들의 관심을 환기시켜줄 만한 캠페인이 필요했다. 사회적 관심,
국가적 홍보, 기독교환경운동연대로 이어지는 '음식물 쓰레기' 문제에
대한 심각성은 충분히 위기의식을 가져다주었다. 교회는 서약서 작성,

기부금, 캠페인을 통해 환경에 대한 의식을 끌어냈다.

3) 유기농으로 주일 점심 공동 식사 차리기

먹을거리의 오염은 심각하다. 그러나 교인들의 의식은 아직 이 문제에 대해서 무감각하다. 그저 싸고 양이 많으면 그만이요, 입에 달면 최고로 여긴다. 이러한 의식을 바꾸려면 교회부터 먼저 의식이 바뀌어야 한다. 비용이 증가하고 입맛에 맞지 않아도 교인들에게 제공하는 주일 점심 공동 식사를 유기농이나 친환경 식자재를 사용하여 차리는 것이다. 유기농 현미, 국내산 육류를 사용하는 것으로 시작했다. 비용이 3배 이상 증가했지만 치러야 할 마땅한 값이라고 여긴다. 모든 식재료를 유기농으로 하기에는 현실적 한계들이 보인다. 현재 기쁜교회 주일 공동 식사 인원이 500-600명 정도다. 공급과 유통의 문제가 있지만 점차 극복해가고자 한다.

주일 공동 식사

4) 어린이집 식단과 산양유

기쁜교회 내에 기쁜어린이집이 있다. 원아들이 120명 정도 된다. 아이들의 먹을거리는 더욱 중요하다. 과감하게 아이들의 먹을거리를 바꿨다. 생협과 연계해서 공급할 수 있는 먹을거리는 모두 유기농, 친환경으로 바꾸었다. 아토피에 민감한 아이들이 많아서 우유도 산양유로 바꿨다. 아이들이 사용하는 책상과 의자, 교구 등을 편백나무로 바꾸기도 했다. 교회가 운영하는 어린이집이 더욱 관심을 기울여야 할 부분이라 여겼기 때문이다. 이제는 지역에서 제일 좋은 어린이집으로 손꼽힌다.

5) 환경교육

교육의 힘은 위대하다. 교회 안에 환경교육을 시킬 수 있는 자원을 활용하여 교육하는 일이 필요하다. 대학교수 중에 '웰빙학과' 교수가 있

환경교육 수료식

다. 그에게 1년짜리 환경교육을 맡겼다. 의식주에 연관된 환경교육이다. 주로 환경 DVD 상영 후에 이어지는 질문과 토론과 교육이다. 벌써 5기가 진행 중이며 약 150명 정도가 공부했다. 많은 의식 변화가 일어났다. 생활의 변화는 물론이다.

6) 교회 주보와 환경칼럼

목사의 관심과 강조는 더욱 중요하다. 목회 속에 꾸준히 환경 문제, 생명밥상에 대한 설교와 교육이 이어져야 한다. 초기에는 일 년 동안 매주 주보에 환경칼럼을 싣기도 했다. 교회와 그리스도인의 삶이 환경, 생명에 깊이 관계되어 있음을 알려주는 기회가 되었다.

7) 교회학교 어린이 생태 캠프와 어린이도서관을 중심으로 생태학교

교회학교 아이들, 지역의 아이들에게도 환경과 생명의 중요성을 가르쳐야 한다. 교회학교 여름수련회를 생태 캠프로 치르기도 했다. 또한 교회 안에 있는 어린이도서관을 통해서 월 1회 생태학교를 꾸리기도 한다. 지역의 아이들과 부모들도 참여하는 생태학교다.

8) 초록가게 운영

아나바다 운동이다. 재활용할 수 있는 물건들을 받아 주일에 교회 안에서 시장을 연다. 초록가게에서 유기농 식자재도 교인들에게 위탁판매하고 있다. 특히 아이들 간식거리에 대한 관심이 높아지고 있다.

3. 현 황

기쁜교회 환경팀을 중심으로 꾸준한 환경교육, 공동 식사의 생명밥상

환경주일 유기농산물 판매

차리기, 생협이나 농촌교회와 연계하여 유기농 친환경 식자재를 교인들에게 공급하는 일을 확대해나가고 있다. 교회 공동 식사만이 아니라 교인들의 밥상 위에도 생명밥상이 차려지는 것이 목표다. 이 일을 위해 유기농으로 농사짓는 현장을 방문하여 체험하는 일도 중요하게 여겨 실행하고 있다.

지역사회의 환경문제에 대한 관심도 넓혀가고 있으며 국가적 환경 문제인 4대강 사업 반대운동에도 적극 참여하고 있다. 또한 몽골사막화 방지를 위한 '은총의 숲 가꾸기 운동'에도 참여하고 있다.

4. 교인들의 반응과 성과

먹을거리에 대한 관심과 책임이 신앙인의 삶과 밀접함을 깨닫기 시작하고 있다. 생명밥상 차리기는 신앙고백적인 삶임을 알아가고 있다. 하나님의 은총에 대한 감사, 하나님의 성전인 거룩한 몸에 대한 인식, 자발적 청빈과 나눔, 환경 보존의 책임 등에 눈 떠 가고 있다. 그와 함께 농촌의 중요성에 대해서도 관심 갖게 되었다. 농촌이 살아야 생명밥상도 가능해지기 때문이다.

5. 문제점 및 개선점

안정된 공급과 유통의 문제다. 충분한 물량을 적기(適期)에 공급할 만한 공급처를 찾기가 쉬워 보이지 않는다. 도농 직거래를 모색해보지만 아직까지 만족할 만한 답을 찾지 못했다. 물량과 함께 유통이나 가격의 문제도 만만치 않다. 채소를 비롯한 먹을거리는 신선도가 생명인데 가까운 곳에서 적당한 가격으로 공급받기가 어렵다. 우선 생협을 중심으로 문제를 풀어가고 있다.

6. 보람과 의미

교인들이 먹을거리의 문제를 다시 보기 시작한 것이다. 그 속에서 신앙의 길을 모색하는 것이다. 생명을 소중히 여기고 몸을 소중히 여기는 것이다. 밥상을 차리는 자나 먹는 자의 모습 속에 감사와 정성이 깃드는 것이다.

7. 앞으로의 전망과 계획

1) 도농교회 직거래

농촌과 함께 농촌교회도 살리는 길을 찾고자 한다. 농촌교회 목회자는 목회만 가지고는 생활을 꾸려가기 어렵다. 농촌에서 농부가 되어야 한다고 본다. 그러한 소명을 가진 이들이 농촌교회를 섬길 때 목회도 생활도 감당할 수 있다고 본다.

그 농사는 목회와 함께 생명농업이 되어야 할 것이다. 땅을 살리고 먹을거리를 살리는 일이다. 그리고 도시교회들이 함께해야 한다. 반드시 책임감을 갖고 동행해야 한다. 다양한 한계들을 가지고 있지만 꾸준히 도농직거래의 길을 찾고자 한다. 그것이 도시교회와 교인들이 사는 길이기도 하기 때문이다.

2) 교인들의 귀농 및 유기농 농장 운영

교인들 가운데는 조기퇴직자들이 많다. 점점 연령이 낮아지는 추세다. 또한 귀농에 대한 관심을 갖는 이들도 보인다. 조심스럽기는 하지만 이러한 이들을 가까운 농촌지역으로 보내는 것이다. 농촌교회를 중심으로 귀농 또는 유기농 농장을 만들면 어떨까 생각한다. 농촌교회나 농부들의 생각이 어떤지 몰라 아직은 조심스럽다. 그러나 도시교회가 지원한다면 서로 유익한 일이 되지 않을까 생각한다.

예수님은 오셔서 생명밥상을 차려주셨다. 친히 제자들에게 떡과 물고기로, 말씀으로, 자신의 몸을 내어주심으로 말이다. 그러나 오늘날 교회는 온전한 생명밥상을 차리지 못하고 있다. 교회는 식당이요 목사는 주방장인데 말이다. 목회를 하면 할수록 죄송하고 미안하다. 오늘도 목회 속에서 정성 가득한, 생명 가득한 밥상을 차리기를 꿈꾼다.

향린교회의 생명밥상운동 이야기
- 향린-들녘의 교류활동을 중심으로

임보라

열면서

"예수는 밥이라네 생명의 밥이라네 서로서로 먹여주며 평생토록 먹자!"

- 국악찬송 '생명의 밥' 중에서

흔히 '밥' 이라고 하면 "너 쟤네 밥이냐?"라는 말처럼 하찮은 것을 지칭하는 말로 자주 쓰인다. 하지만 '밥' 처럼 귀한 것이 어디 있으며, 그 누구의 '밥' 이 되어준다는 것만큼 성서적인 표현이 또 있으랴. 뿐만 아니라 밥상공동체는 우리네 기독인들에게 꽤나 친근한 말일 뿐 아니라, 매우 혁명적인 뜻을 함축하고 있는 말이기도 하다.

밥상! 이 말을 떠올리면 자그마한 상을 가운데 놓고 서로 머리를 맞댈 정도로 옹기종기 붙어 앉아 숟가락질, 젓가락질을 하며 이야기꽃을 피우는 광경이 연상된다. 다이어트, 웰빙 등의 말이 난무한 가운데 밥상을 떠올리면 펼쳐지는 정겨운 풍경을 우리들 실생활에서 잃은 지 오래다. 머리를 맞대고 가슴을 맞대는 밥상보다는 효율이라는 미명하에 편의적인 밥상, 눈과 혀를 자극하는 화려한 밥상이 우리를 지배하면서 자의반 타의반으로 소박한 밥상을 물린 지 오래라는 이야기다. 그 밥상은 그저 향수에 젖게 만드는 빛바랜 사진 속의 피사물이 아니라, 이제는 처절한 투쟁이 아니고서는 되찾을 수 없는 밥상이다.

들녘과 향린이 걸어온 길(1)

"들녘교회와 향린교회는 농촌과 도시, 농촌교회와 도시교회가 운명적으로 하나이면서 서로를 떠나서는 살 수 없는 운명공동체임을 인식한다. 농촌이 죽으면 도시도 죽고, 농촌교회가 죽으면 도시교회도 죽는다는 사실을 우리는 확신한다. 이에 우리 두 교회는 그 삶과 선교활동에 있어서 서로 연대하고 격려하며 협력하고 돕기로 다짐한다."

- 들녘-향린 자매결연 공동선언문 중에서

교회는 물론이요, 온 사회가 이분법적인 잣대를 들이대며 편 가르기에 골몰해 있는 것은 그때나 지금이나 여전하다. 1995년 들녘과 향린은 농촌과 도시는 운명공동체라는 것을 한 맘과 한 목소리로 선언을 했다. 세계 최대 농산물 수출국들인 미국, 캐나다 등이 농산물의 자유로운 수출을 위해 노골적인 압력을 가하기 시작한 것이 1986년. 악명 높은 세계 최대 곡물회사 카길은 부회장까지 내세워 시장 개방에 대한 목소리를 드높이더니, 1994년 결국 우루과이 라운드 협정이 타결되고, 1995년에는 세계무역기구(WTO)가 탄생했다. 공산품 수출에 기대던 나라들이 자신들의 젖줄인 쌀을 내어주기로 한 그때, 들녘교회와 향린교회는 '연대' 를 선언한다.

향린교회는 창립 40주년을 맞이하던 1993년에 교회갱신 선언을 발표했고, 그 이듬해에는 실천결의문을 발표한 바 있다. 이 선언에 의해 향린교회 내에 생명환경위원회가 신설되었고, 농촌교회와의 관계는 재정지원만이 아닌 인적, 물적 교류를 통한 상호 교류와 연대임을 천명하였다. 그 당시 도농 관계를 맺은 교회는 총 열 교회로 다섯 쌍이 탄생되었으나, 현실에서 부딪혀오는 여러 사정을 극복해나가려 애쓰던 중, 결국 네 쌍은 중도에 포기하게 되어 2011년 현재는 들녘과 향린만이 그 관계를 유지해오고 있는 실정이다. 물론 지난 2010년, 한국기독교장로회 농목에서 생명공동체 위원회를 구성하여 자매결연 운동을 다시 벌인 결과, 그 수가 다시 늘어나 전체 수는 스무 쌍 가까이에 다다르는 것으로 알고 있고, 다른 교단에서도 명맥을 유지해오고 있는 교회들이 더러 있는 것으로 안다.

들녘과 향린이 걸어온 길(2)

"2009년에 비해 쌀이 730Kg이 더 생산되어 판매하는 데 상당히 어려움을 겪은 한 해였다. 마지막에는 희년여신도회의 도움으로 떡을 만들어 판매하였다. 시중에서는 마늘, 배추 등 농산물 가격이 전반적으로 폭등하였지만, 들녘과의 직거래에서는 가격을 소폭만 인상하였다."

― 2010년 향린교회 공동의회 자료집 중에서

2010년 한해 향린교회는 들녘 쌀 3,000Kg를 소비했다. 쌀 대금만 해도 1천만 원대이다. 그 외 들기름, 들깨가루, 참기름, 서리태, 팥, 마늘,

감자, 고구마, 고춧가루를 비롯하여 들녘 이웃 농산품인 현미찹쌀까지 더한 판매 총 거래금액은 2천만 원대를 육박한다. 어마어마한 숫자가 오고가는 것은 사실이지만, 우리는 이를 일방적인 관계로 보지 않는다. 누구는 주고, 누구는 받는 것으로 여기기보다는, 서로를 살리기 위한 비움을 통한 나눔이라고 들녘과 향린 교우들은 여기고 있다. 그러니 한쪽은 소비만을, 또 다른 한쪽은 생산만을 감당하는 것이 아니라, 소비하면서 제2, 제3의 생명 기운을 생산하고, 생산하면서 제4, 제5의 생명 기운을 소비하는 관계이며, 어떤 과정을 거쳐서, 누구의 정성이 들어간 것인지 모르는 것이 아닌 모든 과정이 오픈되어 있는 가운데 진행되는 것이 도농 직거래의 참 모습이다.

종종 두 교회가 맺어온 관계를 도농 간 직거래에 초점을 맞추어 한쪽은 소비사, 한쪽은 생산자로 가름을 한 채, 도시교회가 농촌교회를 먹여 살린다는 식의 편견을 갖고 보는 분이 더러 있기도 한데, 그러한 잣대로 보면 생산자는 무조건 소비자의 입맛에 맞춰야 한다는 소비자 중심의 권위적인 생각을 하기 쉽지만, 오랜 기간 신뢰의 탑을 한 층씩 높여가는 가운데 우리 사이는 이러한 장애물들을 하나둘 버릴 수 있었다.

그뿐만 아니라 이 직거래에는 양 교회 교우들의 인적 교류의 고리도 큰 몫을 차지한다. 올해도 1차와 2차에 걸쳐 청년 신도들 그리고 사회부/선교부 부원과 40대 남성 신도회 등이 주축이 되어 들녘 논뿐만이 아닌 이웃들의 논에 모판을 나르고, 장애가 있는 가정의 담배밭에 들어가 비록 서투른 솜씨이기는 하나 담뱃잎을 땄다. 또한 향린 교우들의 밥상뿐 아니라, 매주일 공동 식사에 등장하는 들녘 쌀의 모태인 논에 들어가 피 뽑기를 하고 두런두런 이웃들과 이야기꽃을 피우며 생명의 밥은 머리나 입으로만 지키는 것이 아닌 이렇듯 땀 흘리는 노동을 통해서 굳게 지켜 나갈 수 있다는 것을 몸에 새기고 오는 농촌봉사활동은 직거래를 십여

들녘교회의 모내기 일손을 돕고 있는 향린교회 교우들

년 동안 이어오게 한 소중한 밑거름이라고 여긴다.

들녘과 향린이 걸어온 길(3)

"공부방 장소는 그리 좁지 않아서 2대 이상 기증해도 될 것 같아 저렴한 가격의 새 컴퓨터를 한 대 구입했습니다. 온갖 인터넷 쇼핑몰에서 돌아다니며 구매를 했고, 그동안 쌓은 적립금과 쿠폰을 모두 사용하였습니다. 전부 무료배송이 되어 우리의 짐이 덜어질 듯! 기증받은 컴퓨터와 프린터만 수련회 갈 때 가져가면 될 듯합니다."

– 2005. 8. 「보고」 들녘교회 공부방 컴퓨터 지원 중에서

들녘교회에서 운영하던 어린이 공부방에 향린교회 청년들이 참여하게 된 것은 2004년 즈음이었던 것으로 기억한다. 학교 교사로 재직 중인 청년들을 중심으로 학교 공부에 도움이 될 만한 학습 자료와 컴퓨터를 비롯하여 좋은 책 모으기 등의 활동을 해왔다. 공부방 돕기의 불씨가 되었던 것은 매달 천 원에서부터 시작하여 형편에 맞게끔 금액을 정해 매달

꼬박꼬박 드려온 공부방을 위한 헌금이었는데, 물질이 갈 때는 몸도 가는 것이 꼭 필요하다는 신앙고백으로 청년들은 가진 것을 나누고, 시간 나누는 일을 마다하지 않았다. 한때는 폐교 위기에 처했던 학교가 도시와의 연대 끈으로 말미암아 활력을 잃지 않고 유지되고, 여름 들살이 프로그램을 공동 운영하여 신앙 교육도 병행해낸 노력들이 들녘과 그 이웃 아이들뿐 아니라, 도시 한복판에 자리하고 있는 향린의 아이들 또한 한 걸음 더 성숙하게 해주었다.

그뿐만 아니라 매해 1회에서 많게는 2회, 각 집에서 아껴 쓰고, 나눠 쓰고, 바꿔 쓰고, 다시 쓸 만한 물품들을 정리하고, 의미 있는 소장품들을 경매에 붙이는 등 티끌 모아 태산이라는 말이 딱 맞게 아나바다 장터를 통해 새로운 가치들을 창출해낸 물건들을 통해 모아진 금액도 들녘의

아나바다 장터

소중한 터전이 유지되도록 전해지고 있다.

몇 가지 덧붙이면, 이제는 확대 실시된 의료보험제도로 인해 농촌 진료가 그다지 큰 의미를 갖지 못하는 것 같지만, 불과 몇 해 전까지만 해도 농촌의 어르신들을 위해 의료계 종사자들이 의료선교위원회가 주축이 되어 진료를 하러 다녀오기도 했으며, 프로든 아마추어든 연극, 노래 등이 좋아 문화선교의 꿈을 펼쳐나가고 있는 문향, 얼쑤 등 소위 문화패는 매년 1회씩 연극예배와 공연을 위해 들녘 나들이를 준비해왔다.

들녘과 향린이 걸어온 길(4)

"우리들이 일상에서 에너지를 절약하고, 음식을 절제하고, 물자를 아껴 쓰면서, 최대한 절약하는 습관을 생활화한다면, 그만큼의 이산화탄소의 배출을 줄이게 되고, 식량이 비축되며, 그만큼의 생명을 살리게 됩니다. 이렇게 절약한 생활비를 다 함께 모아, 태양광 발전소를 들녘교회 지붕에 건립해 가자는 것입니다.

우리가 하려는 3KW 태양광 발전기 1기가 나무 200그루가 처리하는 만큼의 이산화탄소 배출을 줄이게 된다고 합니다. 이는 연간 약 1.5톤의 이산화탄소 배출을 억제하게 되니 매년 계속 건립해간다면 언젠가는 현재 우리 향린교회가 배출하고 있는 연간 약 40톤의 이산화탄소를 우리 향린공동체가 해결하게 되며 그때 가서야 생명을 살리는 교회라 할 수 있겠지요. 왜냐하면 우리 교회가 배출하는 이산화탄소는 지구 온난화로 나타나 지구상 누군가의 생명을 죽이고 있으니까요. 그러면 석유 소비도 그만큼 줄어 들 것이고, 환경도 그만큼 보존되겠지요."

– 2008. 3. 태양광 발전소 건립을 위한 회원 모집 광고 중에서

들녘교회에 설치한 태양광 발전소

향린과 들녘이 걸어온 길 1, 2, 3에 언급되어 있는 다양한 활동들은 현재까지 이어져오고 있는 것도 있고 상황이 바뀌어 중단된 것들도 있다. 그런 가운데 새로운 장을 연 활동이 또 하나 있으니, 이는 '태양광 발전소' 설치 운동이다. 향린교회의 평화나눔공동체 '농촌과 환경' 그리고 사회부의 생명환경위원회가 발의한 이 운동은 올해 또다시 2호기 발전소를 들녘에 세우는 것으로 현재도 진행형인 사업이다.

우리, 특히 도시에 사는 사람들이 사용하는 전기, 휘발유 등의 에너지 양은 날이 가면 갈수록 많아질 수밖에 없는 소비 패턴을 갖고 있다. 우리에게 주어진 본래의 에너지가 아닌 수익을 내기 위해 억지로 전환해서 만들어내는 에너지를 지양하고자 향린에서도 태양광 발전소 설치를 고려했던 적이 있었다. 하지만 도심지 빌딩 숲 안에 있는 향린은 태양광을 효율적으로 쓸 수 없는 위치에 자리 잡고 있기에 가능하지 않았다. 대신 우리의 반쪽, 들녘은 설치만 한다면 대안 에너지를 만들어낼 수 있는 위치적 조건이 좋았다. 태양광 발전을 하려면 일사량이 많아야 하고 일정 정도의 경사도도 갖추어야 하기에 그 적지로 들녘을 꼽게 된 것이다.

나는 이 태양광 발전소 설치 운동을 미래를 향해 가는 '공생'을 향한 몸짓으로 본다. 직거래를 비롯하여 마을에 직접적으로 필요한 의료 서비스, 공부방 운영 지원을 비롯하여 들녘교회 운영 등이 1, 2차원적인 연대 활동이라고 한다면, 이는 이제까지의 활동을 3차원으로 한 단계 업그레이드시킨 것으로 현재만이 아닌 미래를 지향하는 새로운 전환점을 가져왔기 때문이다. 늘 눈에 보이는 것에 대한 대안에만 급급한 우리가 지금 당장은 미미할지언정 두고두고 그때 해놓기를 잘했다는 뿌듯함과 함께 일상에서 과(過)함 없이 절제하는 것을 몸으로 익히며 그 연장선으로 소비하는 에너지가 아닌 나누는 에너지를 생각하게 하는 소중한 씨앗 하나 뿌려놓았으니, 이 씨앗에서 또다시 끊임없이 새 생명의 열매들이 맺히길 기원하는 바이다.

다시 생명밥상으로 돌아가서

"쌀 한 톨의 무게는 얼마나 될까 / 내 손바닥에 올려놓고 무게를 잰다 / 바람과 천둥과 비와 햇살과 외로운 별빛도 그 안에 숨었네 / 농부의 새벽도 그 안에 숨었네 / 나락 한 알 속에 우주가 들었네 / 쌀 한 톨의 무게는 생명의 무게 / 쌀 한 톨의 무게는 평화의 무게 / 쌀 한 톨의 무게는 농부의 무게 / 쌀 한톨의 무게는 세월의 무게"

– '쌀 한톨의 무게', 노래 홍순관

얼마 전, 도심에서 공동체 생활을 시작한 젊은이들의 밥상에 초대되었을 때, 밥상 둘레에 모여 앉아 부르는 쌀 한 톨의 무게라는 노래 가사에 코끝이 시큰해져옴을 느꼈다. 쌀 한 톨의 무게는 사실 그 존재감이 희미할 정도로 가볍다는 사실을 누구나 다 안다. 하지만 그 안에 평화, 농부, 세월 등 온 생명의 무게가 담겨 있다는 것을 깨닫고 나면 쌀 한 톨은 한 톨이 아니라 온 우주가 된다.

우리는 올해 초 구제역 사태를 겪으며 수많은 생각을 했다. 고기에 무슨 원한이 맺혀서 밤낮으로 구워먹고, 잔칫상에 즐비하게 올려놓고, 안 먹으면 큰일날 것처럼 '고기, 고기' 노래를 불러왔을까, 우리 밥상을 대수술해야 하지 않을까 등등, 수백만의 생명을 순식간에 잃고 난 뒤에야 우리는 돌아보기 시작했다. 좁은 축사에서, 출처가 묘연한 요상한 사료를 먹어가며 키워진 고기를 좋다고 먹을 것이 아니라는 것, 우리 몸만 좋지 않은 것이 아니라 잡아먹히기 위해 사육되는 생명들에게도 정말 못할 짓을 하고 있는 것이라는 걸 반성하기 시작했다. 물론 그러한 반성의 외침이 긴긴 장맛비 속에서, 또 개발 광풍으로 인해 스러져가는 이웃들의 비명 소리에 귀 기울이다가 일면 희미해져버린 것 같기는 하다. 그때 향린에서는 들녘의 유기농 쌀이 공동 식사에 올라오는 마당에 적어도 교회의 공동 식사 식단에서 고기는 빼는 것이 좋지 않겠나 하는 것을 주제로 중요한 결의기구 단위들에서 논의되기도 했다. 하지만 쉬이 "그러자!", "적어도 교회에서는 고기를 먹지 말자!" 하는 결의는 성사되지 못했다. 그렇다고 매주 고기가 올라오는 것은 아니지만, 소박한 밥상에서 완전히 고기를 빼기는, 그러니까 잔칫상에서 고기를 제하는 건 통념상 쉽지 않은 결단이라는 것이 느껴졌다. 거기에 더해 반찬을 간소화하고 잔반이 없도록 노력하는 일은 몸에 완전히 익히지 않는 한 끊임없이 상기시키고 재확인해야 하는 꾸준함이 필요하다는 것을 상기시켜주었다.

이렇듯 생명밥상운동은 거대한 담론 이전에 일상과 구체적으로 잇닿아 있고 세밀한 실천을 요청받는 신앙운동이다. 실제 생명밥상이 필요하고 소중하다는 것을 알고 실천하려 한다면 집 안에 있는 냉장고의 크기와 숫자부터 줄여나가야 할 것이다. 가공식품을 줄이고, 오래 보관하지 않도록 소량 구매하기 등도 생명밥상운동의 중요한 실천 과제인데 현란한 매스컴 광고에 등장하는 엄청난 냉장고를 지니고 사는 걸 당연한 것으로 여기는 한 생명밥상은 입에서만 머무는 구호에 지나지 않기 때문이다.

생명밥상은 내 입으로 들어가는 것만이 아닌 이웃의 배를 채워줄 먹을거리에도 관심하지 않을 수 없다. 때문에 웰-빙을 앞세우며 내 몸에만 관심을 집중하는 그릇된 그린 라이프가 아닌 생명의 기운을 이곳저곳 펴트리는 생명밥상을 우리가 논하는 것이다. 생명밥상이 중요하다면 현재를 살아가는 우리 그리스도인들의 삶의 수칙이 근본적으로 변해야 한다. 다(多)와 대(大)를 여전히 중시하는 작금의 기독교는 생명밥상의 불씨를 당겨주기에는 부족해도 너무 부족할 뿐 아니라 최대의 걸림돌이 되기 때문이다. "회개하라!"라는 말이 난무하지만 정작 가지고 누리려는 욕망에 대한 회개가 없는 기독교는 회개하고 거듭나는 종교가 아닌 공멸하는 종교로 전락하고 만 것이 아니던가! 전체가 일거에 변하기 힘들다는 것을 잘 알기에 생명밥상의 소중함을 아는 공동체 단위에서부터 실천에 실천을 거듭하려 몸부림 치고 있지만 아쉬운 지점이 많다.

들녘과 향린이 차곡차곡 쌓아온 연대는 직거래, 도농 교류, 농촌선교 등의 다양한 수식어들이 붙어왔으나 이는 궁극적으로 너와 나를 살리는 '생명'을 화두로 한 관계다. 감히 예수를 몸으로 살아내고자 하는 우리에게 있어서는 '필연'적인 관계 맺기가 아닐 수 없다. 이를 본받자든지, 우리도 해보자는 식의 응답보다는 우리가 처한 현실을 냉철하게 분석해

생명밥상으로 공동 식사하는 교인들

보고 우리 신앙의 결단과 실천을 다시 고민하기 시작해야 한다. 그렇게 시작하다보면 고민의 종착점은 농촌과 도시는 운명공동체요, 생명을 향한 출발점은 밥상부터라는 것에 다다르게 될 것이다.

"모세는 그들에게 먹고 남은 것을 그 다음날을 위하여 남겨 두지 말라고 당부하였다. 그런데 모세의 말을 듣지 않은 사람들이 더러 있었다. 이튿날 아침, 그들이 남겨 둔 것에서는 구더기가 끓고 썩는 냄새가 났다. 모세는 그들에게 몹시 화를 냈다."   (출 1:19-20)

"오늘 우리에게 필요한 양식을 주시고"   (마 6:11)

쌍샘자연교회의 생명밥상운동 이야기

백영기

〈쌍샘자연교회 진지기도문〉

생명이 살아 숨 쉬는 이 땅에서

봄과 여름, 가을과 겨울의 은혜를 맛보며

하늘과 땅, 낮과 밤의 섭리에 감사합니다.

영생의 떡이요, 생명의 물로 이 땅에 오셔서

우리의 밥이 되신 예수 그리스도를 따라

우리도 밥이 되고 식물이 되어

목숨을 살리는 생명 평화의 삶을 살겠습니다.

하나님의 은혜로 주신 이 밥상 앞에서

고마운 이들을 생각하며 감사하고,

먹을 것이 없는 형제와 이웃을 위하여

욕심 부려 먹지 않고,

남기고 버리는 것이 없도록 하겠습니다.

이제 예수님처럼 단순하고 검소하게

생명과 자연을 보듬는 흐르는 물과 같은

하나님 나라의 삶을 살아갈 것을

예수 그리스도의 이름으로 기도합니다. 아멘.

쌍샘자연교회는 1992년 교회를 시작할 때부터 밥상공동체를 중요시했습니다. 주일 예배 후에 함께 밥을 먹지 않고 가는 사람은 쌍샘의 가족이 아니라는 말까지 하면서 주일 예배 후의 공동 식사에 비중을 두었습니다.

그렇게 한 이유는 함께 밥을 먹지 않으면 식구(食口)가 될 수 없기 때문입니다. 부담되지 않게 준비하고 소박한 밥상이지만 밥상에 둘러앉아 함께 밥을 놓고 기도하며 같이 먹을 때 비로소 식구(가족)의 교감과 일체가 이루어지기 때문입니다.

공동의 식사, 그러니까 밥상공동체는 함께 나누어 먹는 귀중한 경험과 먹지 못하는 사람들에 대한 공동의 성찰을 통해 이웃을 살피고 나누는 기회를 가질 수 있습니다. 밥이 모자라거나 남을 때 어떻게 해야 하는지 또한 배울 수 있습니다. 모자랄수록 나눠 먹고 함께 먹는 법을 배우고, 남을 때는 밥을 준비하는 법과 그것을 어떻게 사용해야 하는지를 알게 됩니다. 다행히 저희는 가난한 교회였기에 남는 적이 거의 없었고, 큰 행사로 인해 아주 간혹 남는 경우가 있었지만 아이들의 공부방을 운영하고 있어서 고민하거나 버린 적이 없었습니다.

1. 쌍샘자연교회의 생명밥상 이야기

우리 교회가 밥상공동체에서 생명밥상으로의 변화를 가진 것은 지금의 낭성으로 옮겨가면서 자연교회라는 교회의 이름에서 시작되었고, 그 구체적인 실천과 내용은 기독교환경운동연대의 생명밥상운동 덕분입니다.

과거에는 함께 먹는 것, 같이 나누는 것에 의미를 두었다면 이제는 무엇을 같이 먹고 어떤 것을 우리의 밥상으로 만들 것인가에까지 생각하게 된 것입니다. 밥상 자체로 충분히 생명의 의미와 내용을 담고 있지만 언제부턴가 꼭 그렇지 않다는 생각을 갖게 되었습니다. 음식이 사람을 살리고 생명을 지켜내는 소중한 에너지요, 양식이지만 이게 잘못되면 오히려 생명밥상이 아니라 죽임의 밥상이 되고 목숨을 위태롭게 하는 밥상이 된다는 것을 심각하게 고민한 것입니다.

지금은 많은 사람들이 먹을거리에 대해 관심을 갖고 살피기 시작했습니다. 유기농인지, 우리 농산물이며 수입은 아닌지, 가공식품은 안전한지 등 믿고 먹을 수 있는 것인가에 대해 조심하고 분별하여 선택하게 되었습니다.

이는 하나님의 말씀에서 보듯이 가장 귀한 것이 생명이요, 그 생명을 살리고 풍성하게 하는 것이 하나님의 뜻임을 알기에 할 수 있었습니다. 생명이라 함은 영적인 생명이라 하는 영혼은 말할 것도 없고 육체의 생명(목숨)까지 아우름을 믿습니다. 우리가 속사람에게 바른 복음(갈 1:7)을 전하고 먹여야 하듯이 건강하고 믿을 수 있는 먹을거리를 육신에게 주어야 하는 것은 교회의 사명입니다.

우리교회에서는,

1) 교회학교와 교우들에게 생명밥상 빈 그릇 운동을 교육했습니다

2004년 여름신앙공동체에서 생명밥상 교육과 빈 그릇 운동을 시작했습니다. 그리고 교육방송이나 언론매체에서 다큐로 제작된 먹을거리에 대해 좋은 것은 함께 보며 이야기를 나누었습니다. 가공식품을 가져다 첨가물 등을 꼼꼼히 살피며 이것을 그냥 먹어도 되겠냐고 교우들과 아이들에게 물었습니다.

주일 공동 식사에도 차려놓던 음식을 뷔페식으로 하여 음식물을 남기지 않도록 했습니다. 요즘은 '행복한 밥상'이라 하여 음식 준비에서 1인 250원을 절약하여 아프리카로 보내는 일도 자율적으로 하고 있습니다.

2) 쌍샘자연학교를 통해 주말농장을 운영하고 소박한 음식을 직접 만들어 먹기도 합니다

각종 채소를 계절에 맞추어 심어 제철 음식을 먹고, 간단하게 요리하는 것을 같이 합니다. 상추, 고추, 고구마, 옥수수, 호박, 땅콩, 오이, 가지 등 모두 심어서 거두게 하고 가을에는 김장배추를 수확하여 직접 김장을 담가 집으로 가져가게도 합니다. 처음에는 채소를 싫어하고 억지로 먹던 아이들이 신기해하고 엄마에게 자랑하며 이것도 먹을 줄 안다고 말하는 아이들이 되었습니다.

3) 여름신앙공동체를 통해 교회의 다양한 생명밥상운동을 전개합니다

여름신앙공동체는 신앙, 문화 그리고 생명 자연에까지 다양한 프로그램을 나눕니다. 특히 그 기간에 함께 밥을 먹어야 하는 기회가 많아 생명밥상에 대한 것은 필수입니다. 조별이나 부서별로 음식을 준비하되 얼마나 적은 비용으로, 얼마나 맛있게, 그리고 얼마나 건강한 식재료를 사용했는가를 심사하여 상을 주기도 합니다.

몇 년 전에는 일회용 컵을 사용하지 않기로 해 컵 보드를 만들고 이름을 써놓은 뒤 개인용 도자기 컵을 만들었습니다. 교회에 오면 그렇게 각자의 컵을 사용하고 씻어 제자리에 놓도록 했습니다. 새로 오신 분들은 부러워 얼른 자기 컵을 만들고 싶다 하여 노아공방주일(매월 3째 주일)에 만들 수 있도록 합니다.

4) 로컬 푸드 〈착한 살림〉으로 생명밥상을 구체화합니다

지난해 5월, 대구의 작은교회와 함께 로컬 푸드 〈착한 살림〉을 시작했습니다. 지역농산물과 유기농을 고집하며 생산자와 소비자를 살리고 생명밥상운동을 구체화하자는 일입니다. 시골에 사람이 어디 있다고 그런 매장을 하느냐고 묻는 사람도 있지만, 우리에게 너무나 필요하고 꼭 해야 할 일이기에 고민하지 않았습니다.

주일의 공동 식사와 매일 저녁 민들레학교 아이들의 급식 그리고 이곳으로 이사해 들어온 열 가정에게 〈착한 살림〉은 꼭 필요했습니다. 그 외에도 교회로 수련회를 오시는 분들과 사랑방 카페를 이용하는 분들에게 우리는 이 일을 소개하고 알립니다. 제철에 열리는 장터는 먹을거리와 다양한 문화, 나눔, 교육, 잔치 등의 내용으로 서로를 함께하게 합니다.

〈착한 살림〉은 단순한 장사가 아닙니다. 그야말로 생명의 곳간이고, 모든 생명을 생명답게 키워내기 위한 평화와 문화와 교육의 장입니다. 건강한 먹을거리를 찾아 나누고, 생산자와 소비자를 함께 세우고, 착한 세상을 열어가는 하나님의 집입니다.

5) 2011년, 〈1傳, 1素, 1感〉을 실천합니다

쌍샘자연교회는 올해를 1전(한 사람, 한 영혼에 대한 마음가지기), 1소(한 번 더 소박하고 단순하게 살기), 1감(한 번 더 배려와 나눔, 감동을 주는 삶)을 다짐하고 고백했습니다. 특히 1소는 올 한해 내가 줄일 것, 비울 것, 내려놓을 것 등 삶을 좀 더 단순하고 검소하게 하자는 취지입니다. 예를 들어 올해는 새 옷을 사지 않겠다, 올해는 고기를 먹지 않겠다, 올해는 외식을 최대한 줄이겠다 등 본인이 할 수 있는 것을 택해 실천하겠다는 것입니다.

이러한 시도는 생명밥상에 대한 이해와 인식에서 나올 수 있는 일이며, 이 작은 노력이나 다짐이 결국에는 그의 삶을 변화시키고 새롭게 할 수 있는 동력이 됨을 믿습니다.

2. 쌍샘자연교회가 꿈꾸며 만들어가는 생명밥상

1) 소박한 밥상(창 1:29-30)입니다

소박한 밥상이라 함은 육식을 줄이고 채식을 즐기는 것이며, 소식과 제철 밥상을 말합니다. 할 수만 있다면 음식을 절제하고 조금 늦더라도 제철 밥상을 만드는 것입니다.

밥상을 보면 그 집의 생각과 정신을 압니다. 가족을 생각하는지, 몸과 마음을 진정 위하는 밥상인지를 알 수 있습니다. 많고 비싼 게 좋은 것이 아니라 소박하고 제철의 식재료와 화학조미료를 사용하지 않는 밥상이 생명밥상입니다.

2) 맛있는 밥상(마태 14:13-21)입니다

맛있는 밥상이라 함은 혼자 먹기보다 같이 먹고 나눠먹는 것을 말합니다. 함께 먹으면 먹을 게 줄어든다는 염려가 있을 수 있지만 그 부족함은 주님이 채우시고 오히려 함께 먹을 때 진짜 맛있는 행복한 밥상이 되는 것입니다.

밥 먹는 것을 보면 그 집의 사람들을 알 수 있습니다. 아이와 어른이 함께 먹고 남자와 여자가 함께 먹는지를 보면 압니다. 맛있는 밥은 좋은 고기반찬이 아니라 모두가 함께 먹는 것입니다.

3) 생명의 밥상(딤후 3:8-10)입니다

생명의 밥상이라 함은 밥 앞에 부끄럽지 않는 삶을 말합니다. 밥값을 하며 살아야 하고, 밥의 가치를 드러내야 합니다. 바울도 "값없이 먹지 말고 일하기 싫은 자는 먹지도 말라" 했습니다. 게으름을 경계하는 말씀 입니다.

생명은 본능적으로 이기적이라 합니다. 내가 살기 위해 다른 생명을 취하듯이 밥을 먹고 또 밥이 되는 이타적이고 순환과 나눔의 삶을 지향 하는 것입니다.

3. 생명밥상에 대한 제안

생명밥상에 대한 주장과 강조는 아무리 해도 지나치지 않습니다. 사람 을 해하고 망치는 것이 한둘이 아니지만 그중에 밥상이 아주 직접적이고 결정적인 것이 될 수 있다는 것을 우리는 진작부터 보았습니다. 몇 가지 를 생각나는 대로 적어봅니다.

(1) 생명밥상에 대한 신앙적이고 교회적인 교육과 홍보가 확대되어야 합 니다. 따라서 총회나 노회 등에서 정책적으로 계획을 세워야 합니다.

(2) 생명밥상에 대한 전 과정을 체계 있고 효과적으로 다룰 기관이나 센터 그리고 다양한 전문 교재가 더 많이 필요합니다.

(3) 이를 위해 생명밥상 기금과 인적 자원을 만들면 좋겠습니다. 교단이나 교파를 초월하여 생명을 살리는 생명밥상운동이 연대와 협력으로 나타나야 합니다.

(4) 할 수 있다면 사명감을 가지고 시민사회단체와 정부의 참여와 지원까지 이끌어내야 합니다. 이는 나라와 민족을 살리는 가장 기본적이며 중심이 되는 일입니다.

4. 마치면서

보살셋없는 저희 교회 이야기를 들어주셔서 감사합니다. 쌍샘자연교회는 하나님이 만드신 세상을 고백하기에 생명, 생태, 자연의 모든 것을 소중히 하고 그 안에 담겨진 하나님의 뜻과 섭리를 찾아가는 삶을 살 것입니다.

자발적 가난이 필요한 이때, 소박하고 단순하지 않으면 결코 행복할 수 없음을 믿기에 우리는 생명밥상운동을 지속적으로 전개해나갈 것이고 그 안에 담길 하나님의 사랑과 은총을 이웃과 세상에 나눌 것입니다. 감사합니다.

생명의 쌀, 거룩한 밥상*
- 창세기 1장 29-30절

어떤 사람이 과일을 먹다가 갑자기 몸이 뒤틀리고 호흡이 곤란해서 급히 응급실로 옮겼습니다. 의사가 진단을 하고 치료를 하자 병이 가라앉고 몸이 회복되었습니다. 가족들이 의사에게 물었습니다. "식중독이지요?" 의사가 대답했습니다. "아닙니다. 농약중독입니다." "?!?"

참된 생명의 먹을거리가 귀하다

어릴 적에 밥그릇의 밥을 가지고 장난을 치면 '먹을 것을 가지고 장난친다' 고 혼났습니다. 먹을 것은 소중한 것이며, 신성한 것인데, 그 먹을

* 2004년 '환경주일 공동 설교문' 입니다.

것으로 장난치면 혼날 일이었습니다. 요즘 먹을 것으로 장난치는 사람이 많습니다. 얼마 전, 중국에서 가짜 분유가 만들어졌습니다. 아무 영양가도 없는 분유가 신생아에게 먹여졌습니다. 60명의 아가들이 영양실조로 죽었고, 200명의 아가들은 몸은 자라지 않고 머리만 비정상적으로 커지는 병에 걸렸습니다. 믿고 먹인 분유였는데 엄청난 불행이 닥친 것입니다. 믿고 먹는 음식이 우리도 모르는 사이에 몸을 괴롭히고 병을 일으킵니다. 먹음직스럽게 보이는 빨갛고 노란 과일들이나, 벌레 하나 안 먹고 밭에서 금방 따온 듯 싱싱하게 보이는 채소들은 400여 가지의 농약과 화학비료의 공로 때문입니다. 더욱이 밥상에 오르는 먹을거리의 70%가 수입 농산물인데, 수입농산물은 수확 전뿐만 아니라 수확 이후에도 오랜 기간 상하지 않도록 살균제나 살충제를 뿌립니다. 왜냐하면 외국에서 우리 밥상에 오르기까지 한 달 이상이 걸리기 때문입니다. 살균제의 90%와 살충제의 30%가 발암성 물질입니다.

유전자가 조작된 식품들이 점점 늘어나고 있습니다. 약 10% 정도의 곡물이 유전자 조작 품종입니다. 학자들은 자연 질서를 무시한 이 농산물들이 선천성 기형 등 여러 가지 부작용을 유발할 가능성이 있다고 경고하고 있습니다. 광우병과 조류독감으로 축산물에 대한 공포가 온 나라를 휩쓴 적이 있었습니다. 식물만 먹고 자라도록 창조된 소에게 동물성 사료를 먹임으로써 광우병이 생겼습니다. 광우병에 걸린 소의 고기를 먹으면 먹은 사람에게 광우병 증세가 옮겨온다는 것이었습니다. 이것은 재앙입니다. 축산물의 사료는 대부분 외국에서 수입되는데, 운송 과정에서 변질을 막기 위해 수십 종의 농약이 살포되고, 사육 효과를 높이기 위해 성장호르몬제, 항생제, 신경안정제를 투여합니다. 이것이 가축의 몸에 잔류했다가 고기를 먹는 사람에게 축적되어 몸에 이상을 일으킵니다.

우리가 먹는 음식의 70%가 가공식품입니다. 과자, 청량음료, 햄, 소시지, 라면 등 각종 인스턴트식품에는 방부제, 산화방지제, 살균제, 착색제, 화학조미료, 인공감미료, 탈색제 등 370여 종의 화공약품이 첨가되어 있습니다. 정말 알고 보면 무엇을 먹을 것인지 걱정하지 않을 수 없습니다. 요엘 선지자의 탄식이 이 시대의 불행을 예고합니다.

"오호라 그 날이여 여호와의 날이 가까웠나니, 곧 멸망같이 전능자에게로서 이르리로다. 식물이 우리 목전에 끊어지지 아니하였느냐? 기쁨과 즐거움이 우리 하나님의 전에 끊어지지 아니하였느냐? 씨가 흙덩이 아래서 썩어졌고 창고가 비었고 곳간이 무너졌으니 이는 곡식이 시들었음이로다. 생축이 탄식하고 소 떼가 민망해하니 이는 꼴이 없음이라." (요엘1:15-18)

양식은 하나님이 주신 선물(창 1:29)

"하나님이 가라사대 내가 온 지면의 씨 맺는 모든 채소와 씨 가진 열매 맺는 모든 나무를 너희에게 주노니 너희 식물이 되리라." (창1:29)

먹을거리는 하나님의 선물입니다. 생육하고 번성하도록 하나님이 주신 선물입니다. 선물은 특별한 것이며, 소중한 것입니다. 선물은 함부로 다루면 노여움을 받게 됩니다. 자녀도 하나님이 주신 선물입니다. 그래서 내 마음대로 할 수 없고, 함부로 할 수 없습니다. 생명의 쌀, 생명의 양식도 하나님이 주신 선물입니다. 그래서 자녀처럼, 먹을 양식도 귀하고 소중하게 여겨야 합니다. 하나님이 주신 선물을 귀하게 여기면 복을 받습니다. 자식을 소중하게 여기며 사랑하고 축복하며 키우면 복이 되고 기쁨이 되어 돌아옵니다. 먹을 양식도 귀하게 여기고 정성을 다하면 무병장수의 복으로 내게 돌아옵니다. 하나님의 축복입니다.

　반대로 하나님이 주신 선물을 함부로 하면, 그것이 재앙이 되고 저주가 됩니다. 생명의 양식에 농약이 들어가고, 화공약품이 들어가면 몸에 재앙이 찾아옵니다. 환경호르몬으로 기형아가 속출하고, 아토피성 질환, 천식, 암, 성인병 등 몸에 재앙이 찾아옵니다. 농경문화 속에서 쌀을 주식으로 삼으며 살아온 우리 민족은 쌀을 생명처럼 소중하게 여겼습니다. 쌀 한 톨에도 우주가 담겨 있다고 했습니다. 하늘〔天〕, 땅〔地〕, 사람〔人〕을 우주를 구성하는 3요소로 본다면, 쌀 한 톨에는 하늘의 햇볕과 땅의 자양분과 사람의 정성이 담겨서 밥상에 오르기 때문입니다.

　옛날 우리 아낙네들은 귀신을 노엽게 하지 않아야 집안이 평안하다고 믿었습니다. 귀신 중에 '성주'〔成造〕라 불리는 집지킴이 귀신을 제일 두려워하였습니다. 그 귀신에게 바칠 쌀을 넣을 항아리를 '성주 단지', 혹은 '신주 단지'라 했습니다. 아낙네들은 매 끼니 식사를 준비하면서 먼저 식구 수대로 쌀 한 숟갈씩 항아리에 넣으면서 가족의 건강과 출세를 위해 '성주님'께 빌었습니다. 그런데 기독교인이 된 아낙네들은 더 이상 귀신을 섬길 수 없었고 '성주 단지'도 필요 없게 되었습니다. 교인들은 전에 '성주 단지'라 부르던 항아리 바깥에 십자가를 그렸습니다. 그리고 그것을 '주 단지'(Lord's Pot)라고 불렀습니다. '성주' 귀신을 위해 모았던 쌀을 이제는 주님이신 예수 그리스도를 위해 쌀을 모았던 것입니다.

　성주에게 가족들의 건강을 빌던 것을 이제는 예수님에게 가족들의 건강을 빌었습니다. 식구 수대로 쌀 한 공기 뜰 때마다 한 숟갈씩 쌀을 뜨면서, "이 밥을 먹는 우리 가족 건강하게 하시고, 오늘도 아무 사고나 어려움 없게 해주소서"라고 하나님께 기도했습니다. 이렇게 한 주간 모은 쌀을 주일날 예배드리러 오면서 하나님께 바쳤습니다. 이것이 성미입니다. 이 성미 운동은 100년 전에 시작되었고, 오늘날까지 신앙의 전통으로 내려오고 있습니다. 성미는 거룩한 쌀〔聖米〕이라는 뜻이 아니라 정성이 담긴 쌀(誠米)이라는 뜻이 담겨 있습니다. 하나님이 주신 것이기에 쌀 한 톨 함부로 하지 않는 정성이 담긴 것이라는 뜻이며, 가족의 건강을 좌우하는 것이기에 정성을 다해 밥을 짓고 먹을 양식을 삼는다는 뜻입니다.

어떤 빼빼 마른 목사가 친구 목사들을 만났습니다. 오랜만에 만난 친구 목사들이 물었습니다.

"어디 아파? 점점 더 말라가는 것 같아."

그러자 이렇게 말을 받았습니다.

"친구들, 예수님의 십자가 고난을 생각하면 밥이 목으로 넘어가나?"

몸이 좋은 친구 목사들이 황당해하는데 그중 하나가 이렇게 농담을 했습니다.

"여보게, 자네 성미를 먹지? 교인들이 정성스레 기도로 떠오는 성미를 먹고도 살이 안 붙으면 그건 교인들에게 죄가 되는 것이야!"

"?!"

거룩한 밥상

예수 믿는 사람들의 오래된 전통이 있습니다. 밥상에서 음식을 먹기 전에 반드시 기도를 합니다. 기도를 하지 않고 식사를 하면 기독교인이 아니라고 말할 만큼 모두 식사기도를 합니다. 여러분은 무엇이라고 기도합니까? 우리는 대체로 일용할 양식을 주신 하나님께 감사하고, 이 양식이 밥상에 오르기까지 땀 흘린 농부의 손길과 정성껏 요리를 한 손길에 이르기까지 축복과 감사로 어우러진 식사기도를 드립니다. 기도하고 먹는데도 식사 후에 남아서 버리게 되는 음식물 쓰레기가 넘쳐납니다.

한 해 우리나라에서 버려지는 음식물 쓰레기를 돈으로 계산하면 15조 원이나 됩니다. 이것은 북한 주민의 주식비보다도 더 많습니다.

예전의 어른들은 아이들이 밥을 한 톨이라도 소홀히 하면 주의를 주었습니다. "애야, 이 쌀 한 톨이 밥상에 올라오기까지 농부들의 손길이 얼마나 많이 가야 하는지 아니?" 쌀 한 톨이 소중한 것은 정성이 많이 들어갔기 때문만은 아닙니다. 거기에는 생명이 깃들어 있기 때문입니다. 우리가 먹는 양식 중에 다른 생물의 생명이 아닌 것이 어디에 있습니까? 식물의 생명이든지, 동물의 생명이든지 우리는 남의 생명을 먹고 나의 생명을 살립니다. 내 생명을 살리기 위해 누군가의 생명이 희생됩니다. 양식은 생명입니다. 식물의 생명이요 동물의 생명입니다. 희생이 되어 밥상에 오르는 것도 미안한데, 음식물 쓰레기가 되어 버림까지 받으면 얼마나 미안한 일이겠습니까?

성만찬은 예수님의 살과 피를 먹고 마시며, 예수님의 희생을 기억하고 예수님의 생명을 받는 거룩한 식탁입니다. 예수님의 희생으로 우리가 생명을 얻습니다. 그런 의미에서 보면, 다른 생명의 희생으로 나의 생명이 살아가는 밥상은 거룩한 성찬입니다. 날마다 받는 밥상은 그대로 성찬입니다. 이현주 목사님은 '밥 먹는 자식에게' 라는 시에서 이렇게 읊었습니다.

"천천히 씹어서 / 공손히 삼켜라 / 봄부터 여름 지나 가을까지 / 그 여러 날들을 / 비바람 땡볕 속에 익어온 쌀인데 / 그렇게 허겁지겁 먹어서야 / 어느 틈에 고마운 마음이 들겠느냐 / 사람이 고마운 줄을 모르면/ 그게 사람이 아닌 거여."

생명에는 시간이 필요합니다. 씨를 뿌리고, 싹이 나고, 잎이 피고, 꽃이 피고, 열매가 익기까지는 정성도 필요하고 시간도 필요합니다. 길고 긴 기다림 끝에 탐스런 열매가 생명의 축복으로 얻어집니다. 그러나 패스트푸드(Fast Food)를 먹고 자란 현대인들은 기다림을 모릅니다. "빨리, 빨리" 재촉하며 살아갑니다. 충동에 사로잡혀 살아갑니다. 자신의 뜻대로 되지 않으면 견딜 수 없어 합니다. 인생을 재촉하면서 인생의 참된 맛을 음미하지 못한 채, 하나님이 주신 삶의 멋을 맛보지 못한 채 살아가고 있습니다. 패스트푸드에 맞서서 슬로푸드(Slow-Food) 운동을 해야 합니다. 모든 양식이 하나님께서 내려주신 것으로 믿는 그리스도인은, 가능한 한 농약과 화학비료를 사용하지 않고 농사하며, 가공식품이나 인스턴트식품이 아닌, 어머니의 정성이 들어간 소박한 음식을 천천히, 감사하며, 깨끗이 먹는 생명의 밥상을 회복해야 합니다. 모든 가족과 교회가 이렇게 거룩한 밥상을 회복하면 그곳이 바로 천국 잔치 자리입니다.

"아침과 저녁에 수고하여 / 다 같이 일하는 온 식구가 / 한상에 둘러서 먹고마셔 / 여기가 우리의 낙원이라 / 고마와라 임마누엘 / 예수만 섬기는 우리 집 / 고마와라 임마누엘/ 복되고 즐거운 하루하루"

(찬송가 305장)

빈 그릇의 풍성함*

- 요한복음 6:12-13

"저희가 배부른 후에 예수께서 제자들에게 이르시되 남은 조각을 거두고
버리는 것이 없게 하라 하시므로 이에 거두니 보리떡 다섯 개로 먹고 남은
조각이 열두 바구니에 찼더라."

참 놀라운 일이 일어났습니다. 식당이라곤 눈 씻고 봐도 보이지 않는
빈 들에서, 수천 명의 사람이 저녁을 든든히 먹었습니다. 이것은 열두
제자가 미리 준비해두었던 것도 아니고, 어느 독지가가 크게 한번 낸 것
도 아닙니다.

정말 믿기지 않는 일이지만, 한 작은 아이의 도시락이 예수님에게 전

* 2006년 '환경주일 공동 설교문' 입니다.

해지면서 기적은 일어났습니다. 물고기 두 마리와 보리떡 다섯 개로 오천 명이 먹었으니, 이것은 그 무엇과도 비길 수 없는 놀라운 기적이었습니다.

사람들은 이날 빈 들에서 마음껏 배불리 먹었습니다. 하나님 나라의 기쁜 소식을 듣고 눈으로 보았습니다. 허기진 마음과 속을 채웠으니 이보다 더 행복할까요? 사람들은 예수님이 너무나 좋았습니다.

"세상에 이런 분도 계시는구나, 세상에 이런 기적도 내 생전에 보는구나, 예수 선생님 만세, 예수 선생님 만세!"

사람들은 정말 마음으로부터 우러나는 감탄을 연발했습니다. 그러나 예수님은 이 찬탄에 취하지 않으셨습니다. 허기진 사람들의 식사가 끝날 무렵 예수님은 베드로와 제자들을 불러 가만히 말씀하셨습니다.

"남은 음식을 버리지 마시오, 남은 음식을 거두어 모아 오시오."

스승이 일으킨 기적에 우쭐거리며 이곳저곳 사람들 사이를 활보하던 제자들은 스승의 이 주문이 참 생뚱맞게 들려왔습니다. 베드로는 속으로 생각했습니다.

'이런 뒤처리는 여자들이 해도 될 텐데, 뭐 이런 것까지 신경을 쓰시나, 어깨에 힘 좀 주고 싶은데 광주리를 들고 남은 음식을 거두라니, 쩝.'

그렇지만 이 마음을 내비칠 수는 없는 노릇.

“자, 가세들. 스승님이 시키시니 해야지.”

제자들은 남은 조각들을 모으러 사람들 사이로 들어갔습니다.

주인공은 잔치 뒤처리 같은 것에는 연연하지 않는 법인데, 예수님은 이상한 분이십니다. 그때나 지금이나 뒷마무리는 여자나 허드렛일을 하는 사람들이 알아서 할 일 쯤으로 여기는 것이 세태인데, 예수님은 그것을 보란 듯이 슬쩍 거스른 것일까요? 아니, 어쩌면 예수님은 보리쌀 한 톨도 함부로 하지 않는 생명에 대한 경외심을 일깨우고 싶었던 것은 아닐까요? 모아서 거두어들인 열두 광주리는 무엇에 쓰기 위함이었을까요? 아하, 그러고 보니 새로운 살림의 기적을 잉태하는 기도였나 봅니다.

사랑하는 교우 여러분, 오늘 우리는 예수님이 빈 들에서 가르쳐주신 대로 밥 한 숟갈에 깃든 생명의 소중함을 깨닫고 살림의 기적을 잉태할, 빈 그릇을 서약하려고 합니다.

사실 우리 부모님 세대만 해도 음식을 남기지 않는 빈 그릇은 자연스런 일상이었습니다. 그러나 오늘 우리는 어떠합니까? 가만히 돌아보십시다. 쌀 한 톨 속에 담긴 생명의 신비에 감사하기는커녕, 바쁜 일상 속에서 대충 먹고 남으면 버리는 생활을 반복하고 있지는 않은지요? 쓰레기로 인해 땅과 물이 죽어가는 소리를 외면하고 있지는 않은지요? 먹을 것이 없어서 허리띠를 졸라매는 사람들이 있음을 잊고 살지는 않는지요?

“남은 음식을 버리지 마시오, 남은 음식을 거두어 모아 오시오.”
“사람들 속으로 들어가서 이 일을 하시오.”

이 사명이 오늘 우리에게 주어졌습니다. 이 사명의 실천이 새로운 기적을 낳을 것입니다.

남기는 음식을 모으면, 그것으로 벳새다 빈 들의 오병이어의 기적이 새롭게 일어날 것입니다. 굶주린 아이들에게, 따뜻한 밥 한 끼를 나눌 수 있는 기적 말입니다. 땅과 물이 회복되는 새로운 살림의 기적이 일어날 것입니다.

사랑하는 교우 여러분! 빈 그릇을 이미 실천하고 있는 분들이 있습니다. 이 분들에 의하면, 빈 그릇은 우리 영혼의 생명과 무관하지 않다고 합니다. 몸과 영혼이 분리되어 있지 않듯, 밥을 소중히 대하는 동안 영적인 충만함이 솟아난다고 증언합니다. 존재의 핵인 우리 영혼이 매일매일 밥을 먹는 동안 충만해진다는 것은 큰 은총입니다.

이제, 이것을 우리 교회가 함께 나누기 위해서 제안합니다. 예배 후 함께하는 점심식사에서 음식물 찌꺼기 양을 표시하여 식당에 붙이도록 합니다. 이미 매주일 공동 식사의 음식물 찌꺼기 양을 표시하고 음식물 찌꺼기 양을 절대적으로 줄여나가는 교회들이 있습니다. 그런가 하면 음식물 찌꺼기를 지렁이에게 주고 퇴비화하는 교회도 있습니다. 좋은 모범이지 않습니까? '빈 그릇의 풍성함'에 특별히 관심 있는 분들로 구성된 생명밥상 소모임을 만들어보십시다. 이 모임이 모판이 되어 교회를 푸르게, 세상을 푸르게 해나갈 것입니다.

각 가정과 일터에서 실천할 수 있는 것들도 많이 있습니다. 외식을 줄이면 음식찌꺼기를 줄일 수 있습니다. 외식을 할 경우, 사람 수보다 조금 덜 시키고, 음식이 남으면 싸 가지고 오는 것도 빈 그릇의 풍성함을 맛볼 수 있습니다.

무엇이든 먹어도 되고, 언제든지 먹을 수 있는 현실이 결코 사람을 윤택하게 하지 않습니다. 먹을 만큼만 먹고, 그 그릇을 깨끗하게 비우면 그것으로 우리의 생활은 정갈해집니다. 내가 비워지고 정갈해지면 주변이 또한 그렇게 변화합니다.

사람은 생각하는 대로 살지 않고, 사는 대로 생각한다고 합니다. 생각하는 대로 살기가 그렇게 쉽지 않다는 말이겠지요. 하지만 누군가의 말처럼, 우리가 편하게만 살기엔 너무나 짧은 것이 인생입니다. 깨어서 성령이 이끄시는 대로 살아갈 수 있기를 빕니다.

초록이 공명하는 계절입니다. 생명의 은총이 여러분과 함께하시길 빕니다.

참다운 생명의 밥[*]
- 창세기 1장 29절, 마태복음 6장 11절

김영락

올해 초 환경부 발표에 따르면 우리나라에서 버려지는 음식물 쓰레기가 15조 원어치에 달한다고 하는데 이 액수는 북한 주민들의 식량 중 주식비보다 더 많다고 합니다. 그리고 SBS텔레비전 방송에서 육식의 문제를 제기하는 프로그램을 방영해서 먹을거리에 대한 관심이 고조된 적이 있었습니다.

인간만이 아닌 모든 생물들이 살기 위해서는 매일 먹어야 하니까 이보다 더 중요한 문제는 없습니다. 그래서 성경에서도 먹는 것에 대해서 여러 곳에서 말씀하고 있습니다. 오늘 본문 창세기 1장 29절에서 하나님께서는 채소와 과일나무를 양식으로 주신다고 하고, 마태복음 6장 11절에

---

* 2002년 '생명밥상 시범사업 참여자 교육' 예배 설교문입니다.

서는 "필요한 양식을 주소서"라고 기도할 것을 말씀합니다. 요한복음 6장에서는 예수께서 "나는 생명의 빵"이라고 말씀하십니다. 이것은 우리 식으로는 생명의 밥입니다. 요한복음 6장 51절에서는 "나는 하늘에서 내려온 살아 있는 밥이다. 이 밥을 먹는 사람은 누구든지 영원히 살 것이다"라고 말씀하십니다. 오늘 말씀의 제목 '참된 생명의 밥'은 다름 아닌 예수 그리스도이십니다. 그렇습니다. 예수는 참된 생명의 밥이니 이제 예수 그리스도로 말미암아 살자는 것입니다.

이 세상이 전쟁과 가난과 환경오염으로 죽어가는 것은 예수에게 의지해서 살아가지 않기 때문입니다. 육적인 밥만을 구하고 영적인 밥을 구하지 않기 때문입니다. 마태복음 4장 4절에 "사람이 밥으로만 살 것이 아니라 하나님의 말씀으로 살 것이니라"고 했습니다. 그런데도 대부분의 사람들은 밥만을 구하고 있습니다. 육신의 양식만을 구하고, 물질적 풍요만을 추구하기 때문에 현대의 환경오염은 일어난 것입니다. 요한복음 6장 27절에서도 "썩어 없어질 양식을 얻으려고 힘쓰지 말고, 영원히 살게 하며 없어지지 않을 양식을 얻도록 힘써라"고 하셨습니다.

오늘은 마태복음 6장 11절의 말씀을 중심으로 기독교인은 무엇을 먹으며, 어떻게 먹을 것인지를 생각하면서, 이를 통하여 영원히 사는 문제까지 생각해보고자 합니다. 보통 주기도문을 외울 때에 11절 구절을 '일용할 양식'이라고 하는데 이 번역은 개역성경에서 채택한 것입니다. 그런데 공동번역 성경에는 이 구절을 '필요한 양식'이라고 했습니다. 그리고 개역성경 각주에는 '내일 양식'이라고 할 수 있다고 써놓았습니다. 해방신학자 보프의 책 『주의 기도』에서도 이 세 가지에 대해서 설명하고 있습니다. "우리에게 일용할 양식을 주옵시고"라고만 외우고 있는 이 구절은 두 가지 다른 뜻이 포함되어 있다는 것입니다. 영어로는 'bread for today' 혹은 'bread for tomorrow' 혹은 'bread we need'라고 할 수 있습니다.

첫째 번역인 일용할 양식의 개념은 이미 이스라엘 백성이 출애굽할 때에 하늘에서 내려주신 '만나'에서 경험한 것입니다. 하루치 이상을 비축하려고 하면 썩어서 못 먹게 되는 것은 일용할 양식의 절대성을 체험하게 하신 것입니다. 하루 먹을 양식을 구하게 되어 있습니다. 하나님께서 그때마다 필요한 양식을 주시니 내일 먹을 것을 미리 걱정하지 말라는 것입니다. 마태복음 6장 25절에서 목숨을 위해 무엇을 먹을까, 무엇을 입을까 걱정하지 말라고 하셨습니다. 이것은 먹을 것과 입을 것이 부족해도 걱정하지 말라는 뜻인데, 요즈음 사람들은 먹을 것, 입을 것이 너무 많아서 무엇을 먹을까, 무엇을 입을까 걱정하고 있습니다. 참, 이런 경우가 다 있습니까? 예수님께서 정말로 통탄하고 계실 것입니다. 지구의 한편, 아니 바로 북한 동포들의 경우에도, 먹을 것, 입을 것이 없어서 고통을 당하고, 죽어가고 있는데 남한에서는 이러고 있으니, 죽을죄를 짓고 있는 것이 아닙니까? 그러니 죽어가고 있습니다. 물질적 풍요가 일으킨 환경오염은 우연이 아니요, 필연이며, 그 결과 생명들이 죽음의 위기를 맞은 것 또한 필연입니다.

아무튼 마태복음 6장 25절에서 먹을 것을 걱정하지 말라고 하시면서 "공중의 새를 보라"고 하십니다. 공중의 새를 보면서 이런 생각을 해보셨습니까? 저는 경험했습니다. 어느 겨울날 창밖을 보는데 새가 밭에서 무엇을 쪼아 먹고 있더라고요. '한겨울에 무엇을 먹을 게 있을까' 하는 생각을 하면서 '정말로 저 새들은 겨울에도 무엇인가를 자연에서 찾아 먹고 있겠구나. 왜냐하면 주머니가 없고, 창고도 없을 테니까' 하는 생각이 들었습니다. 그러고 보니 인간들은 호주머니도 있고, 창고도 있고, 그것도 모자라서 은행에 예금하고 있지 않습니까?

일용할 양식에 만족하는 새야말로 성서적으로 살고 있습니다. 사람들은 일용할 양식에 만족하지 않아서 평생 먹을 양식, 자손대대로 먹을 양식을 벌어들이려 하고 온 천지를 다 집어삼키려고 합니다. 작년(2001년) 9월 미국이 당한 테러를 보면서 그 테러는 미국인의 식탁에서 시작되었다는 생각이 들었습니다. 세계 각국에서 들여온 각종 음식을 먹고 그렇게도 살이 쪄서 헉헉대는 미국인들의 그 욕심이 약한 나라의 민중에게 고통을 주니 결국 그런 테러를 불러온 셈입니다. 그러므로 일용할 양식에 만족하며 사는 삶이야말로 세계의 평화를 이루는 것입니다.

둘째 번역인 '우리에게 필요한 양식을 주옵시고', 영어로는 bread we need' 혹은 'essential bread'를 구하는 것입니다. 이 기도를 드릴 때에 우리가 불필요한 음식을 많이 섭취하고 있음을 깨달아야 합니다. 소위 '입맛'을 위해 먹는 군것질이 그것입니다. 음료수, 과자, 스낵 등등 꼭 필요하지 않은 것을 먹는 것은 주기도문의 정신에 어긋납니다. 사실 그런 것을 먹으면 몸에 유익한 것은 없고 해로운 것만 몸에 축적됩니다. 가려서 먹어야 합니다. 몸에 꼭 필요한 것만 먹어야 하는데, 문제는 요즈음 먹을거리들이 안전한 것이 매우 적다는 것입니다. 무엇을 먹느냐에 따라 사람이 달라진다고도 합니다. 건강한 먹을거리를 먹으면 건강해집니다. 육식을 많이 하면 육식동물같이 된다는 주장도 있습니다. 요즘 애들이 심리가 불안정하고, 포악한 것이 환경 호르몬 등이 들어 있는 가공식품, 패스트푸드 등을 많이 먹는 것에도 원인이 있다고 합니다.

밥상이 약상이라는 말이 있습니다. 잘 먹으면 건강해진다는 뜻이죠. 정말로 아무거나 먹어서는 안 되겠습니다. 자기 몸을 자기 것이라고 생각하고 함부로 다루는 것은 죄를 짓는 것입니다. 성령의 전인 신체를 깨끗하고 건강하게 지켜야 합니다. 요즈음 대부분의 곡식이나 채소가 농약을 치고 기른 것입니다. 농약은 암의 원인이 됩니다. 그러므로 유기농산물을 먹어야 합니다. 유기농산물이 비싸다고 하지만, 의료비를 생각하면 결코 비싼 것이 아닙니다. 구입하기 힘들어도 그렇게 하는 것이 자기 몸도 지키고, 땅도 지키는 것입니다. 여러분, 암과 수세식 화장실은 어떤 관계가 있는지 아십니까? 밀접한 관계입니다. 옛날에는 사람의 똥, 오줌을 아주 소중한 거름으로 사용했었지요. 그것이 땅에 가서 농작물의 밥이 되어 다시 우리 입으로 들어왔지요. 다시 말하면 창조질서에 따라 순환을 했던 것입니다. 그런데 화학비료가 나오면서 농작물이 병충해에 약해지니까 농약을 치고, 그걸 사람이 먹으니까 암에 걸리게 되었습니다. 반면에 수세식 화장실로 인해 강으로 흘러들어간 똥, 오줌은 강을 오염시키고, 땅을 척박하게 만듭니다. 이 모두가 창조질서를 깨뜨리는 일이고, 그 결과 인간도 죽고, 자연도 죽게 되었습니다. 유기농을 먹으며, 자연에 순응하는 삶은 모두를 살립니다. 사실 도시에서 수세식 화장실을 안 쓸 수 없습니다. 그렇게 보면 사회의 구조도 바뀌어야 하고, 개인들도 욕심을 버려야만 합니다.

창조질서와 관련하여 생각할 것은 제철 음식입니다. 한의사 말이 수박은 차가운 성질을 가지고 있어서 여름에 먹는 것이랍니다. 그런데 겨울부터 수박을 먹지요? 창조질서에 어긋나는 것이고, 몸에도 좋은 것이 아닙니다. 아직 수박 철이 아닙니다. 요즈음 제철 과일이 무엇인지 아세요? 아마 기억을 더듬어야 할 겁니다. 딸기입니다. 제가 대학생일 때에는 6월 초면 수원에 딸기를 먹으러 갔었습니다. 이제는 그런 낭만도 없습니다. 오늘 아침에 제가 홍 목사님께 딸기를 조금 갖다드렸습니다. 물론 노지 딸기입니다. 아침에 먹다가 너무 맛있어서 나누어 먹으려고 가져왔습니다. 제가 주말에 벽제에 있는 동광원이라는 개신교 공동체에 갔는데, 그곳에서는 옛날식으로 농사를 짓기 때문에 요즈음 딸기를 먹습니다. 정말 맛있어요. 저는 작년에 그걸 먹으면서 시골에 살고 싶은 중요한 이유가 하나 더 생겼습니다. 그것은 맛있는 것을 먹기 위해서라도 시골에 살아야겠다는 것이었습니다. 도시에서는 신선하고 무공해 음식을 먹기가 너무도 힘들기 때문입니다.

이 두 가지 사례에서 보듯이 바른 식생활은 하나님의 창조질서에 순응하는 것이고, 그것은 결국 하나님과의 관계를 회복시키는 것입니다. 하나님과 가까워지려면 단순하고 자연에 가깝게 사는 것입니다. 바른 식생활 또는 건강한 식생활을 하려면 단순하고, 자연에 가깝게 먹는 것입니다. 요즈음 환경 호르몬이 생물종의 멸종을 초래하고 있습니다. 환경 호르몬은 사람들에게는 정자의 수가 줄어들게 하고, 병에 대한 면역력을 떨어뜨리는 무서운 화학물질입니다. 이 환경 호르몬을 포함한 유해한 물질의 섭취를 줄이려면 단순한 먹을거리를 먹고, 적게 먹어야 합니다. 가공이 많이 되고, 비싸고, 기름진 음식은 유해한 성분이 많이 들어 있습니다. 건강에 좋은 것은 값싸고, 자연에서 직접 얻을 수 있는 것들입니다. 외식보다는 가정식이 좋고, 고기보다는 채소, 채소 중에서 유기농 채소가 좋은데, 더 좋은 것은 들과 산에서 야생하는 나물들이 더 좋습니다.

그러면 어떻게 먹을 것인가도 생각해야 합니다. 감사함으로 먹어야 합니다. 이현주 목사님이 쓴 시 하나를 소개해 드립니다.

밥 먹는 자식에게

천천히 씹어서
공손히 삼켜라
봄부터 여름 지나 가을까지
그 여러 날들을
비바람 땡볕 속에 익어온 쌀인데

그렇게 허겁지겁 먹어서야
어느 틈에 고마운 마음이 들겠느냐
사람이 고마운 줄을 모르면
그게 사람이 아닌 거여

　농부들의 수고에 대해서 감사할 뿐만 아니라, 정말로 쌀 한 톨에는 온 우주가 들어 있기 때문이다. 햇빛과 바람과 비, 이 모든 것이 쌀 한 톨에 들어 있습니다. 그러므로 하나님에게 정말로 감사해야 합니다. 성만찬에서 먹는 빵만이 주님의 살이 아니라, 우리가 먹는 밥도 주님의 살이라고 할 수 있지 않겠습니까?

　이렇게 보면 매일의 식사가 성찬식입니다. 하나님께서 스스로 자신을 베푸신 성찬입니다. 이것이 주기도문의 일용할 양식에 대한 세 번째 번역 '내일을 위한 양식'입니다. 그것은 하나님 나라에서 먹을 성찬식입니다. 우리는 그 나라에서 먹을 잔치 자리를 구한다는 뜻입니다. 그러므로 진정으로 감사한 마음으로 먹어야 합니다.

　그러기 위해서는 식탁을 대하는 태도가 더 진지해야 합니다. 그런데도 식사하면서 텔레비전을 보거나 신문을 보는 경우가 많습니다. 음식을 깊이 음미하며 먹으면 정말로 맛있고, 감사함을 느끼게 되고, 하나님을 찬양하게 됩니다. 포도주를 먹을 때도…….

　오늘 나누어 드린 실천 지침을 보겠습니다.

국내산 유기농산물을 애용한다
제철 음식을 먹는다
가공식품을 삼간다
외식을 최대한 줄인다

계획구매하며 오래 보관하지 않는다

단순하게 조리하여 덜어먹는다

반찬수를 줄여 간소한 상을 차린다

육식보다 곡식과 채소를 즐긴다

생명 주심에 감사하며 천천히 먹는다

내 몸과 이웃을 생각하며 소식한다

남기지 않고 그릇을 깨끗이 비운다

배출된 음식물 쓰레기를 재활용한다

결론적으로 단순하고 자연에 가까운 식생활이 우리의 몸과 지구를 살릴 뿐만 아니라, 우리의 영성에도 도움이 된다는 것입니다. 끝으로 요한복음 4장 34절 "나의 양식을 나의 보내신 이의 뜻을 행하며 그의 일을 온전히 이루는 것이다"는 말씀을 생각하시며, 육의 양식만이 아닌 영의 양식까지 구하는 성도님들이 되시기를 빕니다.

밥과 하늘*

- 요한복음 6:48-51

김기석

眞智 잡수셨습니까

철학자 아리스토포스가 디오게네스를 찾아왔습니다. 그는 왕에게 아첨하면서 안락하게 사는 터였습니다. 마침 디오게네스가 콩꼬투리를 먹고 있었습니다. 아리스토포스는 혀를 차며 말했습니다.

"왕에게 고분고분할 줄 알면 그따위 형편없는 콩꼬투리나 먹고 살지 않아도 되련만."

그러자 디오게네스가 심드렁하게 대꾸했습니다.

"콩꼬투리를 먹고 살 줄 알면 왕에게 아첨 떨지 않아도 되련만."

* 2004년 청파교회 환경선교주일 설교문입니다.

풍요롭고 안락한 삶을 위해 정신적 자유를 포기하는 것이 비단 아리스토포스만은 아닐 겁니다. ‘돈이 곧 자유’라는 자본주의의 찬가가 울려 퍼지는 세상이니, 온갖 인습과 권위로부터 해방되어 영혼의 자족을 누렸던 디오게네스의 삶은 인기가 없을 게 뻔합니다. 지난 월요일에 우리 지방 교역자회의를 마치고 식당에서 음식을 먹게 되었는데, 언제나 그렇듯이 마지막 남은 고기 한 점에는 아무도 손을 대지 않았습니다. 평소에 점잖고 수줍음 많은 후배 목사가 제 옆에 앉아 있었는데, 천만 뜻밖에도 농담 한마디를 던지더군요.

“마지막 남은 음식에는 독이 들어 있다면서요?”

머쓱한 표정으로 바라보는 나에게 그는 “모두가 눈독을 들이니까요” 하고 제풀에 풀썩 웃었습니다. 모두 “허허” 하고 따라 웃었습니다. 그런데 가만 생각해보면 그건 맞는 말입니다.

세상의 싸움이라는 것도 결국은 한정된 재화를 서로 차지하려고 눈독을 들이는 데서부터 시작되지 않습니까? 골고루 나누며 살면 싸움이 없겠는데, 구멍 뚫린 항아리 같은 욕망은 아무리 채워도 채워지지 않습니다. ‘폭식과 독식’의 세상에 평화는 없습니다. 영어로 인간을 가리키는 말이 ‘human-being’인데 지금은 ‘human-having’이 되고 말았습니다.

우리가 사는 세상이 평화로워지려면 다른 방법 없습니다. 밥을 나누어 먹어야 합니다. 밥을 굶으면 나도 배고프지만, 다른 사람도 배고프다는 사실을 마음으로 느껴야 합니다. 피부색이 다르고, 국적이 다르고, 종교가 다르면 안 먹어도 배부른 것은 아니잖아요? 이렇게 남과 나누어 먹을 줄 알 때 우리가 먹는 밥은 ‘眞智’가 됩니다. 어른들을 보면서 “진지 잡수셨어요?” 하고 여쭙지 않습니까. 알아야 할 것을 제대로 알고 먹어야 진지가 됩니다. 오늘 아침 ‘진지’ 잡숫고 오셨습니까? ‘참다운 지혜’의 삶은 형이상학의 문제가 아닙니다. 가장 비근한 일상에서부터 시작됩니다. 진리는 고상한 것이라는 편견을 버리십시오. 먹고, 자고, 입고, 싸고, 만나는 일을 배제한 진리 공부는 공염불입니다.

나는 밥이다

예수님은 자신을 '하늘에서 내려온 생명의 떡'이라고 하십니다. 사실 '떡'보다는 '밥'이라고 번역하는 것이 옳을 겁니다. 우리에게는 익숙한 이 표현이 당시의 사람들에게는 매우 생소하게 들렸을 겁니다. 사람들은 종교적인 언어, 진실을 담은 언어라는 것은 뭔가 고상해야 한다고 생각합니다. 사람들은 하늘과 땅, 정신적인 것과 물질적인 것, 고상한 것과 속악한 것을 이원론적으로 갈라놓기를 좋아합니다. 그래야 멋있어 보이나요? 그런데 예수님은 '하늘'과 '밥'을 연결시키고 계십니다. "나는 하늘에서 내려온 왕이다" 하면 멋있을 것 같은데, "나는 밥이다" 이러십니다. 날마다 먹는 것이 밥이니까 사람들은 별로 감동을 안 합니다. 시시하게 여깁니다. 그래서 예수님 곁을 떠나는 사람도 많이 있었습니다.

예수님은 어쩌자고 그렇게 말씀하셨을까요? 우리에게 생명의 신비를 가르치시기 위한 것입니다. 밥의 존재 이유는 먹히는 것입니다. 먹힘으로써 먹는 이의 기운을 북돋고 생명을 이어가게 합니다. 예수님은 바로 생명의 밥, 다시 말해 생명을 주는 밥이 되고자 오셨습니다. 그런데 먹히는 것은 자기의 소멸을 의미하지만, 그것은 새로운 생명으로의 변형이기도 합니다. 예수님은 우리가 당신의 살과 피를 먹고 마시고, 영원한 생명에 동참하라고 초대하고 계십니다. 예수님의 살과 피를 먹고 마신다는 것은 그분의 뼈와 살을 나의 뼈와 살로 모시고 살아간다는 뜻일 겁니다. 그분이 아파하실 때 함께 아파하고, 기뻐하실 때 함께 기뻐하는 존재가 된다는 말입니다.

예수님을 생명의 밥으로 받아먹는 사람들은 스스로 생명의 밥이 되어 살아야 합니다. 저마다 '너는 내 밥'이라고 악을 쓰며 사는 세상이지만, 우리는 이웃을 기쁘게 하기 위해 기꺼이 자신을 내놓습니다. 하나님이 차리시는 생명의 밥상에 기쁘게 동참합니다. 하나님을 경외하는 사람은 감히 쓰레기 같은 재료로 만두소를 만들 수도 없고, 돈벌이를 위해 국민의 건강을 담보로 잡는 짓을 할 수 없습니다.

솥에 사망의 독이 있나이다

여러분, 선지자 엘리사를 잘 아시지요? 한번은 엘리사가 길갈을 방문했습니다. 그런데 선지자의 생도들이 오랜 흉년 때문에 먹지 못해 부황이 들 정도였습니다. 안타깝게 여긴 그는 자기 사환을 시켜 솥을 걸어 국을 끓이게 합니다. 변변한 국거리가 있을 리가 없지요. 사환은 들에 나가 이리저리 헤매다가 들외를 찾아냈습니다. 구황 식품으로 먹을 수 있겠다 싶었겠지요. 사환은 들외를 숭숭 썰어 국그릇에 넣고 끓였습니다. 그리고 그것을 퍼다가 선지자의 생도들에게 나눠주었습니다. 그런데 첫 술을 뜨자마자 그들은 비명을 질렀습니다.

"하나님의 사람이여, 솥에 사망의 독이 있나이다."

지독하게 썼던가 봅니다. 엘리사가 밀가루를 가져다가 솥에 넣었더니 먹을 만하게 되었다고 합니다(왕하 4:38-41).

오늘 우리들의 밥상을 돌아보십시오. 사망의 독이 넘칩니다. 농약과 제초제, 화학비료로 범벅이 된 주식과 부식, 색깔과 맛과 모양을 위해 화학조미료, 방부제, 감미료, 착색제, 산화방지제, 살균제를 듬뿍듬뿍 친 제조식품들……. 아이들이 좋아하는 패스트푸드는 어떻습니까? 아동 비만과 심장병, 동맥경화 등 성인병을 일으키고 있습니다. 비육우를 만들기 위해 화학 첨가제와 성장 촉진제를 섞은 배합 사료를 먹고 자란 육류에 대한 지나친 소비는 우리 건강을 해치게 마련입니다. 저는 요즘의 먹을거리의 심각함을 생각할 때마다 선지자의 생도들의 외침을 듣습니다. "하나님의 사람이여, 솥에 사망의 독이 있나이다."

사망의 독이 넘치는 우리 밥상을 생명의 밥상으로 바꿀 수 있는 이 시대의 '엘리사'는 누구입니까? 바로 우리입니다. 생명의 밥으로 오신 예수 그리스도를 몸과 마음에 모시고 살아가는 사람들이 아니고는 그 일을 해낼 수 없습니다. 우리가 시작해야 합니다. 유기농산물들은 비싼 게 사실입니다. 가난한 사람들은 엄두를 내기 어렵다는 말도 맞습니다. 그렇다고 생명의 밥상 차리는 일을 포기할 수는 없습니다. 이제부터 우리 교회는 생명밥상 차리는 일을 실천하기로 작정했습니다. 비용은 더 들겠지요. 하지만 그것은 생명을 살리는 첫 걸음이기에 우리는 그 일에 주저하지 않습니다. 건강한 밥상 차리기는 생명운동의 토대입니다.

두레밥상

우리만 좋은 밥을 먹으면 안 됩니다. 밥을 제대로 먹기 위해서는 우리 식탁에 다른 이들을 초대할 줄 알아야 합니다. '와서 좋은 것을 함께 나누자' 하는 마음에서 생명이 움터 나옵니다. 예수님이 머무시는 곳마다 밥상공동체가 생겨났습니다. 그 식탁에서 사회적 장벽들은 무너졌고, 사람들은 하나됨의 기쁨을 맛보았습니다. 예수님은 벳새다 광야에서 오병이어의 기적을 일으켰습니다. 그런데 그날 그 광야에서 사람들이 먹은 것은 기적적으로 늘어난 보리떡과 물고기라기보다는, 사랑과 이해와 관심이 아닐까요? 사랑이 있는 곳에는 기적이 일어납니다. 그런데 우리는 아주 중요한 사실을 기억해야 합니다. 주님은 먹고 남은 음식을 거두라고 하셨습니다. 왜 그러셨을까요? 그것은 우리가 먹는 모든 것이 하나님께로부터 온 선물임을 일깨우시려는 것이었을 겁니다. 옛 사람은 '성인(聖人)은 무기인(無棄人)이요 무기물(無棄物)이라' 했습니다. 하늘을 외경하며 살아가는 사람에게는 버릴 사람도 없고, 버릴 물건도 없다는 말일 겁니다.

우리나라의 결식아동은 20만 명 이상이랍니다. 그리고 우리가 일 년 동안 버리는 음식물 쓰레기를 돈으로 환산하면 약 15조 원이 된답니다. 이게 사람 사는 세상입니까? 제대로 먹을 줄 모르면 제대로 살 수도 없습니다. 하나님을 모시듯 겸손하게 씹고 공손하게 삼킬 줄 알고, 남과 더불어 먹을 줄 알 때, 우리 문화는 건강해지기 시작할 겁니다. 평화의 기운이 감돌기 시작할 겁니다. 배고픈 사람을 먹이는 것이 곧 주님을 영접함입니다. 시인 정일근의 〈둥근, 어머니의 두레밥상〉이라는 시가 생각납니다.

모난 밥상을 볼 때마다 어머니의 두레밥상이 그립다.
고향 하늘에 떠오르는 한가위 보름달처럼
달이 뜨면 피어나는 달맞이꽃처럼
어머니의 두레밥상은 어머니가 피우시는 사랑의 꽃밭.

내 꽃밭에 앉는 사람 누군들 귀하지 않겠느냐
식구들 모이는 날이면 어머니가 펼치시던 두레밥상.
둥글게 둥글게 제비새끼처럼 앉아
어린 시절로 돌아간 듯 밥숟가락 높이 들고
골고루 나눠주시는 고기반찬 착하게 받아먹고 싶다.

밥상은 어머니가 피우시는 사랑의 꽃밭입니다. 그 꽃밭에 앉는 사람 치고 귀하지 않은 사람은 아무도 없습니다. 모두가 환영받는 밥상이기에 그 밥상은 두레밥상입니다. 그런데 우리는 한 끼 밥을 차지하기 위해, 날카로운 발톱을 가진 짐승으로 변해버렸습니다. 우리 밥상은 모난 밥상입니다. 이제는 어머니의 두레밥상에 앉아 그 사랑 두레를 받아먹고 싶습니다.

저는 이 시를 읽으면서 '어머니'를 '하나님'으로 바꿔 읽어보았습니다. 하나님은 우리를 위해 생명의 밥상, 두레밥상을 차려놓으시고, 모두를 부르고 계십니다. 하나님의 사랑 두레에 나아갈 때 우리는 비로소 함께 나누어 먹는 기쁨을 발견하게 될 겁니다. 하늘을 독차지할 수 없는 것처럼 밥도 독차지할 수 없음을 알게 될 것입니다. 사랑하는 우리 교우들 모두의 밥상이 두레밥상으로 바뀌어서, 세상에 평화와 생명을 공급할 수 있기를 기원합니다. 아멘.

생명밥상의 기도

〈생명밥상의 기도 1〉

밥을 생산하는 이의 기도

이 세상에 생명의 밥이 되신 주님! 여기 한 그릇의 밥을 생산하는 저희에게 밥은 곧 생명이라는 고백을 드릴 수 있게 하시옵소서. 밥을 돈으로 보며 밥을 독점하는 일이 없게 하시고, 우리가 만드는 밥 한 그릇은 사람과 자연과 하나님의 기운이 깃들어 있는 거룩한 밥임을 알게 하시옵고, 내가 만드는 밥으로 사람을 살리고 자연을 살리며 하나님을 위한 거룩한 창조의 행위가 되게 하시옵소서. 우리에게 밥으로 오신 예수 그리스도의 이름으로 기도하옵나이다. 아멘.

밥을 먹는 이의 기도

이 세상에 생명의 밥이 되신 주님! 지금 내 앞에 놓인 밥을 대할 때 주님의 살과 피를 먹고 마시는 마음으로 대하게 하시고, 주님을 내 안에 모시듯 공손하고 거룩하게 먹게 하시옵소서. 이 세상에 모든 생명은 밥을 먹고 살다가 자신을 밥으로 내어놓듯이 저희들도 이 거룩한 밥상 앞에서 나 자신을 번제물로 드릴 것을 고백하게 하시고, 우리의 삶 속에서 사랑하는 이웃의 밥이 되어 살아가게 하시옵소서. 우리에게 밥 되신 예수 그리스도의 이름으로 기도하옵나이다. 아멘.

〈생명밥상의 기도 2〉

주님, 지금 여기 이 밥과 한 몸 되게 하소서.
이 밥이 우리에게 먹혀 생명을 살리듯
우리도 세상의 밥이 되어 세상을 살리게 하소서.
한 방울의 물에도 하늘과 땅의 은혜가 스며 있고,
한 톨의 낟알에도 세상의 정성이 담겨 있으니
감사와 기쁨의 마음으로 먹게 하소서.
가난한 자 기억하여 식탐하지 말게 하소서.
예수님 이름으로 기도드립니다. 아멘.

〈생명밥상의 기도 3〉

■ 밥을 나누는 기도 (배식 전)

밥은 땅에서 자랐으나 하늘에서 온 생명의 밥입니다.

오늘 내가 이 밥을 주님의 이름으로 받습니다.

(다같이) 이 밥을 주님의 이름으로 받습니다. 아멘.

■ 밥 모시는 기도 (배식 후)

여기 이 밥에 하나님의 영이 깃들어 있습니다.

주님을 모시듯 이 밥을 신령한 마음으로 내 안에 모시겠습니다.

(다같이) 신령한 마음으로 내 안에 모시겠습니다. 아멘.

■ 그릇 비우는 기도 (식사 후)

주님, 거룩한 당신의 밥을 쓰레기로 버리는 죄를 저지르지 않겠습니다.

그릇을 비우듯 내 마음도 비우고 당신으로 채우겠습니다.

(다같이) 그릇을 비우듯 내 마음도 비워,

당신으로 가득 채우겠습니다. 아멘

■ 밥이 되는 기도 (후식 후)

생명의 밥으로 오신 주님,

우리도 세상에 나아가 이웃과 자연의 밥이 되는 거룩한 삶을 살겠습니

다. 아멘.

(다같이) 밥이 되는 거룩한 삶을 살겠습니다. 아멘.

〈생명밥상 관련 성구〉

창세기 1:29

내가 온 땅 위에 있는 씨 맺는 채소와 씨 있는 열매를 맺는 모든 나무

를 너희에게 준다. 이것들이 너희의 먹을거리가 될 것이다.

창세기 3:18

너는 들에서 나는 푸성귀를 먹을 것이다. 너는 흙에서 나왔으니 흙으로 돌아갈 것이다. 그때까지 너는 얼굴에 땀을 흘려야 낟알을 먹을 수 있을 것이다.

창세기 9:3

살아 있는 모든 것이 너희의 먹을거리가 될 것이다. 내가 전에 푸른 채소를 너희에게 먹을거리로 준 것 같이, 내가 이것들도 다 너희에게 준다. 그러나 고기를 먹을 때에, 피가 있는 채로 먹지는 말아라, 피에는 생명이 있다.

마태복음 6:11

오늘 우리에게 필요한 양식을 주시옵고,

요한복음 6:12-3

그들이 배불리 먹은 뒤에, 예수께서 제자들에게 "남은 부스러기를 다 모으고, 조금도 버리지 말아라" 하고 말씀하셨다. 그래서 보리빵 다섯 개에서, 먹고 남은 부스러기를 모으니, 열두 광주리에 가득 찼다.

요한복음 6:27

너희는 썩을 양식을 얻으려고 일하지 말고, 영원한 생명에 이르게 하는 양식을 위해 일하여라. 그 양식은, 인자가 너희에게 줄 것이다.

요한복음 6:35

나는 생명의 빵이다. 내게로 오는 사람은 결코 주리지 않을 것이요, 나를 믿는 사람은 다시는 목마르지 않을 것이다.

고린도전서 3:16-17

　여러분이 하나님의 성전이요 하나님의 성령이 여러분 가운데 계시다
는 것을 모르십니까? 누구든지 하나님의 성전을 파괴하면 하나님께서도
그 사람을 멸하실 것입니다. 하나님의 성전은 거룩합니다.

신음하는 피조물과 함께 드리는 예배

이 예배는 한국교회환경연구소가 준비한 지구의 날을 기념하며 '신음하는 피조물과 함께 드린 예배'입니다. 이 예배는 하나님께서 아름답게 창조하신 지구가 우리의 잘못으로 아픔을 겪고 있음을 고백하고 참회하며, 하나님의 말씀으로 새 희망을 얻어 지구의 청지기로 살아가기를 다짐하는 자리였습니다. 예배에 함께하셔서 모든 생명을 아낌없이 사랑하시는 주님의 은혜를 만나시기 바랍니다.

신음하는 피조물과 함께 드리는 예배

인도자 : (긴 침묵 뒤 종 울림 3번) "우리 모두 하나님이 지으신 지구와 지구에 깃들어 사는 모든 생명을 위하여 기도합시다. 이 지구를 창조하신 하나님, 이 시간 슬픔과 아픔 가운데 있는 지구의 모든 피조물들이 하나님께서 베풀어 주신 풍성한 생명으로 회복되어 하나님의 영광을 드러내게 하소서. 아멘."

인도자 : (짧은 침묵 뒤 종 울림 1번) "주여, 자비를 베푸소서."

회　중 : "지구의 아픔을 아시는 주님, 우리의 기도를 들으소서."

인도자 : "지구 위에 살아가는 풀과 나무들을 인도하소서. 우리가 화학 약품과 유전자 조작으로 하나님의 손길로 창조된 식물 그대로의 모습을 훼손하지 않게 하옵소서."

인도자 : (짧은 침묵 뒤 종 울림 1번) "주여, 자비를 베푸소서."

회　중 : "지구의 아픔을 아시는 주님, 우리의 기도를 들으소서."

인도자 : "지구와 함께 살아가는 동물들을 인도하소서. 우리가 더 이상 무분별한 남획과 고통스러운 사육으로 동물들을 학대하고 잔혹한 죽음으로 내몰지 않게 하옵소서."

인도자 : (짧은 침묵 뒤 종 울림 1번) "주여, 자비를 베푸소서."

회　중 : "지구의 아픔을 아시는 주님, 우리의 기도를 들으소서."

인도자 : "하나님께서 아름답게 만드신 지구를 인도하소서. 우리의 탐욕스러운 개발의 상처로 생기를 잃고 있는 지구를 치료하여 주시옵소서. 이제 우리가 하나님의 선한 청지기가 되어 지구의

생명을 되살리게 하옵소서."

회　중 : "모든 생명의 구원을 위하여 십자가의 길을 걸어가신 주님, 우
리의 기도를 들으소서. 우리의 생명이신 예수 그리스도의 이
름으로 기도합니다. 아멘."

감사의 노래 ·· 다같이

♪주는 평화 막힌 담을 모두 허셨네 주는 평화 우리의 평화♪ (2번)

♪염려다 맡기라 주가 돌보시니 주는 평화 우리의 평화♪ (2번)

말씀의 선포　　　　　　창세기 2:19-20　　　　　　　　인도자

설교　　　　　　　　　　에덴의 추억　　　　　　　홍인식 목사

설교 후 기도　　　　　　　설 교 자

찬양　　　　　　　　　참 아름다워라　　비전메이커 조혜리 김호근

다짐의 기도 ·· 다같이

인도자 : "우리는 만물의 창조주이며 섭리자인 하나님을 믿으며,"

회　중 : "자연이 성서 이전에 하나님의 말씀임을 믿나이다."

인도자 : "우리는 만물을 자유하게 하시는 예수 그리스도를 믿으며,"

회　중 : "자연은 사랑을 통해 치유되고 회복됨을 믿나이다."

인도자 : "우리는 생명과 평화의 영이신 성령을 믿으며,"

회　중 : "자연은 창조질서에 의하여 보전되고 유지됨을 믿나이다."

인도자 : "우리는 하나님의 은총이 자연 안에 충만함을 믿으며,"

회　중 : "자연이 하나님께로 나아가는 영적인 길임을 믿나이다."

인도자 : "우리는 녹색교회가 생명살림의 터전임을 믿으며,"

회　중 : "평화로운 세상을 여는 자연의 청지기임을 믿나이다."

인도자 : "우리는 하나님의 영과 자연의 힘과 사람의 신실한 노동을 통
하여"

회　중 : "자연이 새롭게 창조되어 감을 믿나이다."

인도자 : "우리는 자연의 붕괴가 인류의 삶을 위협할 뿐만 아니라,"

회 중 : "지구의 종말을 부른다는 경고를 겸허히 받아들이나이다."

인도자 : "우리는 자연에 가한 폭력을 참회하며"

회 중 : "자연을 통해 주시는 하나님의 녹색은총을 믿나이다."

다함께 : "우리는 평화로운 세상을 열고 생명을 살리는 환경선교에 매
진하겠나이다. 아멘."

광고 ······································· 인도자

축도 ······································· 설교자

오늘의 말씀

"여호와 하나님이 흙으로 각종 들짐승과 공중의 각종 새를 지으시고 아
담이 무엇이라고 부르나 보시려고 그것들을 그에게로 이끌어 가시니 아담
이 각 생물을 부르는 것이 곧 그 이름이 되었더라. 아담이 모든 가축과 공
중의 새와 들의 모든 짐승에게 이름을 주니라."

창세기 2:19-20(개역개정판)

생명밥상 빈 그릇의 실제

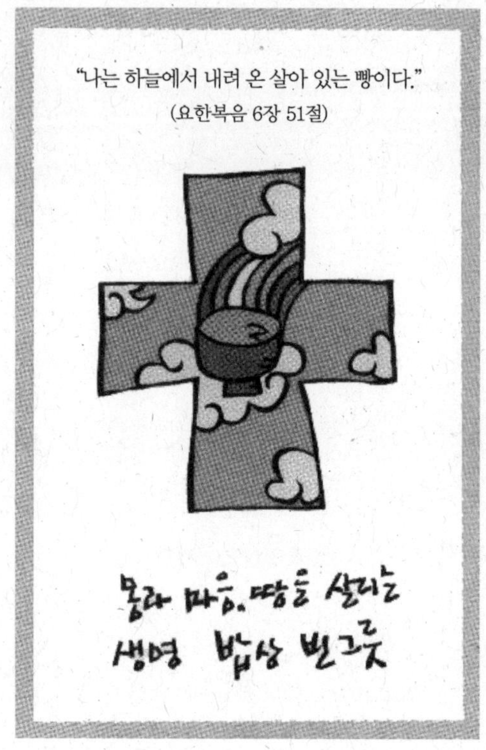

여기 실린 내용들은 생명밥상운동을 전개하면서

발행해온 자료들에 담겼던 내용들의 일부입니다. 필요한 자료들은

기독교환경운동연대 사무국(02-711-8905)이나

생명밥상위원회 카페(cafe.daum.net/lifetable)에 요청하시면

받아볼 수 있도록 하겠습니다.

도서

『과자, 내 아이를 해치는 달콤한 유혹』(안병수, 국일미디어 2005)

『도시에서 생태적으로 사는 법』(박경화, 명진출판사 2004)

『로컬푸드』(브라이언 핼웨일, 김존덕 · 허남혁 · 구준모 옮김, 시울 2006)

『바른 식생활이 나를 바꾼다』(김수현, 일송미디어 2002)

『밥상을 다시 차리자』(김수현, 중앙생활 2001)

『밥상이 썩었다 당신의 몸이 썩고 있다』(강순남, 참빛 2010)

『생태도시 아바나의 탄생』(요시다 타로, 안철환 옮김, 들녘 2004)

『소박한 밥상』(헬렌 니어링, 디자인하우스 2001)

『쉽게 차리는 건강밥상』(김연수, 21세기북스 2003)

『육식, 건강을 망치고 세상을 망친다 1, 2』(존 로빈스, 이부열 역, 아름드리미디어 2000)

『육식의 종말』(제레미 리프킨, 신현승 역, 시공사 2002)

『음식상식백가지 – 우리가 정말 알아야 할 음식상식 백가지』(한영실, 현암사 2006)

『음식혁명』(존 로빈스, 안의정 옮김, 시공사 2002)

『자연을 담은 소박한 밥상』(녹색연합, 북센스 2005)

『잘먹고 잘사는 법』(박정훈, 김영사 2002)

『지구적 사고 생태학적 식생활』(호세 루첸베르거 · 프란츠 테오 고트발트, 홍명희 역, 생각의나무 2000)

『차라리 아이를 굶겨라1, 2』(다음을 지키는 엄마 모임, 시공사 2000, 2004)

『희망의 밥상』(제인 구달 · 게리 매커보이 · 게일 허드슨, 김은영 옮김, 사이언스북스 2006)

영상

KBS 환경스페셜 〈식품첨가물의 경고〉(2005. 4. 13)

KBS 추적 60분 〈과자의 공포〉(2006. 3. 08)

SBS 스페셜 〈환경호르몬의 습격 1부 우리아이가 위험하다〉(2006. 9. 10)

SBS 스페셜 〈환경호르몬의 습격 2부 현재시각 11시〉(2006. 9. 17)

KBS 환경스페셜 〈동물공작 1부 1.1m²의 자유, 돼지』(2007. 5. 23)

KBS 환경스페셜 〈동물공작 2부 산란기계, 닭〉(2007. 5. 30)

KBS 환경스페셜 〈위험한 연금술, 유전자조작 식품〉(2007. 7. 4)

지식채널 〈쌀〉(2006. 1. 16)

　　　　〈햄버거커넥션〉(2005. 11. 28)

　　　　〈사라진 씨앗〉(2007. 10. 22)

생협

농도생협 : http://www.ndcoop.net

주민생협 : www.jucoop.com

두레생협 : www.dure.coop

한살림 : www.hansalim.or.kr

자연드림 : www.icoop.or.kr/coopmall

"몸과 마음을 살리는 생명밥상 빈 그릇"

(1) 교회를 위한 생명밥상 교육교재 내용

• 말씀을 통해 보는 먹을거리 / • 왜 생명밥상운동인가? / • 생명밥상수칙1 - 몸에 좋고 지구에 좋은 것은 철따라 주어집니다. / • 생명밥상수칙2 - 깨끗하고 단순한 밥상은 주님을 기쁘게 합니다. / • 생명밥상수칙3 - 감사하는 마음으로 먹으면 오병이어의 기적이 일어납니다. / • 노래1 - 밥 먹는 자식에게 / • 밥의 기도 / • 우리 가정과 교회의 밥상을 점검해봐요.

(2) 교회학교를 위한 생명밥상 교육교재 내용

• 나는요? / • 성경에 나오는 먹을거리 / • 다섯 가지 흰색음식, 안 먹을수록 건강해져요. / • 먹을수록 건강해지는 음식이에요. / • 밥과 햄버거 중에 어느 것을 먹을까요? / • 몸에 해로운 간식은 이제 그만! / • 참다가 먹고 싶어지면 어떻게 하지? / • 이런 음식 먹을래요. / • OX퀴즈 / • 만들어 먹을래요.

(1) 거룩한 생명의 밥상을 차리자

2) 음식쓰레기를 줄여 가난한 이웃과 나눕시다.

(1) 2002년 환경주일 – 생명의 밥상으로 몸과 지구를 살리소서

2006 한국교회 환경주일 공동캠페인
녹색교회를 통한 창조질서보전-두번째
생명밥상 빈그릇
밥상 위의 빈 그릇, 채워지는 사랑! 생명의 밥 남김없이 먹겠습니다!
생명밥상 빈그릇의 서약과 실천은
신앙 생명의 양식인 주님을 섬기는 신앙운동입니다.
건강 안전한 먹을거리로 자신의 몸과 마음을 돌보는 건강운동입니다.
살림 창조세계를 살리는 살림운동입니다.
경제 청빈(淸貧)을 실천하는 경제운동입니다.
나눔 굶주림으로 고통받는 이들에게 작은 사랑을 나누는 나눔운동입니다
■서약을 원하는 분에게는 안내책자와 서약증을 보내드립니다(02-711-8905)
■ 대한예수교장로회 총회 사회봉사부 02-741-4358 http://www.pck.or.kr
■ 기독교대한감리회 선교국 02-399-4333 http://www.kmcweb.or.kr
■ 한국기독교장로회 선교사업국 02-708-4024 http://www.prok.org
■ 구세군대한본영 02-720-8250 http://salvationarmy.or.kr
■ 대한성공회 교무원 02-738-8952 http://www.skh.or.kr
■ 기독교대한복음교회 총회본부 02-762-7529 http://www.kce21.org
■ 기독교대한 하나님의 성회 총회 02-720-6832 http://www.kihasung.org
■ 한국기독교교회협의회 환경위원회 02-745-4943 http://www.kncc.or.kr
■ 기독교환경운동연대 02-711-8905 http://www.greenchrist.org

(3) 빈 그릇 서약서

♥ 몸과 마음, 땅을 살리는 생명밥상 빈그릇 캠페인 ♥

나는 생명의 밥상을 차리고 음식을 남김없이 먹겠습니다!

이 름   E-mail
....

주 소
....

서약동참금 1,000원
....

※1,000원의 서약동참금은 이 운동에 50%, 굶주리는 세계의 이웃에 50%가 지원됩니다.

200 년   월   일

서약자 :   인

밥을 먹는 자식에게
노래말 : 이현주, 채희동
노래가락 : 이재민
천주님이 씸어서
밥되신 예수처럼
콩밥손히 삼커라라
밥되어 먹어살거라
봄에서여름지나 가을까지그여러날을
햇빛과물과바람 농부까지그많은생명
쌀보리밀옥수수 물고기에온갖몸들은
비바김땡볕으로 익어온쌀인데
신령하게깃들어 있는밥인데
자신을제단위에 밥으로드리는데
그렇게허겁지겁 먹어버리면
그렇게남기고 버려버리면
그렇게사람들만 밥되지않으면
어느듬에고마운 마음이들겠느나
생명이신주님을 버리는것이겠느라
어느누가생명세상을 열겠느나
사람이고마운 줄을모르믄 그게사람이아닌거여
사람이소중히 밥을대하면 그게예수잘믿는거여
사람은생명의 밥을먹고 밥이되어사는거여

남김없이 먹는 '빈 그릇' 실천, 세 가지

1. **식빵 조각으로 깨끗이~** : 큰 접시에다가 먹을 만큼 덜어 뷔페식으로 식사를 한 후, 남은 음식찌꺼기나 국물을 식빵 조각으로 닦아 먹는 방법이다. 설거지도 쉬울뿐더러 물도 절약하는 생태적인 방법이다.

2. **물로 깨끗이~** : 식사를 다 한 다음 그릇을 따듯한 물로 헹구어 먹는 방법이다. 물 한 방울과 밥 한 톨에 담긴 이미를 생각하고 수질오염도 일으키지 않는 생태적인 방법이다.

3. **상추로 깨끗이~** : 큰 접시에 음식을 덜기 전에 접시만큼 상추(혹은 너른 잎사귀 채소)를 두세 잎 깔고 그 위에 음식을 담는다. 식사를 다 한 후 상추는 먹도록 한다. 채소도 먹고 물도 절약하는 생태적인 방법이다.

그래도 남는 게 있다면?

• EM을 통한 남은 음식물 퇴비화 방법

－ 준비물: 10~30리터 용량의 양동이, 흙, 미생물효소

① 흙(거친 흙이 좋다)을 양동이 바닥에 깐다.

② 남은 음식물에서 수분을 충분히 뺀다(수분함유량 60%).

③ 양동이에 남은 음식물을 넣고 흙(마른 흙)으로 덮는다.

④ 벌레가 나오지 않도록 헝겊으로 덮는다.

⑤ 양동이가 찰 때까지 2번의 과정을 반복한 후 한 달 정도 둔다.

⑥ 가끔씩 내용물을 흔들어준다.

⑦ 한 달 후, 부식이 완료되면 퇴비로 사용한다.

• 지렁이를 통한 남은 음식물 퇴비화방법

- 준비물: 깊이가 30~40m의 불투명 상자나 유약칠이 안 된 토분

① 가정의 남은 음식물의 양에 따라 지렁이 상자의 크기를 결정한다(상자의 면적 4인 가족 기준 2.4m²).

② 지렁이 상자는 통풍이 잘 되는 곳에 두고, 상자 안에 공기가 충분히 통할 수 있도록 구멍을 뚫어준다.

③ 분변토가 생성이 되어 있으면 걷어내고 다시 발효된 남은 음식물과 흙을 버무려 넣는다.

· 주의사항

- 지렁이가 좋아하는 온도는 10℃~15℃이므로 너무 더운 곳에 위치시키지 않는다.

- 지렁이가 적응이 될 때까지는 음식물의 양을 점차적으로 늘려가야 한다.

- 항상 수분이 마르지 않게 간간이 분무기 등으로 물을 뿌려준다.

- 지렁이는 독성에 약하므로 화공약품이나 독극물 등의 유해물질을 유입시키지 않는다.

- 너무 강한 산성에서는 지렁이가 살 수 없으므로 식초 등의 자극적인 음식물의 투입은 자제하고 소금기가 많은 음식물은 물로 한번 씻어준다.

생명밥상 캠페인(2)

고기 없는 주일(Meat-Free Sunday)로 신음하는

동물과 지구에게 희망을 줍시다

- **'Meat-free Sunday' 란?**

주일에 고기를 먹지 않는 것을 뜻합니다.

- **왜 'Meat free Sunday'를 해야 할까요?**

- 인간의 과도한 육식으로 인해, 공장형 축산업이 늘어나면서 동물들은 열악한 환경에서 고통을 받으며 인간들을 위한 상품으로만 자라나고 있습니다.

- 축산업을 하기 위해, 또는 그들의 먹이를 키우기 위해 지금도 수많은 열대우림이 파괴되고 있습니다. 열대우림의 파괴는 지구 온난화를 가속화합니다.

- 먹을 것이 없어 굶어 죽어가는 사람들이 전 세계적으로 10억 명에 이릅니다. 지금 동물들이 먹고 있는 곡식의 양은 그 죽어가는 사람들을 먹여 살리기에 충분한 양입니다.

- 육식은 에너지 낭비와 물의 장비가 큽니다. 곡채식과 비교했을 때 두 배가 넘는 에너지를 사용하고, 물은 약 13만 리터 이상 더 낭비합니다.

- **Meat-free Sunday를 지킨다면……**

- 한 사람의 채식이 매년 1인당 1,200평의 나무를 살립니다.

- 50년이면 1인당 6만 평 이상의 숲을 보호할 수 있습니다.

- 지구 온난화를 늦출 수 있으며, 기아 문제도 해결할 수 있습니다.

- 우리에게 먹혀지는 생명의 희생을 생각하고 감사할 수 있게 되어 생명을 살리는 밥상을 차릴 수 있습니다.

※ meat free Sunday를 지키기 힘들다면, 이렇게 합시다!

- 고기를 먹을 때마다, 나에게 먹히는 동물의 고통과 희생을 묵상합시다.

- 고기를 먹더라도 유기농으로, 학대받지 않고 자유롭게 길러진 '지역 고기'를
  먹읍시다.

7명의 그리스도인이 한 주에 하루 온전히 채식을 한다면 한 사람이 완전히 채식
하는 것과 동일한 효과를 낼 수 있습니다.

7명의 그리스도인이 일주일에 하루 온전히 채식한다면, 일주일 내내 채식하는
것과 동일한 효과를 낼 수 있습니다.

육류 소비를 줄여 신음하는 동물들과 지구에게 희망을 줍시다!

〈2011 환경주일 캠페인〉

제철에 난 것을 먹으면…

첫째, 농약과 화학비료로부터 안전합니다.

비닐하우스에서 자라는 채소는 병약해서 더 많은 농약과 화학비료를 사용하게 됩니다.

둘째, 맛과 영양이 가장 탁월한 시점에서 섭취하게 합니다.

건강하게 살려면 그 계절에 맞는 생명력과 영양을 받아들여야 합니다.

여름엔 기운이 맑고 서늘한 음식, 겨울엔 따뜻한 음식!

셋째, 달고 부드러운 음식에 길들여진 변질된 입맛을 회복시켜줍니다.

넷째, 비닐하우스에 재배할 때 과다하게 사용되는 연료를 줄입니다.

	봄(3, 4, 5)	여름(6, 7, 8)	가을(9, 10, 11)	겨울(12, 1, 2)
채소류	미나리, 쑥갓, 봄배추, 죽순, 우엉, 고사리, 오이, 고비, 햇부추, 숙주, 쑥, 느타리버섯, 시금치, 갓, 당근, 냉이, 달래, 연근, 두릅, 껍질콩, 씀바귀, 돌나물, 더덕, 머위, 표고버섯, 양송이, 토마토	호박, 오이, 도라지, 아욱, 상추, 단호박, 양배추, 근대, 연근, 햇감자, 열무, 완두콩, 고추, 깨, 숙주, 가지, 깻잎, 비름나물, 피망, 호박잎, 옥수수, 당근, 토마토, 콩나물, 표고버섯	무, 배추, 당근, 우엉, 고구마, 토란, 가지, 갓, 박, 생강, 도토리묵, 콩나물, 표고버섯, 고추, 싸리버섯, 미나리, 송이버섯, 고춧잎, 양배추, 도라지, 파	배추, 무, 시금치, 미나리, 숙주, 고사리, 쪽파, 당근, 감자, 연근, 파, 토란, 고들빼기, 무청, 마른 나물류
생선류	병어, 멸치, 명태, 낙지, 오징어, 조기, 준치, 고등어, 민어, 청어, 가자미, 감동, 꽁치, 송어, 광어, 참치, 갑오징어, 갈치, 전갱이, 우럭, 다랑어, 뱀장어, 망둥이, 민어, 꼴뚜기, 연어, 문어	빙어, 메기, 민어, 참치, 숭어, 병어, 가물치, 청어, 가오리, 오징어, 전갱이, 정어리, 도미, 멸치, 농어, 갈치, 뱀장어, 꽃게, 조기, 복어, 미꾸라지, 황새기, 넙치, 꼴뚜기, 삼치, 홍어, 붕어, 우럭	낙지, 동태, 정어리, 연어, 청어, 고등어, 문어, 가자미, 민어, 꽁치, 소어, 넙치, 전갱이, 숭어, 참오징어, 메기, 붕어	생태, 대구, 송어, 양미리, 명란, 민어, 광어, 농어, 뱅어, 청어, 홍어, 넙치, 잉어, 문어, 도미, 고등어, 가자미, 꽁치, 아귀, 오징어, 이면수, 참치, 조기, 굴

해조류	다시마, 미역, 파래, 톳, 청각	미역, 다시마, 파래, 우뭇가사리, 모시랭이	미역, 다시마, 청각, 김	미역, 다시마, 김, 파래, 생미역
과실류	살구, 자두, 앵두, 딸기, 비파, 양딸기	참외, 수박, 복숭아, 토마토, 앵두, 포도, 풋사과, 풋대추, 능금	사과, 풋대추, 은행, 호두, 밤, 석류, 땅콩, 귤, 탱자, 머루, 다래, 모과, 감, 무화과	감, 배, 연시, 잣, 대추, 밤, 은행, 호두, 곶감, 석류, 귤, 사과

계절별 식단

봄	여름	가을	겨울
* 잡곡밥(쌀, 찹쌀, 흑미, 차수수, 보리, 서리태, 팥)	* 잡곡밥(쌀, 찹쌀, 옥수수, 차조, 완두, 서리태, 인삼)	* 잡곡밥(쌀, 찹쌀, 흑미, 동부, 서리태, 보리, 차조)	* 잡곡밥(쌀, 찹쌀, 흑미, 단호박, 자수수, 보리, 서리태, 팥)
* 호박지짐	* 부추 생절이	* 무청새우젓지짐	* 북어찜
* 굴비구이	* 북어무침	* 고등어구이	* 통김치
* 통김치	* 두부지짐	* 창란젓	* 도라지, 고사리
* 창란젓	* 통김치	* 통김치	* 버섯소팅
* 알타리 김치	* 낙지젓	* 갓김치	* 깻잎장아찌
* 씀바귀나물	* 미역 튀김	* 더덕구이	* 조개젓
* 무말랭이무침	* 콩자반	* 머위대나물	* 김구이
* 더덕장아찌	* 비름나물	* 오이장아찌	* 마른과일케이크
* 머위, 상추, 취, 쑥갓	* 쌈(차조기, 들깻잎, 씀바귀잎, 실파, 풋고추)	* 김구이	* 커피
* 체리바	* 사과파이	* 피칸파이	
* 커피	* 커피	* 커피	

문성희 님의 〈채소와 어울리는 여러 가지 소스〉

① 참다래소스: 참다래 3큰술, 생강채 3작은술, 소금, 식초, 매실발효액

② 토마토소스: 농축토마토(토마토 갈아서 끓인 것) 1컵, 간장 2~3큰술, 조청 2~3큰술을 다시 한 번 끓여서 생강가루 1작은술(선택: 고춧가루나 다진 청양고추를 약간) 넣어준다.

③ 들깨소스: 들깨가루 듬뿍, 들기름(들깨가루를 적실 만큼), 소금

④ 생된장 소스: 된장 4큰술, 다진 청양고추, 산야초(오미자) 발효액 4큰술, 들기름 1~2큰술(오미자발효액을 많이 넣으면 샐러드드레싱으로 사용할 수 있다.)

⑤ 깨즙소스: 볶은 깻가루 4큰술, 집간장 반컵, 조청 2~3큰술, 연겨자 1큰술, 참기름 1큰술

⑥ 사과소스: 사과 간 것 1개 분량, 유자청 1~2큰술, 식초 4큰술, 레몬 1~2큰술, 구운 소금 2작은술, 생강가루 1/2작은술

⑦ 현미식초드레싱: 간장 4~5큰술, 들기름이나 현미유 반컵, 현미식초 4~5큰술, 꿀 2~3큰술, 다진 청양고추 약간.

⑧ 소야소스: 간장, 식초, 고추

⑨ 겨자소스: 연겨자 2~3큰술, 꿀 2~3큰술, 소금 1작은술, 식초(레몬즙)

⑩ 매실소스: 레몬즙, 매실청, 굴, 배즙, 진간장 겨자

⑪ 탕수소스: 토마토퓌레 4큰술, 식초 6큰술, 간장 2~3큰술, 조청 4큰술, 오곡가루 6큰술, 물 2컵

⑫ 오미자효소드레싱: 간장 2~3큰술, 오미자 발효액 6~7큰술, 들기름 1큰 술, 다진 청양고추

⑬ 감홍시 드레싱: 감홍시 으깬 것, 소금, 레몬즙, 오미자효소

⑭ 두유소스드레싱: 생협두유 100ml, 현미유 3큰술, 식초 3큰술, 꿀 1큰술, 소금 2작은술

⑮ 유자청드레싱: 유자청 3~4큰술, 간장 2큰술, 들기름 1~2큰술, 청양고추

⑯ 간장드레싱: 간장 2큰술, 통깨 1작은술, 식초 2큰술, 들기름 1큰술, 청양고추

⑰ 고추드레싱: 간장 4큰술, 물 3큰술, 식초 2큰술, 설탕 2큰술, 다진 풋고추 1큰술, 다진 붉은 고추 1큰술, 다진 마늘 1/2작은술, 참기름 1작은술, 소금 약간

⑱ 요구르트드레싱: 플레인요구르트 1컵, 꿀과 레몬즙 각 1큰술씩, 소금 약간

⑲ 두부마요네즈: 두유 100cc, 연두부 반모, 포도씨유 200cc, 설탕 3큰술, 식초 2큰술, 레몬즙 2큰술, 소금 1작은술.

→ 믹서기에 두유와 설탕, 소금을 넣고 돌리다가 포도씨유를 조금씩 부어준 후 소스가 어느 정도 섞이면 레몬즙과 식초를 부어 응고시킨다.

⑳ 땅콩소스: 땅콩버터 2큰술, 깨소금 1큰술, 간장 1작은술, 채소육수 반컵, 소금 약간, 설탕 1큰술, 식초 2큰술

* '2008년 생명밥상 지도자 교육' 때 제공해주신 글에서 옮겨왔습니다.

생명을 살리는 밥상

2012년 7월 16일 초판 1쇄 인쇄
2012년 7월 23일 초판 1쇄 발행

지은이 | 생명밥상위원회
엮은이 | 한국교회환경연구소
펴낸이 | 김영호
펴낸곳 | 도서출판 동연
등록 | 제1-1383호(1992. 6. 12)
주소 | 서울시 마포구 망원2동 472-11 2층
전화 | (02)335-2630
전송 | (02)335-2640
이메일 ymedia@paran.com
홈페이지 www.y-media.co.kr

ISBN 978-89-6447-182-1   93200